西久保　浩二

進化する福利厚生
― 新しい使命とは何か ―

労務研究所

序

　今、振り返ってみると、わが国の福利厚生制度にとって、1990年代後半から21世紀に入ってからのほぼ10年間は、歴史的にみて未経験の変革を迫られた時期であったと思う。

　ちょうど、この激動の時期の約6年間にわたって「旬刊福利厚生」誌において毎月1回のペースで連載する機会を得た。本書はそこで掲載された内容のほぼ全てを再構成し、まとめたものである。

　連載テーマとしては『福利厚生の再生と進化』を掲げた。

　このような、やや大仰なテーマからの包括的な議論が必要だと感じさせた最大の要因は、わが国の福利厚生に大きなインパクトを与える環境変化の存在であり、その多様さであった。

　仮にも終身雇用を標榜してきた日本企業が大規模なリストラ（雇用調整）まで断行せざるを得なかったバブル崩壊後の深刻な景気後退。同時に、否応なく急速に拡大するグローバル競争。さらには、早くから予期されていたとはいえ、急速な少子高齢化の中で、いよいよ人口減少、労働力減少という経験値のない社会に入り、社会保障制度における事業主負担、従業員負担の増大が、企業経営や家計に重くのしかかってきた。加えて、タイミング悪く退職給付制度に関する会計基準が大幅に見直されて、それまで問題視されていなかった同制度から予期せぬ大きな債務負担が降りかかってきた。

　予想を超えて長引く深刻な不況、急速な経済のグローバル化の進展、少子高齢化による人口減

序

これが、1990年代半ばあたりから、うねりを高め、ちょうど世紀の変わり目の前後にひとつのピークを迎えることになった環境変化である。

こうした環境変化を背景としながら福利厚生制度においてもいくつかの象徴的な事件、現象が起こることになる。

1997年にはわが国を代表する大手家電企業が「福利厚生の賃金化」を初めて制度化した。すなわち、福利厚生制度のかなりの部分の利用を拒絶できる選択肢を従業員に与え、その見返りとして現金給付を約束した。当初、この制度が適用された新入社員層のほぼ4割が「福利厚生はいらない」という処遇を選択した。当事者であった労使幹部でさえ予想できなかったこの結果の意外性もあってか、大いに耳目を集めた。この「賃金化」の第一号にはやや遅れたが、ほぼ同時期にさらに徹底した伝統的な福利厚生制度の廃絶と該当原資の成果賃金化を決める企業があらわれた。情報サービス大手のこの企業では、従業員に選択の余地を与えず、全員一律に伝統的な福利厚生制度からの退出を促した。このケースに対しては取材したテレビ報道を偶然目にしたが、社宅から追い出される若い男性従業員の戸惑う表情と、社宅退出者1人当たりに給付される手当の多額さに驚いたことが今も記憶に残っている。

このときには、わが国の企業、特に大企業の多くが長らく信奉してきたはずの「手厚い福利厚

生」がもはや無用の長物と成り果てることになるのかと真剣に思ったものである。また、これらの福利厚生制度ののち「賃金化」や「社宅全廃」といった事例がいくつも続くことになる。また、これらの福利厚生制度における"事件"と並行して、退職給付制度においても、総合型基金の破綻、相次ぐ基金解散、そしてここでも「賃金化（前倒し払い）」の事例が数多く出現する。

こうした個別事例を裏付けとしてか、1955年から続く日本経団連の『福利厚生費調査』が、法定外福利厚生費の調査始まって以来の最大の下げ幅を報告した。これが、ちょうど同じ97年度であった。今にして思えば、この頃から本格的に伝統的な福利厚生制度に対して、聖域のない廃止・縮小という厳しい評価の目が向けられた。

世界的に高い評価を得た「日本的経営モデル」を構成する要素のひとつであった「手厚い福利厚生」が、もはや時代遅れの日本ローカルなシステムでしかないのかと、多くの労使が見限り始めたのである。時代の関心は、いかにして早く「グローバル・スタンダード（世界標準）」に自らを変身させようかという方向に向かい始める。そう、振り子が誰もが予想する以上に大きく振れてゆくのである。

残念なことに、伝統的な福利厚生制度のあり方が様々な具体例によって説得力を持って否定されてゆく一方で、次代の構想を描こうとする動きはほとんどみられなかった。つまり、賃金における「年功主義から成果業績主義へ」、退職給付制度における「確定給付（企業内保証システム）から確定拠出（市場システム）へ」といった基本的な転換のためのグランド・デザインを、福利厚生においては残念だが、誰も提示することができなかった。そのためかはわからぬが、福利厚生については筆者もよく知る高名な経済学者から引導を渡すがごとく「終焉論」まで飛び出してくる。確かに、こ

れは時機を得た提言であっただろう。旧来のあり方を否定され、新しい存在意義を明確に示せぬとなれば、最後には幕を引くしかない。

さて、このような大きな時代の波の渦中で、福利厚生は確かな海図も羅針盤も持たずに、翻弄されてきたといってよかろう。不可逆的な大きな環境変化、構造的な変革を求める厳しい環境変化に対して、未だに明確な適応ヴィジョン、つまり新たな基本ベクトルを確立できずに時間だけが経過してきた。

しかし、ようやく求められている変化の本質的部分が何であるか。それがどのように新しいシステムを求めているか、という核心部分が見え始めてきたと考えられる。本書では、6年間のそうした変化と様々な対応の実像を見続けてきたことで、高度成長を支えたわが国の伝統的な福利厚生制度が、それぞれ目的と機能が明確に異なる3つのサブ・システムによって構成される新たな構造体に進化すべきと結論づけた。

まず、第1に目指すべき進化であり、求められるサブ・システムは、「創造性支援システム」である。福利厚生が自らの存在基盤を確保するという点から最も重要な方向性となる。制度の担い手たる企業の生存と成長に対して、直接的に明確な貢献を果たし、その成果として持続的な競争優位性を確立するための進化である。

わが国の企業は大きな壁ともいうべき成長制約に直面している。それはグローバル化である。今や世界の工場となった中国をはじめインド、ブラジルなどBRICs諸国の追随が本格化している。彼らとの競争においては労働供給量と労働コストの二面では対抗のしようがない。競争優位の源泉

序

をどこに求めるべきか。答えはひとつしかない。企業自らが国際化しながら、多様な人的資源によって構築される強力な知的生産システムをつくることである。ビジネス競争に通用する新たな価値を継続的に生み出してゆくたくましい創造性が不可欠となってきた。企業の中核的能力となる価値ある創造性の醸成と発揮を支援する「創造性支援システム」として福利厚生は独自の役割を担うべきである。

組織と個人、仕事と生活という相反しやすい両者の接点に立って他の制度では替えがたい機能を福利厚生の基本的な使命としなければならない。個々の従業員に対する、メンタルを含めた徹底した健康管理、才能を引き出し、高めてゆく自己学習環境の提供、従業員同士の一体感、相互の信頼感を醸成する和気藹々としたコミュニケーションの場の提供、快適な、そして知的刺激に溢れた職場環境の整備等々、人間の持つ創造性を刺激し、潜在能力を高めることで貢献の最大化を実現する必要がある。

第2の進化の方向性は「相互扶助・自助システム」としての進化である。従業員自身による若い時期からの継続的な自助努力、そして従業員間の相互扶助を効率的に実現させる"場としての福利厚生"の機能を高め、環境を整備する方向での進化である。これは、伝統的な福利厚生においても在ったものだが、これからは、企業主導の恩恵的なものではなく、職場を共有する従業員という仲間が、厳しい少子高齢社会を乗り切るための自主的な支援システムとして構築される必要がある。

これは、従業員個人が自立的に、戦略的な生活設計を計画し、実現するためのインフラとなる。従業員自身の自立的な生活防衛、生活設計を、職場という"場"の特性を活かして有利に展開する

のである。当然、このサブ・システムには、受益者負担を前提としながら従業員、労働組合などの自主的な運営が求められる。老後に向けての資産形成、死亡・ケガ・病気などへの備え、子育て、子供の教育、介護などのリスクに対して保険的なシステムを活用する。このようなシステムが実現され、共有されることで従業員同士の強い"絆"として機能するものと期待される

第3の進化の方向性は、「社会適合システム」と名付けたい。企業と社会との間に長期的に良好な関係を築く上での役割を福利厚生は担う可能性を持っている。CSR（企業の社会的責任）、ワーク・ライフ・バランス、ダイバーシティ、次世代育成など、既にいくつかのキーワードが認知されつつあるように、社会は企業に対して日本社会が直面する課題や問題に対して積極的な関与を求めてきている。同時に、これに応えてゆくことで企業価値が高まるSRI（社会的責任投資）といった市場メカニズムなども構築されつつある。

また、周知のとおり、歴史的、世界的にみても福利厚生には一国の社会保障システムとの間にかなり明確な役割分担関係、相互補完関係が期待されている。社会保障システムに変動が予期されれば福利厚生側ではそれに備えた動きを考えておかなければならない。現在、年金、医療、介護といった基幹的な社会保障システムは急速な少子高齢化の中で軋み始めている。懸命に持続可能性を模索しているが、その過程でセーフティ・ネットとしての従前のパワーを弱めていることは事実であり、恐らく、今後もその動きは避けられないのでないか。今後、従業員が直面する老後、医療、介護などのリスクへの対応の一部を福利厚生が支援的な立場から担わなければならない局面が出てくるのではないか。

序

 以上、3つのサブ・システムは全体としての福利厚生システム中に包含されるサブ・システムとして機能すべきものであるが、これらは、目的、評価基準、最適な運営手法が異なるため、分離的な管理・運営が効率的となる。しかし、これらは、一方で互いに価値を高めることのできる相乗的な関係も有している。優れた「社会適合システム」や「相互扶助・自助システム」は優秀な外部人材に対する吸引力となろうし、それが「創造性支援システム」と相俟って強力なパワーを企業にもたらす可能性もある。
 これらのサブ・システムの特色の共通性は、いずれもきわめて「ヒューマン・オリエンティド（人間重視志向）」なものだ、ということである。貴重な人的資源の価値、人間同士の関係性の価値を高めることで、競争優位を、豊かで安全な生活の実現を、そして社会との良好な関係を得ようとしている。
 福利厚生は、このような進化が実現されたときに、真に再生されたといえるのだろう。

謝辞

本書の刊行が実現できたのは、多くの方々のご指導やご助力に依るところが大きく、ここに謹んで謝意を表させていただきます。

福利厚生研究の私的研究会である「企業福祉ギルド研究会」の方々に、心から謝意を表したいと思います。日頃の研究会や合宿での活発な議論から、常に多くの刺激やアイデア、そして調査研究へのモチベーションを得ることができました。

とりわけ、当研究会を指導されている平成国際大学名誉教授の藤田至孝先生には、永年に渡り公私の別なく暖かいご指導、ご助言をいただき心より感謝いたします。先生の当該分野でのご業績、ご見識には遠く及ばぬものの、何とか後進のひとりとして努力してまいりたいと存じます。引き続き、厳しくご指導をよろしくお願い申し上げる次第です。

また、設立当初より同研究会を指導いただいてまいりました今は亡き企業福祉・共済総合研究所の桐木逸郎専務理事には、様々な調査研究の機会を与えていただくとともに、実務に根ざした発想と研究者には実務界に貢献する使命があることの大切さをご教示いただきました。十分な報恩の機会もないまま、旅立たれましたことは痛恨の思いです。米国への企業視察団にご一緒できた際の健啖ぶりと、いつも変わらぬ笑顔を終生忘れることはありません。ありがとうございました。

今回の出版の機会を与えていただいた労務研究所の近江谷栄樹氏に心よりお礼申し上げます。『旬刊福利厚生』誌での連載で常日頃からご迷惑をおかけ続けてきたにも関わらず、連載原稿の出版をお許しいただいたばかりか、本書の構成、見出し付けまで、ご多忙の身にもかかわらず大変な

序

ご助力いただきました。もう少し早い時期での出版が可能であったにもかかわらず、ひとえに私の怠慢により時期が何度も遅れてしまいました。に辿り着けましたこと、改めて深謝いたします。

そして、群馬松嶺福祉短期大学の園田洋一先生には、学会活動、研究活動を含めて幅広い範囲に渡って永年ご指導、ご助力いただきました。常に変わらぬ温厚なお人柄とともに、研究生活の良き先輩、好敵手として支えていただきましたことに感謝申し上げます。

岡田義晴先生に御礼申し上げます。税理士としての豊富な経験に基づく福利厚生に対する高い識見、そして何よりそのバイタリティには励まされることしばしです。HOYAグループの瀧沢政視氏には、いつも鋭いご指摘をいただいて研究内容を省みる機会を何度もいただきました。企業福祉・共済総合研究所の秋谷貴弘氏にも長きに渡って研究会等でお世話をかけてまいりました。TOHOヒューマンセンターの植西信博氏にも実務の現場におけるエキスパートとしてご教示いただき、勉強させていただくことばかりです。東北文化学園大学の森田慎二郎氏には、研究会での企業福祉への緻密な歴史的なアプローチを拝見しながら、いつかは自分もと古本を買い込むばかりで追いつけそうにありませんが、当該分野の研究の奥行き、面白さをご教示いただきました。また、ベネッセ・コーポレーションの河原畑剛氏、JTBベネフィットの田中敦氏、富士重工業の鈴木一彦氏、明治安田生活福祉研究所の佐々木禎氏の皆様から、日々企業現場で展開されている福利厚生制度の実態と現実の制度運営におけるご苦労やそれに対処する現場の知恵の数々をうかがうことが、私の研究にとって最も貴重な刺激であり、研究素材となりました。ありがとうございました。日本経団連の阿部博氏が取り組んでおられる「福利厚生費調査」は私にとって最も貴重な実態データであり、最もよく利用するヘビーユーザーのひとりと自負しております。難しい企業調査を50年に渡

序

り継続されてゆくことのご苦労は大変なものと推察いたします。今後も引き続き、わが国の福利厚生の羅針盤ともいうべき当調査の継続にご努力いただければ幸いです。

最後に、ちょうど本書の元になった連載が始まった時期に生まれた長女、早那をはじめ、貴将、瑛浩の三人の愛する子供達、そして子育てに追われながらも、常に私を支えてくれる妻かほりに心から感謝します。

２００７年　晩秋の甲府にて

筆者

目　次

第一章　福利厚生における多面性の功罪 ……………………………… 1

一　今、福利厚生はどういう存在か …………………………………… 2

1　福利厚生なる不可思議な存在 ……………………………………… 2

用語の混乱／関与者の多様性／様々な制度目的／福利厚生への関心度

2　何かが起こり始めている ……………………………………………… 5

変化の胎動が明確に／新たな存在価値の探求へ

二　福利厚生の多面性は何を意味しているか ………………………… 7

1　福利厚生における多面性の実態 …………………………………… 7

2つの「顔」を持つ福利厚生／企業経営としての「顔」／従業員個人の生活としての「顔」

2　福利厚生の多面性をどう評価するか ……………………………… 10

これまでは多面性に価値／多面性が抱える矛盾

第二章　評価変数からみた福利厚生の改革 …………………………… 13

一　福利厚生の評価変数とは何か ……………………………………… 14

1 何を福利厚生の評価変数にするか ………… 14
福利厚生の目的因子／多重・多層化する目的／従業員、労使の評価変数

2 妥協解は改革の方向になり得るか ………… 18
不整合になった労使の評価変数／不整合の調整はどう行われたか／妥協解の繰り返しでよいか／避けるべき妥協解と最適解の混同

3 評価変数の実現性 ………… 21
効果の検証が重要／長期定着性に対する効果の検証

4 長期定着性としての評価変数の深淵 ………… 23
定着性は最大公約数的な評価変数／長期定着性はなぜ支持されたか／終身雇用制のサブ的要素として機能／年功賃金の欠陥／年功賃金の欠陥を補完／「ポスト長期定着性」の動き

二 定着性の4つの次元と福利厚生 ………… 29

1 求められる定着性の再検討 ………… 29
長期定着性の再検討／限定的選択的な定着性／長期的生涯的な定着性／ライフサイクル支援システム

2 今後の課題…多様な定着性への対応 ………… 32
旧システムへの疑問／雇用ポートフォリオからの発想

3 定着性に福利厚生が果たしてきた役割 ………… 33
制度疲労と目的の陳腐化／疑われることがなかった存在価値／新しい役割

・機能の登場

三 ホーム・デポ社の事例が示唆するもの ……… 36

1 よりよい健康づくりを支援 ……… 36
ハードな肉体労働／よりよい健康づくり／企業戦略の中に位置づけ

2 企業戦略と健康づくりとの結合 ……… 38
健康な従業員が不可欠／企業戦略との意図的な結合

3 企業戦略に貢献する福利厚生とは ……… 40
企業戦略が最上位の評価変数／マーケティング戦略への貢献／企業戦略実現の手段

四 チェース・マンハッタン銀行のEAP ……… 43

1 従業員支援プログラムの導入 ……… 43
長期警戒システムとしてのEAP／飲酒問題への対応として開発

2 なぜEAPを実施するのか ……… 44
トップ企業の95％が採用／人的資源価値の最大化が目的

3 1ドルの投資で最大4ドルのリターン ……… 46
厳格な効果測定／効果測定の意味

五 AUL保険会社の福利厚生施設の効果 ……… 48

1 福利厚生の外部性とは ……… 48
金銭的外部性と技術的外部性／正の経済効果が発生／従業員行動にも影響

2 自社ビル内クラブの戦略的意図 ……… 50
時間的コストへの配慮／健全な従業員態度、経営組織の活性化を獲得

iii

第三章　企業経営に福利厚生をどう位置づけるか

3 「ハコもの」制度の効果 …………………………………… 51
　高コスト＝廃止という発想／見ようとしない効果

一　米国企業における福利厚生の位置づけ ………………… 53
　1　福利厚生は賃金と代替できない不可欠な手段 ………… 54
　　根本的に異なる視点／代替できない不可欠な手段
　2　従業員の貢献を最大化する手段 ………………………… 54
　　厳密な効果測定の努力／組織への貢献の最大化／第1段階＝「貢献の最大化」／第2段階＝「企業戦略の手段」／第3段階＝「企業目標の実現」／外資系企業とのグランドデザインの違い

二　日本企業における福利厚生の位置づけ ………………… 63
　1　集団管理としての位置づけ ……………………………… 63
　　個別管理と集団管理／福利厚生を集団管理に位置づけ
　2　わが国の労務管理体系図の特徴 ………………………… 65
　　体系図に込められた意図の違い／伝わらない福利厚生の存在感
　3　人的資源変換機能としての位置づけ …………………… 66
　　オープン・システム思考／「環境」の存在を明示／環境適用の役割担うパーツ／方向性、ベクトルの欠落／企業目標と環境適応の同時達成

4　報酬管理としての位置づけ ……………………………… 71

　　　企業経営への位置づけ／企業目標との因果関係を明示／動態的な存在としての把握／人事労務管理の3つの領域／賃金管理と付加給付管理／人事戦略の決定要因／福利厚生に求められる機能

第四章　わが国の福利厚生の最新動向 ……………………… 77

一　日本企業が認識している課題は何か …………………… 78

　1　活力再生のために注目する課題は「人材」……………… 78

　　「人材」の確保とその戦力化／脱シェア至上主義へ

　2　企業の重点領域は健康と自己啓発 ……………………… 81

　　企業戦略との接点／企業経営に改めて位置づけ

二　福利厚生に対する労使の認識度 ………………………… 83

　1　健康と自己啓発はベクトルが一致 ……………………… 83

　　人的資源管理分野に重点が移行／従業員側は住宅分野を重視／住宅に対する企業側の対応

　2　従業員ニーズとの乖離の拡大 …………………………… 85

　　労使ギャップの発生原因／コスト・パフォーマンスの重視

　3　労使ニーズの差異の根源は何か ………………………… 87

　　社会保障制度からの影響／法定福利厚生費の増大

三 企業規模からみた福利厚生の認識差

　4　法定福利厚生費の負担感 ……………………………… 89
　　法定外福利厚生費に与える影響／健康、自己啓発への傾斜

　1　規模格差に変化の可能性 ……………………………… 92
　　人件費抑制策の格差／福利厚生見直しの格差

　2　福利厚生再構築の本格化 ……………………………… 92
　　再構築本格化の流れ／「ハコもの」からの脱却の意味

　3　中小企業で高い必需的制度の割合 …………………… 94
　　必需的制度と付加的制度／可能性が高い格差縮小／「一安三高」構造に揺らぎ

　4　人件費抑制がもたらす負の側面 ……………………… 95
　　大企業従業員への影響／親近感、信頼感の低下

　5　削減の過程で失われた企業価値 ……………………… 97
　　最大限の貢献を期待して実施／企業価値喪失の危険性

四 福利厚生の賃金化に対する労使の認識

　1　福利厚生の賃金化が意味するもの …………………… 100
　　蜜月時代の終焉／賃金化の導入

　2　企業側に強い賃金化指向 ……………………………… 102
　　企業側の評価／従業員側の反応／明確な労使ギャップ／新しい融合形

五 福利厚生と家族との関係をどう捉えるか ……………… 102

1　伝統的福利厚生における「家族」 ……………………………………… 107
　　従来の対象者概念／なぜ家族までが対象か

2　最近の福利厚生における「家族」 ……………………………………… 109
　　従業員本人だけに縮小／「労働力の維持培養」機能の低下／良好な家族関係に経営合理性

六　福利厚生の労使ギャップをどう考えるか

1　労使ギャップの性質 …………………………………………………… 112
　　ギャップはこれまでも存在／問題はギャップの大きさと性質

2　ギャップの範囲と概念が拡大 ………………………………………… 113
　　ギャップ範囲の拡大と多様化／妥協が最適解とならないギャップ／企業目的に合った制度を指向／共存への模索

七　福利厚生の新しいニーズはどこにあるか ……………………………… 117

1　医療リスクへのシフト ………………………………………………… 117
　　基本的機能としての生活保障／医療保障、所得補償に関心／従業員側も医療保障に関心／目的の明確化を／対象者概念の縮小を投影

2　自助努力支援型への転換 ……………………………………………… 121
　　影を潜めた会社中心主義／従業員拠出型への関心の高まり

3　従業員拠出型がもたらす経営への影響 ……………………………… 124
　　「場としての福利厚生」への変質を象徴／相互扶助・自助システムは何をもたらすか

第五章 福利厚生は従業員心理にどう作用するか ……127

一 従業員満足度からの接近 ……128
1 福利厚生の評価軸としての従業員満足度 ……128
なぜ満足度が注目されるのか／「満足」を通じて生産性を維持・向上
2 広がりを持つ福利厚生制度の満足度 ……131
古くて新しい役割発揮の可能性／「利用」と満足度とは正の関係

二 従業員満足はどのように形成されるか ……133
1 内在的職務満足と外在的職務満足 ……133
従業員の満足と企業の繁栄／2つの満足の特性
2 満足形成のメカニズムと福利厚生 ……134
ペットミルク仮説／動機づけ要因と衛生要因／人間関係の満足感／改革視点として注目

三 従業員満足度と組織コミットメント ……138
1 組織コミットメントとは何か ……138
組織と個人の心理的距離／職務満足と組織コミットメント
2 組織コミットメントの構成要素 ……140

四 組織コミットメント形成への福利厚生の役割 ……143
福利厚生が重要な役割／組織コミットメントの内部構造

1 存続的コミットメントの特性 143
　存続的要素と福利厚生／ヘビーユーザーによる独占／存続的コミットメントの限界

2 情緒的コミットメントの価値 145
　情緒的コミットメントの向上／福利厚生制度の役割

五 情緒的コミットメント形成への有効性
1 福利厚生の見直しに抵抗 148
　見直し自体は受け入れ／共有体験へのコミットメント／職場対抗綱引き大会が復活

2 情緒的コミットメントの可能性 150
　仕事以外の活動を支援／金銭給付のジレンマ

六 情緒的コミットメントはどう形成されるか
1 「返報性」のメカニズム 153
　心理学からのアプローチ／ある実験が実証するもの／「借り」を感じることの心理

2 福利厚生がもたらす「返報性」 156
　金銭給付は後発的な作用／共存のための自然感情

七 従業員心理からみた「愛される組織」とは 158

1 「いかに愛されるか」のマネジメント······158
組織からの認知がポイント／重要な存在であることの伝達／認知がもたらす効果

2 今こそ再考すべき組織と個人の関係······160
仕事以外の領域への支援とは正の相関／置き去りにされた日本的経営

八 企業と従業員との新しい関係をどう築くか······163

1 新たな心理関係への発想の転換······163
新たな心理関係と日本的経営／経営家族主義／経営家族主義発生の背景

2 経営家族主義から経営恋愛主義へ······165
経営家族主義の限界／親子的温情主義からの脱却／緊張感の中に可能性

第六章 福利厚生の新たなミッションを考える······167

一 新たなミッションが生まれた背景······168

1 人口減少・次世代育成支援への対応······168
非連続で未経験な動き／後手に回った少子化対策／企業の主体的取り組みの必要性

2 CSR（企業の社会的責任）の拡がり······170
福利厚生の重要課題に／なぜ企業評価の中心軸になったか／「選ばれる企業」へ

二 新たな使命に連動した福利厚生の形成

1 「人を中心とした経営」への回帰 174
　高いロイヤルティが強み／求められる発想の転換

2 重要性が高まったCSRへの取り組み 176
　求められる持続性／高まった福利厚生の役割

第七章 次世代育成支援と企業経営との接点・効果

一 次世代育成支援に果たす福利厚生の役割 179

1 経験のない人口減少社会に直面 180
　企業に求められる義務としての取り組み／日本的経営の陰の部分が表出

2 福利厚生も少子化促進の一要因 181
　仕事時間の確保に貢献／5人に1人が深夜帰宅

3 日本の男性の子育て参加は可能か 183
　困難な男性の育休取得率向上／企業に強いられる大きなコスト負担

4 組織コミットメントと共存できるか 185
　新しいワークスタイルの創造／二律背反のジレンマ

5 働き方の見直しで両立を支援 187
　新しい働き方の提供／私生活の充実と経営効果の向上

二 次世代育成支援の論点をみる ……………………………

1 主役を国家とする立場からの主張 …………………… 190
 欧州諸国の対応／厚遇された環境を用意

2 経営的効果に疑心を持つ立場からの主張 …………… 190
 見えない経営的効果／本音は「それどころではない」

3 責任は企業にあるとする立場からの主張 …………… 191
 説明しきれない「豊かさの反動」／少子化は雇用問題

4 企業に効果をもたらすとする立場からの主張 ……… 192
 人材確保に不可欠／市場規模の縮小／先行者利得の可能性

三 次世代育成支援と組織としての強さの相乗 ……… 193

1 職場風土や従業員気質を捉えた対応を ……………… 196
 従来の組織文化との矛盾／ソニーの完全在宅勤務制度

2 ビジネスに直結するメリット ………………………… 196
 優秀な人材の確保／企業戦略上の効果

3 「使いたいが提供されていない」「あるが使わない」制度とは …… 198
 女性ニーズとのミスマッチ／託児施設に強いニーズ／「あるが使わない」制度とは

4 女性にとって働きやすく快適な職場とは …………… 200
 福利厚生へのフラストレーション／次世代育成支援へのシフト／思い切った支援策こそが効果的
                                                                    204

四 両立支援に対する認識ギャップ ……………………………………… 206

1 企業側と従業員側の認識ギャップ ……………………………… 206
ニーズに対するギャップ／拡充意向にも労使のギャップ

2 従業員間の認識ギャップ ………………………………………… 208
ワーク・スタイルのギャップ／男女の立場によるギャップ

五 格差を生み出す背景は何か ……………………………………… 212

1 事業主行動計画も格差を助長 …………………………………… 212
子育て環境の規模格差が拡大／低い認定マーク申請予定率／大企業にも懸念材料

2 育児休業取得率の男女格差が意味するもの …………………… 214
規模格差と男女格差のねじれ／大企業の就労価値観を反映

3 男性をターゲットとした制度導入の必要性 …………………… 216
子育て環境が劣悪な男性従業員／男性は本当に変われるか

第八章　新たなミッションとしてのCSR …………………………… 219

一 福利厚生はCSRとどう関わるか ………………………………… 220

1 新しい使命となる可能性が高いCSR …………………………… 220
福利厚生の新しい使命の核に／CSRの定義

2 労働面のCSRへの関心の高まり ………………………………… 222

xiii

3 「国連グローバル・コンパクト」への参加 ………………………… 226
　遅れた日本の取り組み／労働・雇用面にも拡大
4 日本企業もSA8000の認証を取得 ………………………… 228
　世界3000社以上が参加／3分野に10原則

二 CSRへの取り組みはどこまで進んだか
1 CSRへの対応は国際的潮流 ………………………… 230
　人権保護を定めた国際規格／労働面にもCSR圧力
2 日本経団連の「CSR推進ツール」 ………………………… 233
　何もしないことの不利益感／大企業の75%がCSRを意識

三 CSRは福利厚生に何をもたらすか
1 企業にとってCSRの本質的意義とは何か ………………………… 236
　自主的な取り組みを強調／福利厚生と関連が深い「人権・労働」項目
2 福利厚生からCSRに何ができるか ………………………… 238
　企業の生存戦略に／従業員との関係も視野に

四 SRIはCSRにどう関わっているか
1 SRI（社会的責任投資）とは何か ………………………… 241
　CSRと福利厚生との結合／福利厚生への期待と効果
2 SRIは全米運用資産総額の12〜14%に ………………………… 243
　CSRは戦略的な投資／株価、企業価値に大きく影響
　資産の急速な伸び／米国のスクリーン基準／欧州の増加傾向は米国以上

五　SRIファンド進展の意味 ………… 246

1　エコ・ファンドの登場 ………… 246
ファンドは約2740億円に成長／エコ・ファンド偏重の背景

2　ファミリー・フレンドリー・ファンドの登場 ………… 247
雇用・労働面を評価して投資／モーニング・スター社の選別基準

3　世界的な進展みせるSRI ………… 250
倫理的、社会的選択基準へ／平均点以上の対応が不可欠

第九章　21世紀型福利厚生システムの展望 ………… 251

一　21世紀型福利厚生システムに求められるもの ………… 252

1　21世紀型福利厚生システムの課題 ………… 252
新しいテーマの意味／知的生産性への貢献／システムの枠組み

2　社会的効果と経営的効果の相乗性 ………… 255
相乗性の最大化／新たな視点への適応

3　「解」が確信できていた時代の福利厚生 ………… 258
適応関係は比較的安定／「解」を予め確信できた時代／増加した変数

二　福利厚生費管理に求められるもの ………… 262

1　2025年度までの福利厚生費の予測 ………… 262
法定福利厚生費の急増／実効性の見極めが必要

第十章 福利厚生の再生と進化への道程 … 273

一 福利厚生の新たな使命とは … 274
1 これまでの使命＝日本的経営を支える中核人材を育成 … 274
管理システムの柔軟性／成長期の管理システム／80年代末頃までの人材像
2 未経験の対応が迫られる労働力供給源の減少 … 276
重大な変化としての人口減少／ポスト工業化社会への適応

二 伝統的福利厚生の再評価 … 279
1 自社の保養所が醸し出す幸福感 … 279
実感した快適性／「ハコものからの脱却」は必然か
2 コミットメントの象徴としての福利厚生施設 … 282

三 日中合弁企業にみる福利厚生の原点 … 284
共通体験の場としての厚生施設／難しい環境適応の判断

（左側）

2 給付レベルの低下をどう補うかが課題 … 265
厳しい予測の給付水準／給付との補完関係の維持を
3 家計貯蓄率、黒字率が近年顕著に低下 … 266
可処分所得の減少／家計貯蓄率の急減／自助努力行動にも陰り
4 自助余力の減退にどう対応するか … 269
生活設計に重大な影響／回避すべき単純で危険な方向

xvi

四 福利厚生が進化すべき方向

1 広州合弁企業のあらまし ………… 284
通勤は社有大型バス10台で／技術教育訓練の研修工程を併設

2 「原点」を実感させる福利厚生制度 ………… 285
社員食堂は本人6元負担、会社3元補助／福利厚生の普遍性を実感／間違いなく存在する福利厚生の効果

1 環境変化が福利厚生を直撃 ………… 289
描けなかったグランド・デザイン ………… 289
複数の変化が相乗的に作用／1997年は福利厚生の転換点

2 ………… 291
象徴的だった福利厚生「終焉論」／グローバル化と少子高齢化

3 進化すべき3つの方向性 ………… 293
10年で得た貴重な経験値／創造性支援システムとしての方向性／相互扶助・自助システムとしての方向性／社会適合システムとしての方向性／人間重視志向の実現が決め手

引用・参考文献 ………… 巻末

第一章 福利厚生における多面性の功罪

一、今、福利厚生はどういう存在か

1 福利厚生なる不可思議な存在

用語の混乱 これまで、福利厚生とは実に捉え難いものだと、痛感することがしばしばあった。一体、何なのだろうか、と今なお自分に問いかける機会が多いが、なかなか満足な答えを得ることができない。

しかし、この難しさというか、悩みをもたらしている原因をいくつか列挙することは何とかできるようにはなった。初めに、福利厚生という存在に対する基本的な疑問を開示しておきたいと思う。

まずは用語の混乱があるな、と最初に気がついた。福祉という言葉使いだが、企業福祉という人もいれば、従業員福祉や勤労者福祉と呼ぶ人もある。また、企業内福利厚生と長く表現されることもあるし、単に、福利厚生という表現も一般的だ。最近の流行であるエンプロイー・ベネフィット（employee benefit）を好み、広めようと意図する人も出てきている。以前はフリンジ・ベネフィットだったはずである。この他、企業福利、企業厚生などの少数派もある。いやはや、なんと呼べばよいのやら。

関与者の多様性 次に、この用語の混乱が関与者の多様性に由来するものだと理解することがで

第1章　福利厚生における多面性の功罪

きた。経営者、人事担当者など企業を代表する関与者がまずいる。対置する形として従業員、労働組合が続いて登場する。労使が登場すれば、当然、行政も「格差」などを得意の切り口として参入してくる。また、健康保険組合や厚生年金基金なども福利厚生サービスを供給している。労働組合も自主福祉と称して供給機関となる。さらには、金融機関やアウトソーサーなどビジネスとして関与する人たちも出現してくる。そして、研究者も、経済学、社会学、経営学などきわめて学際的だ。

こうした多様な関与者が、そのときどきの文脈と意図によって色々な表現を感覚的に使い分けてきたのである。

様々な制度目的

こうした多様な関与者がいれば、当然、制度の目的にも様々なものが登場することになる。

まずは、基本としての定着性の維持・向上に始まり、勤労モラールの維持・向上、労使関係の円滑化、優秀な人材の獲得、従業員間の一体感の醸成、従業員と企業との一体感もある。もちろん、業務の円滑化も大事だろう。従業員側からの目的認識でも、生活水準の向上、セイフティ・ネット、教育機会や自助努力の場であったりする。

この他、社会保障の補完や企業の社会的責任といった高邁な目的が出てきたり、横並びといったいいかげんなものや、他社との差別化といったやや生臭い目的が語られることもしばしばある。

一体、本当にこれだけの多様な目的を同時に実現しようというのだろうか。なんと、福利厚生は万能なのか…。しかし、一方でずいぶん欲張りな話かとも思えてしまう。さらに厄介というか、驚くべきことに、福利厚生制度なるものが実在しないことである。こうなると、もはや福利厚生はフィクションではないか、と疑ってしまいたくなる。

第1章　福利厚生における多面性の功罪

ご存じのとおり、福利厚生制度とは、社宅や慶弔金、健康診断などといった個別の具体的な制度が多数、群棲した状態でしかない。したがって、企業が異なれば福利厚生制度といってもその内実が違ってくる。

複数社の企業担当者が福利厚生について議論していても、前提となるそれぞれの制度編成が全く違うかもしれないのである。

領域に関連しては、どこまでが福利厚生なのか、といった不毛な議論もしばしば起こる。そう、セクショナリズムともいえる福利厚生の領域の国境問題である。例えば、層別研修は教育訓練だが、自己啓発メニューは福利厚生となる。ならば、最近はやりの自由に選択できるカフェテリア研修はどっちだろうか？

どうやら、わけのわからない制度ができると一旦、福利厚生という袋に投げ入れられるようである。それにしても、一体、誰がその審判を下しているのだろう。

福利厚生への関心度

企業内での数々のマネジメント問題の中にあって、福利厚生への関心はかなり低位に位置すると断言してもよい。担当者や読者にはお叱りを受けるかもしれないが、経営者が福利厚生に思い悩むという話はあまり聞いたことがない。最近、目にした労務関係の学会誌の中で、次のようなDrucker（1954）の引用があって面白く、印象に残っているので、関連として紹介したい。

「人事労務管理とは…（略）…企業にとって付随的な雑用ばかりなのである。どれもこれも愉快な仕事ではなく…（略）…その担当者をトップ・マネジメントに列席させるような重要な職能が生まれるわけではない（岩出2001）」。この引用の論旨は、人事労務管理がいかに企業経営において間接的なもので、二義的に扱ってよい重要でないものかを彼が慧眼によって50年も前に指摘した

— 4 —

第1章 福利厚生における多面性の功罪

　筆者がこれを読んですぐに感じたのは、人事労務管理ですらそうした重要度の低い位置に置かれてきたとすれば、さらにその中にある福利厚生制度たるや…というある種の悲観的予測である。事実、費用としての福利厚生をみても、充実した大企業ですら総額で現金給与のせいぜい5％程度で、法定福利費や退職費用の半分以下でしかない。したがって、管理対象としての重要度も当然低くなる。いずれにしても、市場での競争における勝敗や収益を直接大きく左右するものではないとみられており、福利厚生への関心は高くない。つまりは、企業経営の中で存在そのものを突き詰めて議論されることがなかったのである。

　最初にずいぶんと福利厚生への悪口を並べてしまったようである。さて、捉えにくさの要因を列挙してみて改めてまた、福利厚生とは何か、を問うてみるが、やはり、多様さと曖昧さを再認識するばかりで、依然として「何か」を明確に表現することは難問である。筆者のこのような混乱に、これからつきあっていただくしかない。

2　何かが起こり始めている

変化の胎動が明確に　さて、このように曖昧模糊としたものにみえる福利厚生制度だが、その曖昧さとは対照的ともいえるように、近年、福利厚生制度をめぐる大きな変化の胎動が明確に、そして確実に始まっている。

　図表1―1は、筆者の所属していた研究機関が1980年から定期的に行ってきた福利厚生制度

図表1-1　　　　　　　　福利厚生の問題点

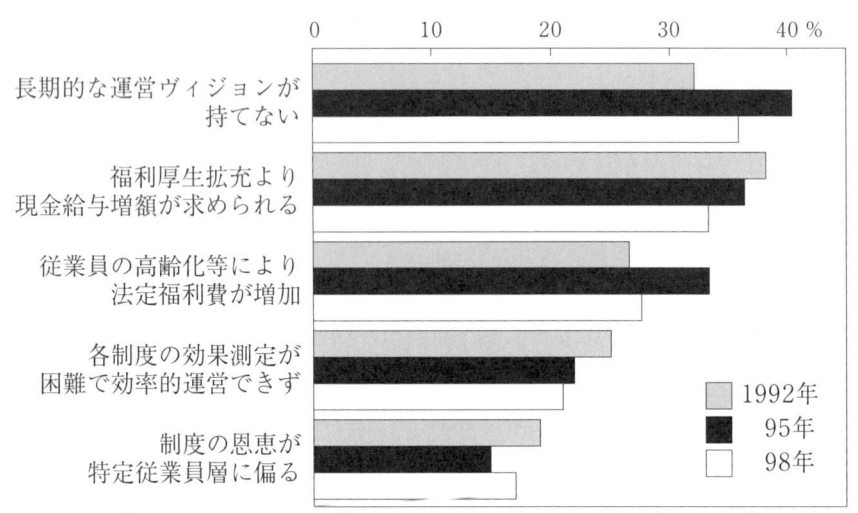

項目	1992年	95年	98年
長期的な運営ヴィジョンが持てない	約32%	約40%	約37%
福利厚生拡充より現金給与増額が求められる	約37%	約35%	約35%
従業員の高齢化等により法定福利費が増加	約27%	約33%	約28%
各制度の効果測定が困難で効率的運営できず	約24%	約22%	約27%
制度の恩恵が特定従業員層に偏る	約20%	約16%	約16%

資料出所：（財）生命保険文化センター『企業の福利厚生制度に関する調査』（正規従業員30人以上の全国の民間企業）（N＝1,400社）

調査結果のひとつで、担当者が感じている問題点を採取したものである。1990年代を通じて上位にきた項目をみると、4割近い担当者が、長期的な方向性、ヴィジョンを見失い、同時に、従業員からの「福利厚生より現金給付を」という要求の高まりを肌で感じている。

新たな存在価値の探求へ

この調査結果をみるたびにどう解釈すべきか、どのようなメッセージが発せられているのかを考え続けてきたが、悲観的な解釈しか思い浮かばず、福利厚生不要論に行き着いてしまう。

特に、1995年にピークとなった「長期的な運営ヴィジョンが持てない」という担当者の悩みに問題の大きさと根深さがあらわれているのと思えてならない。ちょうど、一部の企業において大規模な福利厚生の縮小や廃止が始まったのが95年であった。そこで全面的にスクラップされた福利厚生制度の行き着く先が、従業員からの要求どおりの現金給付だったのである。いわゆる福利厚生制度の賃金化である。

— 6 —

二　福利厚生の多面性は何を意味しているか

1　福利厚生における多面性の実態

2つの「顔」を持つ福利厚生　前節では、福利厚生をひとつのもの、一体のものとして捉えることがいかに難しい存在か、という点について、名称の錯綜や幅広すぎる対象領域の存在、そして多種多様な目的意識の存在などが原因であることを指摘した。

このような曖昧さと混乱ともいうべき状況の中で、現実の福利厚生がきわめて多様な「顔」、すなわち多面性を持つに至っていることに気づいていただきたい（図表1－2）。ひとつは企業経営であり、もう一方が福利厚生の「顔」は基本的に2つの方向に向けられている。ひとつは企業経営であり、もう一方が従業員個人の生活である。

企業経営としての「顔」　まず、企業経営にとって福利厚生制度とは何か、という側面からみると、第1には成果配分の一形態と位置づけられる。企業が事業活動を通じて得た付加価値が従業員に対して配分される中に福利厚生費が含まれる。労働配分率の分子項目の一部にも配分の形態は多々ある。最たるものが賃金や賞与であり、その他にも退職金や教育訓練費等々がある。

また、福利厚生制度の中には企業が事業活動を遂行する上での必要条件といえる性格のものも数多い。業務用社宅をはじめ安全靴・制服などが代表的なものであろう。これらはあくまで業務の円滑な運営に供されるわけである。

図表1-2　　　　　　　　福利厚生の多面性

（企業における顔）	（従業員個人に対する顔）
・成果配分 ・業務上必要条件 ・人的資源への投資 ・社会的責任 ・競争力（ex人材吸収力）	・勤務に対する報酬（不就労給） ・労働条件 ・教育機会 ・セイフティ・ネット ・相互扶助

注：筆者による

　さらに、自社の人的資源の育成や活性化のための投資とみられるものもある。典型的なものが自己啓発・能力開発のための諸制度だろう。そこでは業務の高度化に役立つ公的資格の取得に対する支援制度や国内外の大学等への留学支援制度などによって人的資源の価値の向上が期待されている。

　また、全く別の「顔」ともいえるのが、企業の社会的責任あるいは社会的役割としての福利厚生である。典型的な制度をあげると、ドナー休暇やボランティア休暇などの従業員の公共的・公益的な活動への支援制度や、介護・育児関連の支援制度のような社会的問題への貢献を目的とする諸制度などであろう。

　ただ、実はこれらの制度だけでなく他の多くの制度にも、企業が社会的な責任意識からの対応と捉えているものは多い。なぜなら、制度展開の目的は何か、と企業に尋ねると必ず社会的責任という答えが返ってくるからである。

　最後に、もうひとつ福利厚生を位置づける上で忘れてならないのが競争力の一部を構成しているという見方である。最もわかりやすい競争が人材獲得競争であろう。

　バブル期のように労働需給がタイトなときには決まってユニークな福利厚生制度が登場する。当時は、大手商社などがプールバーやサウナのついた超豪華独身寮を建設して話題を集めたり、人材不足にほとほと困

第1章　福利厚生における多面性の功罪

り果てた首都圏の中小の不動産会社が、採用者には一戸建て住宅をプレゼントするといったびっくりする施策が登場したこともあった。あるいは、企業の対外的なアピールとして福利厚生制度が意識され、導入が後押しされることもある。初期のカフェテリアプラン導入企業の中にはその傾向が強いものがあった。

つまり、こんな先進的な制度を導入するほどの「先進的企業」だというイメージをつくろうとしたわけで、広告やＰＲ活動にも近い。このような福利厚生は、対外的なベクトルを持つものであり、企業での競争力を構成するものとみることができるだろう。

このように、「企業にとって何か」という視点からみてもかなり多様な「顔」を持つわけだが、さらに従業員個人にとっても同様の多様さがある。

従業員個人の生活としての「顔」

まずは、企業側の成果配分に対応して報酬の一形態という捉え方がある。労働対価性が曖昧であるため、不就労給とみなされることが多いようだが、確かにEmployee BenefitやFringe Benefitなど、ベネフィットと呼ばれるように、従業員にとって報酬ともいえる価値の提供であることは間違いない。

また、企業にとって業務上の必要条件となれば、従業員にとっても当然、労働上の条件や環境となる。さらに、企業が人的資源への投資と位置づけている制度が、従業員にとっての教育機会、つまり、能力や知識を向上させる機会となり、結果的には、従業員自身の労働市場での価値を高めるまたとないチャンスとなる。これが今流行のエンプロイアビリティ（Employability）に繋がってくる。

余談だが、以前、ある流通業大手の役員が「わが社の福利厚生制度はこれからエンプロイアビリティ向上策に注力する」といった発言をしたことがあった。確かに、そうした制度によって自社の

第1章　福利厚生における多面性の功罪

従業員の労働市場での価値が高まり、高いエンプロイアビリティを得ることができれば従業員の生活設計にとって大変有り難いのだが、雇用の過剰感を強めていた当時の流通業トップの発言ゆえに、いずれ訪れる雇用調整へのソフトランディングを図るものではないかと、勘ぐってしまったことがあった。

いずれにせよ、福利厚生における教育機会、能力向上の場としての「顔」は今後さらに注目されてくるだろう。

この他にも、福利厚生は従業員にとってセイフティ・ネットや相互扶助としての機能や役割を持つ。労災時の上乗せ保障や団体型の就労不能保険、長期所得補償保険などが、万一の場合の大きな救済になる。そうした制度が用意されてこそ安心して働けるのである。

そして、セイフティ・ネットには企業が費用負担するものだけでなく、従業員自身が応分の加入費用を負担するものもあり、結果的にはそうした制度加入によって職場の仲間同士の相互扶助が実現されている。

いかがだろうか。ざっと思いつくままにあげただけでも福利厚生の「顔」はこれほど多様にある。

2　福利厚生の多面性をどう評価するか

これまでは多面性に価値　さて、このような福利厚生における多面性をどう評価すればよいのだろうか。

印象では、これまではこうした多面性が、基本的には福利厚生の存在価値を高める方向に作用し

第1章　福利厚生における多面性の功罪

てきたと思われる、前節でも触れたが、確かに福利厚生に多様な目的意識に応える多様な機能や役割があることには違いない。

つまり、一石二鳥にも三鳥にもなる話なのだから、これほど便利で有り難いものはないということになる。

多面性を「顔」に譬えたように、多様な「顔」がそれぞれのステークホルダーに向けられて微笑んでいるわけだから、誰からも文句が出るはずがないという話になる。

多面性が抱える矛盾

しかし、このような八方美人的なスタンドポジションが未来永劫に続くとはどうしても考えづらい。

言い方を変えると、こうした位置に福利厚生制度を置き続けることが、福利厚生の未来を考える上で果して良いことなのか、という疑問を筆者はずっと持っている。

例えば、みんなから人気のある八方美人が真剣な2人の友人から同時に求婚されたらどうするのか、という話である。簡単にいうと、先に整理した、人的資源への投資という福利厚生制度の「顔」と社会的責任を果たし福祉に貢献するという「顔」がひとつの制度において共存したときに、何が起こるかということである。

投資と福祉とでは成功のための論理が異なる。前者は、目的合理的な基準によって優れた投資対象をできるだけ選別しながら、より多くのリターンを得ようとする。しかし、後者では平等主義を基調としながら、何らかのリスクに遭遇してしまった弱者を受け入れ、その全員の救済を無差別に図ろうとする。

この2つの考え方がひとつの制度運営において共存することは難しく、強引に共存させようとすれば効率が低下し効果が失われることにもなる。

これまでの福利厚生にあった多様な「顔」同士が、矛盾や対立、そして結果として非効率性やムダを生み出しているのではないだろうか。

第二章 評価変数からみた福利厚生の改革

一 福利厚生の評価変数とは何か

1 何を福利厚生の評価変数にするか

福利厚生の目的因子 前章では、福利厚生における多面性の存在について述べた。わが国の福利厚生には、大きく分類するだけでも社会保障の補完、福祉の実現、セイフティ・ネット、労務管理、人的資源投資など多様な側面があること。同時に、企業の中にそれぞれの側面を促進させ、利用しようとする人事部門や労働組合、個人ユーザーなど複数のステークホルダーが存在すること。そして、多様な目的意識と、それに応える多様な機能や効果があることを、これまでは基本的には歓迎できることとして労使双方からみられてきた。

筆者らが以前行った企業調査において福利厚生制度の目的構造について分析したことがあった。分析方法の詳細の説明は省略させていただくが、そのときに図表2—1にあるような、「採用・定着性」「社会性」「労務性」「競争性」「横並性」という5つの互いに独立的な目的意識が企業内に存在することを抽出したことがある。

多重・多層化する目的 そして、そのような複数の異なる次元の目的意識が、企業規模が大きくなるほど多重的というか、多層的に保有される傾向があることもわかった。要するに、大企業層ほど、福利厚生に対して多様な目的意識を同時的に保有することを示している。恐らく、その結果、

第2章　評価変数からみた福利厚生の改革

図表2-1　　　　　　　　福利厚生の目的因子

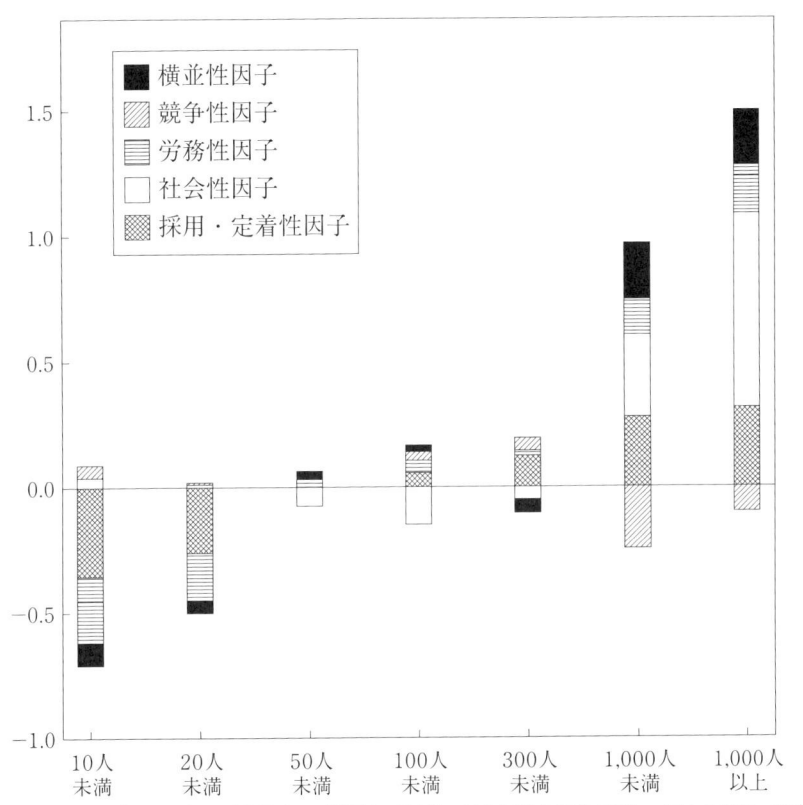

■ 横並性因子
▨ 競争性因子
▤ 労務性因子
□ 社会性因子
▩ 採用・定着性因子

資料出所：西久保『日本型福利厚生制度の再構築』（98年，社会経済生産性本部）p.54より抜粋，調査名は「企業内福利厚生の新たな展開に関する調査」（96年10月実施，N＝1,306社）

多様な目的意識に促され、多種多様な制度が次々と導入され、大きな蓄積に至ったものとも解釈できる。

つまり、現実に福利厚生の多面性が、ひとつの企業、そして福利厚生制度というひとつの体系の中に共存しているわけである。特に、福利厚生が充実しているとされる大企業ほど多面性の共存が顕著といってよいだろう。

共存とは何かというと、同一の予算概念の中で、同一の労使の合意によって複数の制度・施策を対象とした企画や運営

— 15 —

がなされている状態である。限られた予算の中で、どのような制度を選択し、導入するか。あるいは何を廃止・削減すべきなのか。

こうした制度全体に対するポートフォリオ・マネジメントが求められるのが福利厚生制度の特色のひとつであり、この点は賃金制度や退職金制度のような単一型のものと比べて、マネジメントを困難にする原因にもなっている。

読者には、このような状態を当然だと思われるかもしれないが、筆者からはどうしても不可思議というか、決して最善の状態ではないと思えてしまう。特に、近年のように縮小傾向が明確になってきた段階では、この状態は危険であるともみている。

その理由として指摘したいのが、本章のテーマとした評価変数の問題である。これは各制度あるいは制度全体の編成に対して、複数の当事者が異質な評価変数を持ちながら、制度編成の最適化と、それによるパフォーマンス（効果）の最大化を図ることが本当にできるのか？という点である。

まず、今現在、何が評価変数なのかを考えてみよう。

現在の福利厚生制度の主役ともいえる人事労務部門にとって最も重要な評価変数は、人的資源という視点からみた生産性の維持・向上、最終的には企業競争力への貢献であることは間違いない。そして、この最上位の評価変数の下に、より具体的な次のような下位の評価変数が設定されている。

高度成長期からバブルの頃までは、従業員全体の長期定着性の維持・向上、円滑な労使関係、そして経営家族主義を背景とした集団重視の組織風土の醸成などがそれであったのではないだろうか。

これが本来的な評価変数としよう。これらの観点から、各福利厚生制度を廃止・縮小すべきか、

あるいは新設・拡充すべきか、こういった意思決定が規定されることになる。先の懸念は、こうした各ステークホルダーが持つ評価変数同士がしばしばコンフリクティブな関係になることを背景としている。

従業員、労使の評価変数

ひとつの福利厚生制度を具体的に考えてみよう。都心に本社を置くある企業に自社保有の社宅制度があったとする。これまでこの企業にとって優秀な人材を全国から採用するためには、社宅や独身寮を用意することが効果的な手段、不可欠な対応であった。もちろん、従業員にとっても社宅や住居費は最大の生活費項目であり、まして都心であれば土地神話を背景に居住コストが年々上昇していたから、企業から社宅を現物給付されることが、豊かな生活を実現することに直結していた。つまり、企業側の、優秀な人材獲得で競争優位を実現するという評価変数と、従業員側の豊かな生活の実現という2つの評価変数が、幸運にも制度選択、重点配分という点において同じ答えを出したのである。これは労使双方にとってとてもハッピーな状態であったといえるだろう。

しかし、周知のとおり時代は変わり、もはや企業が従業員のために社宅まで用意する経営的な必然性は失われつつある。それは固定費削減の要請、資産圧縮の必要性といった財務的側面だけからではない。恐らく、先に下位の評価変数として述べた経営家族主義に基づく集団の凝縮力、相互依存的な企業と個人の関係づくり、といったものが少しずつ陳腐化すると同時に、新たな評価変数にリプレースされ始めたことが大きい。すなわち、企業は、個々の従業員に対して盲目的な忠誠心や協調性ではなく、優れた創造性や専門性を強く求め始めている。あるいは大きな制度改革を行ったリクルート社が掲げるような企業家精神をも従業員に期待しようとしている。そして残念だが、目指す創造性、専門性、企業家精神といったものと社宅制度との因果関係を、多くの企業が見いだせ

第2章 評価変数からみた福利厚生の改革

なくなったのではないだろうか。一昔前には、あれほど確信があったにもかかわらずである。

しかし、このような企業側の評価変数の変更が明確にあったとしても、一方の従業員側の評価変数は基本的に不変なのである。居住費は依然として最大の負担であり、豊かな生活のためには良質の居住空間と短い通勤時間が重要であることに変わりはないはずである。

さて、このように、労使の評価変数が異なる方向を向き始めたときにどうするか、が重大な岐路となる。ここで誤解してはいけないのは、労使の評価変数が不整合をきたしてきたこと自体が問題ではないことである。本質的に企業と個人の持つ評価変数は異質であって、多くの場合、対立的であることは自然である。

問題は、こうした不整合から始まり、妥協解に至るプロセスである。

2　妥協解は改革の方向になり得るか

不整合になった労使の評価変数　繰り返すが、労使双方の評価変数間の関係を振り返ったときに、高度成長期からバブルが崩壊する1990年代初め頃までは、非常に整合的であった。例えば、企業側の評価変数が長期定着性の維持・向上や集団重視の組織風土の醸成であったときに、自社所有の社宅制度に注力することが有効であることに確信があった。しかも、この選択が低廉な居住コスト、短い通勤時間などを従業員側にもたらすことで、地価上昇が続いて不安な生活環境の中にあって、豊かな生活を実現する上に大いに役立ったのである。

つまり、福利厚生制度のどこに重点的に資金投下をするかという点で両者の評価変数が同じ方向を示し労使のコンセンサスが容易に得られた。

— 18 —

しかし今日、グローバル経済下での競争を前提とした経営のあり方へと転換することが企業に求められ始めた。この結果、定着性や協調性といったこれまで最重要と考えられた評価変数が、創造性や専門性などに徐々に変わり始めたことで、労使の評価変数間に一時的かもしれないが、不整合があらわれ始めた。このとき、これまでのコンセンサスの所産であった社宅制度のあり方をどうするかという問題に直面することになる。

社宅制度を従業員福祉の実現のためにこれからも重要だと断定できる企業ならば、もちろん存続すればよい。しかし、これからの時代での企業競争力という評価変数から検証したときに、既存の制度を全廃し、他の有用な制度へ思い切った予算シフトを行うという選択肢を考えようとする企業は少なくない。

不整合の調整はどう行われたか

しかし、実際には大半のケースで、この評価変数をめぐる不整合に対して、どのような調整が起こるかというと、例えば、社有社宅を売却して借上社宅に移行する、あるいは、社宅は廃止するが一方で住宅補助手当の増額を図る、といった妥協的な解を導出するパターンが実に多い。

このような調整がなされやすいのは、ひとつには間違いなく以前にも述べた福利厚生の多面性の仕業である。つまり、福利厚生は従業員福祉、生活援助であり、同時に人的資源管理、生産性向上の手段だからである。こうした異質な評価変数が混在していることが、明確な方向転換を難しくする。

確かに、いくら経営環境が変わったからといって、よほど強大なリーダーシップがあるか、深刻な危機感でもない限り、突然、多面性から一面性には変われない。結果的には、折衷案的な落とし所を用意しなければ既得権を侵害することにもなり、労使関係にとって好ましくないという結論にもなりやすい。

— 19 —

妥協解の繰り返しでよいか

本当にそのような折衷案、妥協解をこれからも繰り返してよいのだろうか。

例えば、経営側だけの新しい評価変数に即した改革をするなら、自社社宅を全廃し、そこに要した多額の資金を従業員の能力開発・自己投資の機会づくりに集中投資し、創造性や専門性の高揚を図ればよい、というある意味で単純明快な答え、改革案をつくることができるかもしれない。その改革によって、もし、従業員の競争意識や向上心が刺激され、組織の活力が高まれば、それは改革としては素晴らしい。現に、社宅を全廃し、自己啓発・能力開発のための福利厚生や、退職保障の充実などに大きくウェイト・シフトを行う企業例なども出てきている。

また本当に、借上社宅や住宅補助手当といった妥協解で、従来の社宅制度がもたらしていた経営効果を維持できているのだろうか。あるいは、従業員にとって住生活の質やアメニティは継続されたのか。あるいは、恐らく引き上げられたであろう自己負担により、従来ならば感じることのできた社宅の有り難さ、ひいてはモラールや貢献意欲を引き出していた勤務先企業への心理的な貸借関係が保持されているのだろうか。

避けるべき妥協解と最適解の混同

このあたりの検証は技術的に難しいところだが、仮に、先ほどのような妥協解では労使双方にとって、経営的効果の喪失や従業員の生活面での悪影響がかなり大きいものであるとすれば、結局、妥協のための妥協にすぎなくて、求められている新しい時代への改革とはほど遠い対応でしかないという結論にもなってしまう。

これまではよしとして受け入れてきた多面性、見方を変えれば、曖昧に錯綜したまま放置された評価変数群が、福利厚生に戦後来初めて構造的な改革が求められている今の時期に、大きな抵抗、あるいは障害となる可能性を指摘したい。つまり、これまでの多面性や多目的性が、しばしば、必

要とされる構造的な改革を中途半端な妥協解の連続にすり替えてしまう危険性を内包しているのである。

妥協解と最適解を混同してはならない。

3 評価変数の実現性

効果の検証が重要 また、この議論の延長線上にはいくつかの重要な問題がある。その第1が評価変数の実現性にかかわる問題である。

前述のように、評価変数から福利厚生改革の方向性を考えようとするときに、非常に忘れられやすいのが個々の制度あるいは制度全体による実現性である。つまり、ある評価変数を採用し、その変数から良い評価を得るのに効果的だと考える制度の再編成を行うのだが、実際に効果を得ることができたかどうかを確認する作業が見落とされることが実に多い。

評価変数として重視し、制度編成の基準として用いながら、それが実現されているかどうかをみようとしないというのは明らかに問題である。この検証がなされないから、実現性のないスローガン的評価変数、建て前だけの評価変数が採択され、そして放置されるのである。この点について以前に検証作業を行った経験があるので以下に紹介したい。

長期定着性に対する効果の検証 多くの日本企業にとってこれまでの最も代表的な評価変数といえば、従業員全体での長期定着性であっただろう。しかし、この代表的な評価変数の採用によって実際に効果を得ることができたかどうか、確信を持てる企業は少ないのではないだろうか。

個々の企業の現場で、福利厚生の定着性に対する効果について信頼できる検証をすることは確か

第2章　評価変数からみた福利厚生の改革

図表2-2　　　　　　　評価変数（定着性）の実現性

（値T値）

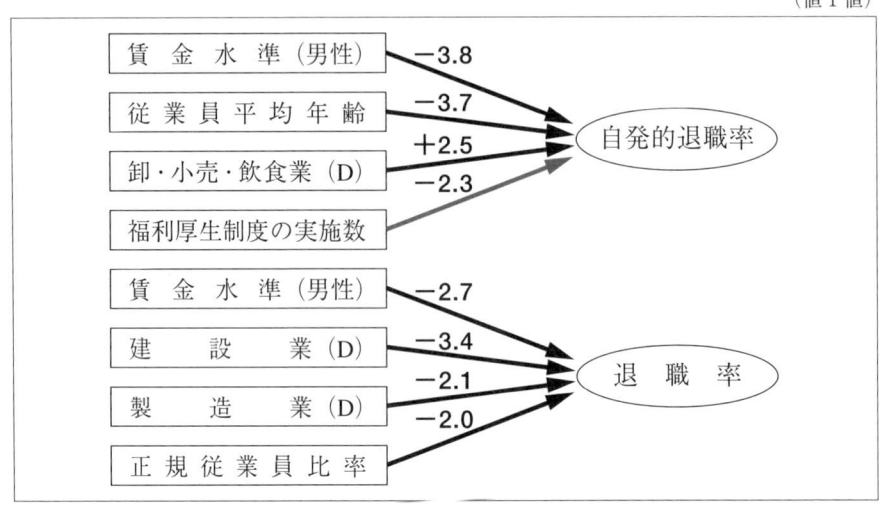

要因	T値	→
賃金水準（男性）	−3.8	自発的退職率
従業員平均年齢	−3.7	自発的退職率
卸・小売・飲食業（D）	+2.5	自発的退職率
福利厚生制度の実施数	−2.3	自発的退職率
賃金水準（男性）	−2.7	退職率
建設業（D）	−3.4	退職率
製造業（D）	−2.1	退職率
正規従業員比率	−2.0	退職率

資料出所：図表2−1に同じ

に難しいが、大規模な企業調査などからはこの点の検証が比較的容易である。図表2−2は約1300社の日本企業に対する定量調査をもとに分析された結果である。

ここでは企業の福利厚生制度の実施数と、自発的退職率との間に負の因果関係があることを統計的に検証している。すなわち、福利厚生制度を数多く導入し、充実させている企業であるほど、従業員の自発的退職率が低い傾向にあることを示している。

要するに、福利厚生制度が、賃金水準などと並んで従業員の定着性に対して効果がある、離職・転職を抑制するように作用していることを意味している。

この分析結果をみると、日本企業が従業員の定着性という評価変数を選択し、その手段として現状の制度編成を行ったことが「報われた」と結論づけることができるだろう。そして評価変数として何を選択するかという問題には、それが実際に実現できるのか、という面からの判断が必要であ

— 22 —

ることも示唆されている。

そして、本当に厄介なのは、このように効果が確実に得られていた評価変数を、変えなければならなくなったときである。その難しい局面にわが国の福利厚生が直面していると筆者は考えている。

4　長期定着性としての評価変数の深淵

定着性は最大公約数的な評価変数　福利厚生の実施主体が、どのような観点から制度展開を評価するか。この観点というか尺度というか、すなわち評価変数が「従業員の長期定着性」であることは多くの調査からも確認されている。2002年に実施した大規模な企業調査である『福利厚生・退職給付総合調査』（企業福祉・共済総合研究所）においても図表2－3のように、従業員の長期定着性の維持・向上が福利厚生を展開する上での最大公約数的な位置づけの評価変数であることが示されていた。

日本企業の多くが「従業員の長期定着性」という評価変数を共有し、その実現のために営々と制度蓄積を行ってきたのである。そして、図表2－2で紹介したとおり、企業の福利厚生制度の実施数と自発的退職率との間に負の因果関係が確認できること。すなわち、福利厚生制度を数多く導入し、充実させている企業であるほど、従業員の自発的退職率が低く、賃金水準などの効果と並んで従業員の定着性に対して有効で、離職・転職を抑制する効果がある。つまり、この評価変数の設定が奏効したというわけである。

長期定着性はなぜ支持されたか　なぜ、長期定着性という評価変数がこれほど多くの企業から支

図表2-3　福利厚生制度の目的　（複数回答）

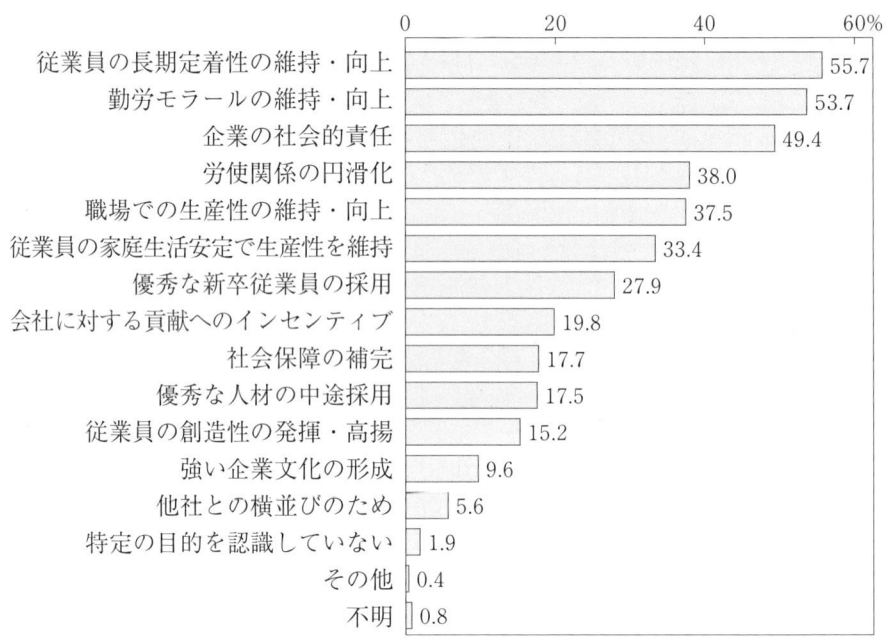

項目	%
従業員の長期定着性の維持・向上	55.7
勤労モラールの維持・向上	53.7
企業の社会的責任	49.4
労使関係の円滑化	38.0
職場での生産性の維持・向上	37.5
従業員の家庭生活安定で生産性を維持	33.4
優秀な新卒従業員の採用	27.9
会社に対する貢献へのインセンティブ	19.8
社会保障の補完	17.7
優秀な人材の中途採用	17.5
従業員の創造性の発揮・高揚	15.2
強い企業文化の形成	9.6
他社との横並びのため	5.6
特定の目的を認識していない	1.9
その他	0.4
不明	0.8

資料出所：企業福祉・共済総合研究所「福利厚生・退職給付総合調査」（02年実施），N＝1,561社，有効回収率18.0％，調査対象地域は全国，わが国では民間最大規模の福利厚生・退職給付に関する包括的な調査

持されなければならなかったのか。その必然性の文脈だけは簡単に述べておきたい。

戦後、敗戦からの復興を目指した企業の多くは、当時の社会経済環境に適応するための経営モデルとして今日「日本的経営」と呼ばれる世界的にみても大変ユニークな生産志向の経営モデルを構築することに成功した。年功賃金や終身雇用、集団主義、企業別組合などの代表的な諸要素からなるこのモデルは、結果的に30年程度というきわめて短い期間にわが国を経済先進国にキャッチアップさせる上で大いに貢献し、1980年代頃までは内外から高い評価を得ることになった。

このモデルの中には「長期定着性」と同義ともいえる「終身雇用」が最も中核的な要素として存在している

― 24 ―

終身雇用制のサブ的要素として機能

ことに注目していただきたい。つまり、日本的経営という大きな成功をおさめたモデルには、既に従業員の長期定着性というものが不可欠な要素としてビルト・インされており、この実現なくして日本的経営を実行することができないというポジションが与えられていたのである。

そして、福利厚生制度も、先にあげたような、俗に日本的経営の「三種の神器」などと称されるメインの要素ほどではないとはいえ、アベ・グレン（1958）らが「手厚い福祉主義」と表現したとおり、日本的経営を構成するためのサブ要素のひとつとして明確に位置づけられていた。

このメイン要素としての「終身雇用」と、サブ要素的に捉えられてきた「手厚い福祉主義」との関係こそが、大多数の企業が長期定着性を、福利厚生制度の展開の主たる評価変数とさせる基本的な背景となった。換言すれば、日本的経営における最も中核的な要素であった終身雇用を実現する手段として福利厚生を捉えることが日本的経営を志向する企業にとっては、必然的な流れだったのである。

年功賃金の欠陥

また、さらに興味深い点は、福利厚生と年功賃金との密接な関係である。まず、ひとつの関係は終身雇用≒長期定着性を実現するための手段として両者は共通の役割を担った仲間なのである。

しかし、意外に思われるかもしれないが年功賃金という定着促進装置には大きな欠陥があった。それは若年期での低賃金である。いくら勤続功労を重ねることで将来の高賃金が約束されているといっても、最低限の生活水準の維持が難しければ若い優秀な人材を吸収し続けることはできない。例えば、高度成長期に首都圏に事業所のある企業が、北海道や九州などの地方から優秀な学生を採用したいと願ったとき、年功賃金単独では恐らく十分な採用は困難であっただろう。

— 25 —

首都圏の高い地価とそれに伴う割高な家賃などに代表される高コスト環境では、初任給だけでは文化的水準を満たすどころか、衣食住ですら満足な生活を実現できたかどうかは危うい。特に、バブル期などでは初任給の大半が家賃に消えてしまっただろう。

年功賃金の欠陥を補完 ここに登場するのが福利厚生による現物給付による役割補完なのである。賄い付きの割安な独身寮、市価の数分の一程度の価格設定がなされた社員食堂、さらには豪華な保養施設や運動施設が格安で提供されることで、かなりの低賃金であっても豊かな生活を実現することができた。

福利厚生が生活費節減効果を発揮することで年功賃金の欠陥を見事に補ったわけである。

このように福利厚生は「日本的経営」という経営モデルを成立させるために、直接的に長期定着性を評価変数としながら制度編成を行い貢献しようとしたと同時に、同じく終身雇用を実現させるための年功賃金というメイン装置に対する重要な補完機能を提供するという、二重の側面からの役割を担ってきたのである。

このようにみてみると、福利厚生にとって長期定着性という評価変数が長らく絶対的な存在であったことを否定することはできないだろう。

「ポスト長期定着性」の動き しかし、それでもやはり時代は変わってゆくのである。

先の、企業調査でみた福利厚生の目的を、さらに詳しく企業規模別にみてみると図表2—4のような結果が出てくる。「従業員の長期定着性の維持・向上」という最大回答率を得た選択肢と並んで「会社に対する貢献へのインセンティブ」「従業員の創造性の発揮・高揚」といった目的、すなわち新しい評価変数候補に対する関心が大企業層にかなり高まってきている。

また、同じく大企業層では既存従業員の定着性に対する福利厚生の貢献期待と、「優秀な新卒従

— 26 —

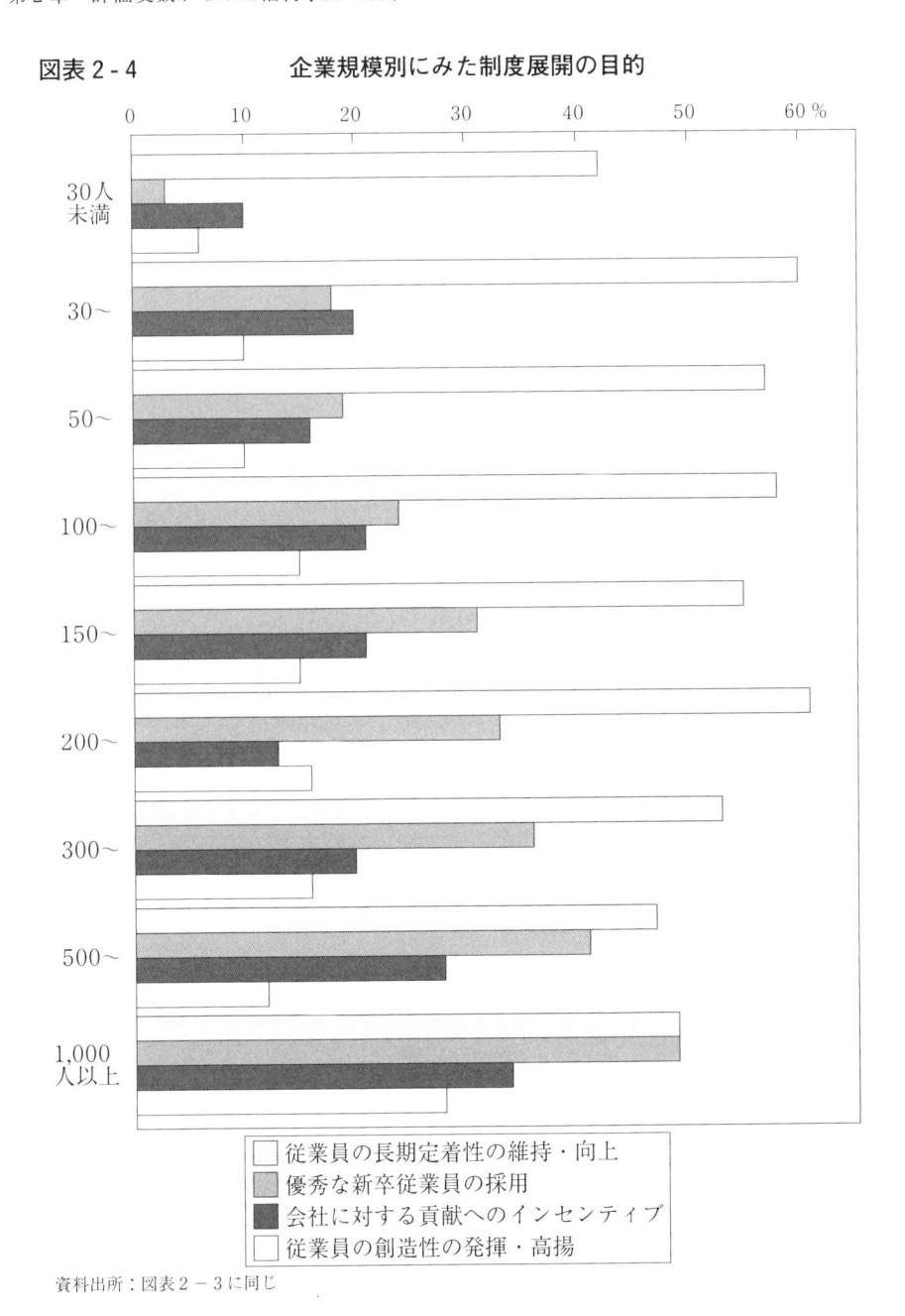

第2章 評価変数からみた福利厚生の改革

図表2-4　　　　　　　企業規模別にみた制度展開の目的

凡例:
- 従業員の長期定着性の維持・向上
- 優秀な新卒従業員の採用
- 会社に対する貢献へのインセンティブ
- 従業員の創造性の発揮・高揚

資料出所：図表2-3に同じ

業員の採用」という採用面での期待が逆転寸前の状態にある。
福利厚生にとって長らく支配的な評価変数であった「長期定着性」だが、どうやら時代は新しい主役となる評価変数を求め始めているようである。

二 定着性の4つの次元と福利厚生

1 求められる定着性の再検討

長期定着性の再検討 前節では、これまでのわが国企業の大半が「従業員の長期定着性の維持・向上」という評価変数のもとに福利厚生制度を展開してきたこと。すなわち、この評価変数に照らして制度の取捨選別を長らく行ってきたことを調査データなどから確認した。また同時に、福利厚生制度にこの評価変数を置くことが「日本的経営」という高度成長期の日本企業の多くが指向した標準的な経営モデルの中できわめて合理的であり、自然なものであったことを背景として述べた。

しかし、一方で、最新の企業調査などを詳細にみると、そうした長期定着性だけでなく「会社に対する貢献へのインセンティブ」「従業員の創造性の発揮・高揚」といった新しい評価変数候補に対する関心が大企業層を中心にかなり高まってきていることや、同じく大企業層では既存従業員の定着性よりも「優秀な新卒従業員の採用」という採用面での期待にシフトしている点も紹介した。

福利厚生制度のこれからの新しい存在価値を考える上で、長らく最大公約数としての評価変数であり続けた長期定着性を抜きにすることはできない。一見、揺らぎつつあるかにみえるこの評価変数を、今後どのように捉えるべきなのかを改めて検討する必要性は高いと考えられる。

図表2-5　　　　　　　定着性の4つの次元

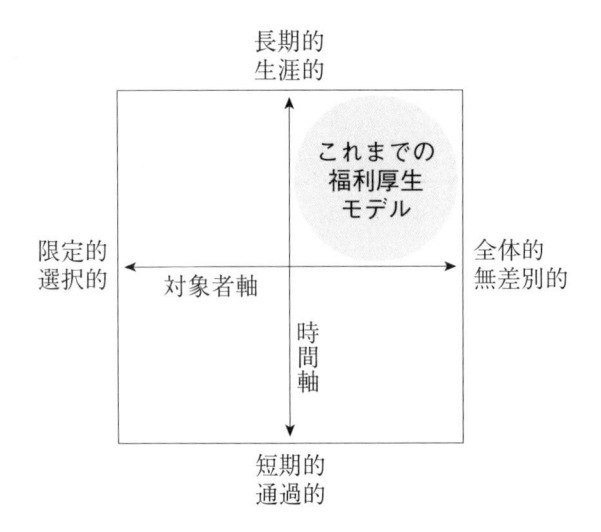

```
            長期的
            生涯的
        ┌─────┬─────┐
        │     │     │
        │     │ これまでの │
        │     │ 福利厚生  │
        │     │  モデル  │
        │     │     │
 限定的  │     │     │ 全体的
 選択的  ├─────┼─────┤ 無差別的
        │  対象者軸  │
        │     │     │
        │     │ 時間軸 │
        │     │     │
        │     │     │
        └─────┴─────┘
            短期的
            通過的
```

注：筆者による

筆者は、これからの福利厚生制度にとっては「定着性」を4つの次元から捉えることが重要であり、それは人的資源管理の現場からも求められていると考えている。(図表2-5)

この4つの次元は、次の2つの軸から導出される。まず、対象とする従業員を表す軸(横軸：対象者軸)であり、もうひとつは想定する定着時間を表す軸(縦軸：時間軸)である。

限定的選択的な定着性　横軸は、従業員の全体を対象に包括的な定着性を求めるものなのか、そうではなくて特定の従業員層だけに求めるものかを両極とする軸である。

高度成長期などを典型的な時期とみなすことができるだろうが、これまでは基本的に従業員を年齢や優秀かどうか、などで特に選別することなく、従業員が全体として高い定着性を保持していることが重要だと考えられてきた。しかし、近年では高い業績達成能力をもつハイ・パフォーマーの定着性のみに注力しようとする企業が出てきている。

長期的生涯的な定着性

縦軸は、定着性をどの程度の時間の長さとして想定するかを示すものであり、最も長い時間が終身雇用（Life-time employment）と同様の生涯（Life-time）を想定している。これと対極的なもちろん、文字どおりの生涯ではなく定年年齢程度であることはいうまでもない。極端な例をあげれば、プロジェクト時間は、企業がその従業員を必要としている期間となるだろう。極端な例をあげれば、プロジェクト単位で採用される人材は、プロジェクト終了とともに離職することが好ましいと企業は想定することになる。しかし、それでも少なくともプロジェクトの進行途中では離職せず、定着してもらいたいわけである。

このような短期的、限定的な定着性、あるいは操作的な定着性も人的資源管理においては重要であることは間違いない。

このような両軸から、改めて定着性を捉え直してみると、これまで日本企業が福利厚生制度において念頭に置いていた定着性は、図表2—5の第1象限にある「全体的—長期的」というタイプの定着性だけではなかったかと考えられる。すなわち、採用した従業員全員を包括的、無差別に捉えながら、しかも、その全体的な定着性は彼らが定年年齢に達するまでという最大限の時間の長さに求めていたのではないだろうか。

ライフサイクル支援システム

わが国の福利厚生制度の性質を一言で表現すれば「ライフサイクル支援システム」といえる。すなわち、学卒入社後、数年の独身時代には、賄い付きの独身寮や楽しいレクリエーション施策。結婚すれば、結婚祝いをもらい家族用社宅に入る。また子供ができてマイホームが欲しくなる時期がくれば、社内ローンなどの持ち家支援施策が使える、といった具合である。

要するに、きわめて標準的、一般的なライフサイクルに即して、適当な福利厚生制度が使えるよ

うに配置されているのである。

見方を変えると、従業員の定年までのライフサイクルを前提としているものであり、同時に対象としている従業員全体がごく標準的なライフサイクルを歩むことも前提になっている。それは従業員側からみても、学卒入社から定年まで勤務することによって、はじめて全ての福利厚生制度を利用できる、すなわち、自社の福利厚生制度の恩恵を最大限享受できることにもなる。

2　今後の課題…多様な定着性への対応

旧システムへの疑問　さて、これまでの福利厚生制度が「ライフサイクル支援システム」であり、従業員全体に対する定年までの定着性を前提として組み立てられたものであったとして、果たしてこれからもこの定着性だけを指向するものであり続けることが適当なのであろうか。何よりも、そうした画一的な定着性対応を続けることが可能なのであろうか。そしてさらには、「全体的─長期的」という定着性だけに固執し、それ以外の多様な定着性を想定せずに放置したままで、これからの時代の中で福利厚生の価値を高めることができるのか、という疑問も出てくる。

この点については既にいくつかの問題提起がなされているが、その代表的なものともいえるのが1995年に日経連（当時）が『新時代の日本的経営』の中で示した「雇用ポートフォリオ」という発想であろう。これは企業、従業員の双方が長期勤続─短期勤続のいずれを望むかという2軸によって、自社の人材を「長期蓄積能力活用型グループ」「高度専門職活用型グループ」「雇用柔軟型グループ」の3つに分類した上で、それぞれに最適な処遇制度を示したものである。

雇用ポートフォリオからの発想　その中で福利厚生制度についても触れられている。ここでの結論は、これまで「生涯総合福祉」と呼ばれたような非常に充実した対応を取るべき対象は長期雇用を前提とする「長期蓄積能力活用型グループ」に属する従業員だけでよいとした。他の2グループについては生活援護施策と表現される。ニュアンス的には、生涯福祉に比べると軽量なものでよいという考え方である。

詳細な内容は省略するが、要するにどのような定着性を前提とするかによって最適な福利厚生制度が違ってくるという点では、先の4次元の定着性という考え方とも共通する。

また、近年の米国の金融機関やシリコン・バレーでの人的資源管理の報告などをみても、きわめて短期的な定着であろうと、いかにそれを実現するかという面で、福利厚生の活用が有効であるとする事例が紹介されてきている。例えば、その代表的な制度としては、強いストレス環境に置かれたハイ・パフォーマンスの従業員に対して適用される、私的生活へのきめ細かな支援を行う「コンシェルジュ・サービス（concierge service）」などである。

ともあれ、これからは「福利厚生制度の目的は何ですか？」と尋ねられ「定着性の維持・向上です」という単純な回答で済まされる時代ではないように思えてならない。

3　定着性に福利厚生が果たしてきた役割

制度疲労と目的の陳腐化

福利厚生制度を問わず、全ての制度・施策がその存在価値を後退させ、失うに至るには大きく2つの側面があると考えられる。

ひとつは、制度が何らかの理由で有効に働かなくなり、それまで果たしてきた機能や役割を全う

— 33 —

できなくなることである。制度疲労といってもよいかもしれない。精密機械における接合部分での消耗・滅耗から発生する故障やトラブルにも似た現象といえるだろう。

一方、もうひとつの側面は、制度そのものは依然として消耗することなく無事に動いているにもかかわらず、存在価値が色褪せてしまうときに起きているような問題である。すなわち、その制度の目的そのものが陳腐化、もしくは無用のものとなってしまうことである。例えば、ブラウン管を製造していた生産機械が、需要を完全に液晶装置に奪われたときに廃棄される姿に似ている。いかに高品質のブラウン管を大量生産することができたとしても、もはや必要とされなくなってしまう。このときには修理や部品交換といった対応ではその存在価値の低下を回復することはできない。ましてや、愛着などによってその生産機械に固執すれば、より重大な経営問題にも繋がる。

現在、そしてこれからの時代の福利厚生制度の存在価値を考えようとするとき、このいずれの側面が、本質的な問題となってきているかを考える必要がある時期ではないだろうか。少なくとも、第1の制度疲労と第2の目的陳腐化という2つの側面を各制度・施策に対する評価軸として採用する必要があるのだろうと思う。

疑われることがなかった存在価値　「従業員全体での長期定着性」という日本企業が目指した最重要の目的に対して、これまでの福利厚生制度が独自の貢献を果たしたことは間違いない。あるいは、労使関係の円滑化や集団主義の浸透、モラールの維持といった目的にも一片の貢献を果たしたのではないだろうか。これらの目標群は「日本的経営」と呼ばれた経営モデルを活性化する上で不可欠なものであったがゆえに、それらを達成するために役立っているとみなされていた。福利厚生制度の存在価値が疑われることはなかった。すなわち、先の第2の側面を心配する必要は全くなく

― 34 ―

第2章　評価変数からみた福利厚生の改革

一方、第1の原因については、これまでも長らくいくつかの指摘がなされてきていた。効果測定が困難、従業員ニーズの多様化に対応しきれない、といった点などがそれである。しかし、日本企業全体が成長軌道にあり、労働力不足が慢性的であったことがこれらの問題を制度の存在価値云々といった深刻な議論に結びつけさせなかったように思える。また第1の側面について厳密な評価を避けられたのは、何より、第2の側面で確固たる評価があったことが大きかったと考えられる。

新しい役割・機能の登場

しかし、現時点での福利厚生制度に対する様々な状況をみていると、第2の側面が浮上しつつあると考えられることが少なくない。つまり、これまでの福利厚生制度が目指し、果たしてきた目的群とは異なる新しい役割や機能が求められ始めているという実感である。

それを最も痛感したのは、筆者が1990年代末に何社かの米国企業を訪問したときである。その事例を紹介しながら、新たな役割とは何なのか、そして、その可能性はいかなるものなのかをこれから考えてゆきたいと思う。

まず、訪問企業の中で、ある福利厚生分野への資源集中で成功していた事例があるので紹介したい。

第2章　評価変数からみた福利厚生の改革

三　ホーム・デポ社の事例が示唆するもの

1　よりよい健康づくりを支援

ハードな肉体労働　それは、米国ジョージア州アトランタに本社を置く、ホーム・デポ社 (Home Depot corp) という企業である。当時（1990年）、全米1033拠点に23万人の従業員を抱える巨大企業で、フォーチュン誌によれば従業員規模でも世界9位の巨大企業であり、全米最大規模を誇っていた。

事業内容はガーデニング用品や家庭用大工道具などの物販業務が主たる業務である。米国人は自宅の修理やリフォームだけでなく、物置や家まで自作する人たちが多いそうで、大工道具、土木用品、ガーデニング関連製品など数10万アイテムの品揃えがなされているとのこと。また、各店頭の従業員たちには、単なる販売事務だけではなく、顧客の求めに応じて芝刈り機や大きな塗料缶などを棚から降ろしたり、駐車場まで運んであげたりと、大変ハードな肉体労働が求められるとのことである。

よりよい健康づくり　この企業は福利厚生制度の大方針として「Building Better Health!」（以下、「BBH」）なるものを掲げている。訳すると「よりよい健康づくり」といったところだろうか。どのような制度を実施しているかというと、まず、全米10ヵ所に Wellness Center（フィットネスクラブ）を設置し、朝6時から夜10時まで全従業員が無料で自由に利用可能とした。筆者は本社ビル

— 36 —

第2章　評価変数からみた福利厚生の改革

の1階に設置された実際の施設を見学したが、広大なスペースを取り、フィットネスマシンが数多く並べられ、多くの従業員が汗を流していた。また、病気の早期発見に注力し、罹患しやすい病気を年4回チェックする健康プログラムや、創意工夫にあふれた禁煙支援制度（禁煙決意で50ドル支給／1回だけ）、さらには、出産・育児パックの支給、電話相談システム等々、およそ健康づくりに有用と考えられる制度はあらゆるものが取り揃えられていた。

「BBH」というテーマに資源を集中させているといってよいだろう。全社あげての見事な集中と選択といえる。もちろん、その制度展開に対応した効果測定も厳密に行われていた。例えば、欠勤率が制度開始以来37％も減少していることや、出来高払いの医療保険制度での保険料（企業負担）が大幅に節約できたこと、あるいは、出産・育児に関する企業負担が年間で7万2000ドルも節約できたことなどである。

と、ここまでだけでもかなりの強者とわかるのだが、実際にHR（人事部）のミドル・マネージャーに詳しい話を聞くと、さらに感心させられることとなった。

以下、彼女曰く……「わが社（Home Depot）の企業戦略は、専門小売業としての顧客への高いサービス品質（Excellent Customer Service）を競争優位の源泉とする」というものだと。そして、こうした専門小売業にとっての高いサービス品質の実現のために何が必要か、人的資源管理の中で何が重要なテーマかが慎重に検討された。その結論として、先の「BBH」という方針を企業全体の方向として選択したとのことだった。

つまり、購買顧客への高いサービス品質を実現するためには、従業員ひとり1人の健康と体力が欠かせないという結論に達したのである。「健康な従業員だけが、笑顔を絶やさず、肉体的負荷の高い業務を遂行することができる」、同時に「店頭従業員の長期勤続が専門的知識に基づく的確なア

— 37 —

ドバイスなどの優れたサービス提供を可能とする」と述べたのである。

企業戦略の中に位置づけ 確かに先にも述べたとおり、従業員にとっては肉体的な負荷の大きい業務が多いビジネスである。体力もなく、健康にも自信が持てなければ満足なサービス、誠実なサービスを実現することはできないはずだと彼らは考えたのである。

彼らのWebサイトでは「we believe our associatebenefits package is very competitive」という表現がなされているが、この意味は単に人材採用力という面だけでなく、企業戦略との直結という意味深いものなのである。

このような明確な企業戦略の設定と認識、そしてその目標実現に直接的に貢献する福利厚生制度を重点的に編成するという対応に触れて、福利厚生が企業経営に対してできること、可能性の広がりを感じることができた。これはきっと閉塞感を強める日本の福利厚生にとっても学ぶべきところである。

そして、なぜこのような方向性、つまり選択と集中を行うに至ったかという原点に、この企業の戦略が明確に存在したことに驚かされる。

2 企業戦略と健康づくりとの結合

健康な従業員が不可欠 彼らが志向した企業戦略は、専門小売業として「顧客への高いサービス品質」(Excellent Customer Service)を実現することによって持続的な競争優位を得ようというものだった（図表2―6）。

そして、肉体的負荷が大きい通常業務の中で、この戦略を実現するためには店頭の従業員ひとり

第2章　評価変数からみた福利厚生の改革

図表2-6　　　　　　　　定着性の4つの次元

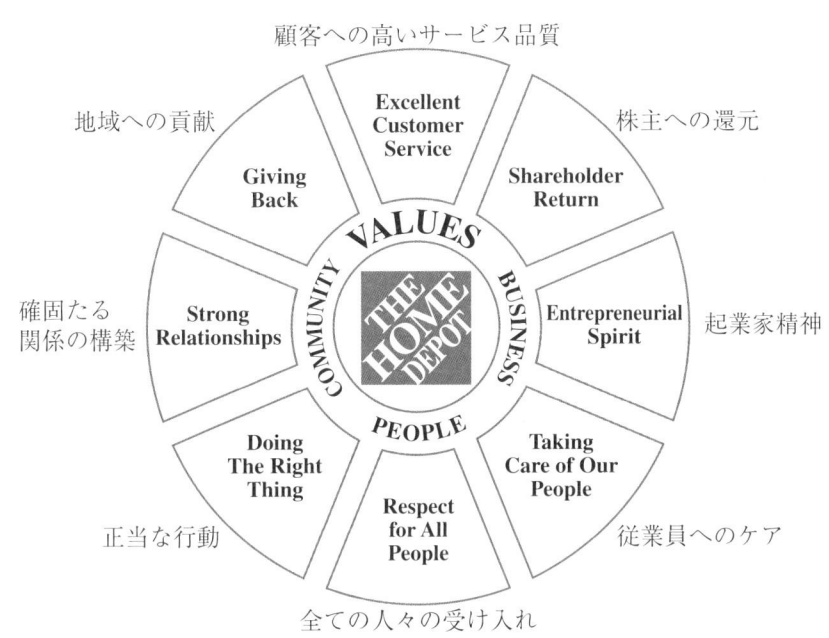

- 顧客への高いサービス品質 — Excellent Customer Service
- 株主への還元 — Shareholder Return
- 起業家精神 — Entrepreneurial Spirit
- 従業員へのケア — Taking Care of Our People
- 全ての人々の受け入れ — Respect for All People
- 正当な行動 — Doing The Right Thing
- 確固たる関係の構築 — Strong Relationships
- 地域への貢献 — Giving Back

中心：VALUES / COMMUNITY / BUSINESS / PEOPLE　THE HOME DEPOT

資料出所：Home Depot 2002 サイトによる

1人が健康であることが必要であり、不可欠な要素だという結論に達したわけである。つまり、健康に自信のある従業員だけが、顧客に対して笑顔を絶やさず、肉体的負荷の高い業務を遂行することができ得るのだ、と考えた。そして、企業戦略として掲げた「顧客への高いサービス品質」に直結する対応として福利厚生制度において「BBH」への資源の集中を図ることになった。

企業戦略との意図的な結合　概観すると、企業戦略と福利厚生制度が「手段」と「目的」という関係において明確に、かつ直接的に結びつく形となっている。見方を変えれば、「顧客への高いサービス品質の実現」という競争力をもたらす企業戦略そのものを最優先の評価変数として採択したことによって、その結果、必然的な選択として福利厚生制度による従業員への健康づくりに集中投資するこ

― 39 ―

とになったとみることができる。単純明快であると当時に、企業経営に対する有効性が非常に明示的であり、自明であるといえるだろう。

この米国の事例は、わが国の福利厚生制度のあり方に何を投げかけているのだろうか。まず何より確認したいと思う点は、これまで、わが国企業の福利厚生制度の展開において、その企業が掲げた戦略との直結を図ろうとした例が一社でも存在しただろうか、という点である。少なくとも、筆者は不勉強にして、人事労務部門にあって福利厚生制度を管理する立場から、企業の戦略と福利厚生制度を直接に結びつけた経験は未だない。ただ、いずれ検討するが、何社かのわが国企業が、結果的に企業戦略との高い整合性を持つことができたことで、企業の成長に貢献したという実例は存在する。しかし、その企業さえも意図的に、かつ事前に企業戦略と福利厚生制度の展開との手段―目的関係を構築しようとしていたか、というと残念ながら必ずしもそうではない。

3 企業戦略に貢献する福利厚生とは

企業戦略が最上位の評価変数 企業戦略によって福利厚生制度の方向性を決定する、つまりは企業戦略を最上位の評価変数とした福利厚生制度の構築という彼らのアプローチは何を示唆しているのだろうか。

わが国の企業でしばしば登場する評価変数は、これまでに何度も登場した「従業員の定着性のために」「労使関係の円滑化のために」といった、人事労務の世界の中だけでのものでしかない。敢えて意地の悪い見方をすれば、人事労務部門はその部門という狭い世界の中で重視される評価変数

第 2 章　評価変数からみた福利厚生の改革

だけを常に設定しようとしており、企業戦略というより上位の次元まで発想が拡張されていないように思われる。「人事労務のことは人事でやるが、企業戦略などといったことは調査部門や企画部門に任せてしまう」といった姿勢が未だに強いのではないだろうか。

特に、福利厚生制度に関してこのような傾向が根強いように思えてならない。福利厚生制度が企業戦略の実現に直接、貢献するなどという発想そのものが存在しない企業が大半なのではないだろうか。

マーケティング戦略への貢献　ホーム・デポ社の福利厚生担当マネージャーが言及した戦略は、企業戦略のタイプの中でもマーケティング戦略そのものである。近年、労働集約性の高いサービス業のマーケティング戦略における命綱として注目される顧客接点管理、サービス・エンカウンターと呼ばれる戦略である。

この企業では、福利厚生制度がマーケティング戦略の成功のために何をなすべきか、と非常に幅広い発想を行った点に驚かされる。もちろん、こうした部門間での連携の実現がトップ・マネジメントによるものであろうことも容易に想像がつく。したがって、福利厚生制度まで含めた部門横断的な、すなわち全社的な戦略マネジメントがわが国企業においてはなかなかみられないという寂しい話にもなってくる。

企業戦略実現の手段　有効な制度改革を考えるときに、福利厚生制度の中だけでの最適化はありえないのである。福利厚生制度は企業経営にとって、より上位にある目的を実現するための手段のひとつでしかない。したがって、その目的との有効な因果関係を見失うと、どうしても存在価値を問われてくることになる。そして、一方でその目的が企業にとって価値あるものであればあるほど、うまく連携できれば福利厚生制度への期待は高まることになる。

— 41 —

恐らく、ホーム・デポ社にとって、戦略という企業として最も重要な目的と福利厚生制度が直結されていることが組織内で広く認知されているため、次々と「BBH」に対して追加投資がなされてきたのであろう。

企業戦略とは、企業が競争市場において生き残り、成長するための基本的な方策とされ、その成否によって企業の浮沈を決定づけるものである。したがって、当然のことながら人事労務部門にとっても他人事ではなく、最も注視しなければならない上位のテーマといってよい。そう考えれば、このホーム・デポ社の福利厚生部門の発想や行動はむしろ当然のことであるともいえる。

すなわち、企業にとって最も重大なテーマである戦略を評価変数とすることが、全社の中での福利厚生制度の最適な役割、最も求められている役割が何かをあぶり出す上で、最も有効だったのである。そして、これも当然のことだが、チャンドラーが指摘したとおり、戦略が変われば組織が変わり、もちろん、福利厚生制度の方向性が一夜にして変わることもあり得るのだと思う。

わが国には、このような企業戦略と福利厚生制度との組み合わせを夢物語のように思われる福利厚生担当者が多いのではないだろうか。

しかし、福利厚生制度の存在価値が問われている現在、改革、再構築の視点のひとつとして、企業戦略との整合性というところまで視野を広げるような発想の飛躍を図ることが求められているように思われる。人事労務という狭い世界の中だけでの発想ではもはや有効な答えが見つからないのではないだろうか。

四 チェース・マンハッタン銀行のEAP

1 従業員支援プログラムの導入

長期警戒システムとしてのEAP もうひとつ米国企業の事例を紹介したい。

それは、ニューヨークのマンハッタン地区に本拠を置くチェース・マンハッタン銀行（1990年時、01年11月にモルガン・ギャランティ・トラスト・カンパニー・オブ・ニューヨーク〈モルガン銀行〉と合併し、JPモルガン・チェース銀行として営業中、以下、C&M銀行）である。筆者が訪問したのは、同時テロ事件（01年）のちょうど1年前の平穏な時期であった。

この企業で取材できた特色的な制度展開はEAP（Employee Assistance Program）である。直訳すると従業員支援プログラムといったところだろうか。近年、日本でも紹介され、導入する企業が出てきているようである。制度内容としては、メンタル・ヘルスを基本的な目的とする統括的なカウンセリング・システムであり、従業員各層に潜在的にある様々な個人的な問題に対して早期警戒システムとして、できるだけ早い対応を行おうとするプログラムである。

飲酒問題への対応として開発 元々このEAPというシステムは1940年代に頻発した飲酒問題への企業としての対応の必要性から開発された。米国では当時、禁酒法に代表されようにアルコール問題が家庭崩壊や犯罪の温床であるとして大きな社会問題となっていた。企業活動においても

第2章 評価変数からみた福利厚生の改革

働き盛りの従業員がアルコール中毒で長期療養による休職、もしくは退職へと追い込まれるような事態が数多く発生した。そうした状況を経験する過程で、企業は従業員個々のアルコール問題が深刻化してしまい、休職や退職させてしまうよりも、企業が直接的に、事前に、そして早期に節制や治療を促すようなアプローチを取る方が本人や家族はもとより企業としても経営的なメリットが大きい、すなわちリスクを最小化できるという認識に至ったのである。

つまり、企業としては、アルコール問題を抱える働き盛りの従業員を退職させ、新しい従業員を雇い、また仕事を一から覚えさせるのではコストが高くつき、従業員への投資効率が著しく低下すると結論づけたわけである。そこで早期治療を支援するためのシステムとして開発されたのがEAPの原型だったとされている。

2 なぜEAPを実施するのか

トップ企業の95％が採用 開発当時のEAPは、アルコール問題に限定して開発され活用されていたが、その効果の大きさから1960年代以降は、メンタル・ヘルス全般に対象を拡張し、家族・法律問題などへの支援にも範囲を広げ応用されるようになった。結果として、米国企業でのEAPの普及率は非常に高く、フォーチュン誌に掲載されたトップ企業500社の約95％が導入していると報告されている。

このプログラムに対してC&M銀行は大いに注目し、定型的なプログラムを一部修正・強化し、自社独自の付加的なシステムを加えて活用していた。自社で直接雇用したカウンセラーによる年6回までの無料カウンセリング・サービスを提供し、かつ、上司へのメンタル・ヘルス教育を徹底し

図表2-7　　　　　　　　　　EAPはなぜ必要なのか

WHY EAP?（なぜ必要なのか）

・People Are Our Most Valuable Assets
（従業員は企業にとって、最も価値ある資産である）
・Personal Problems Can Affect Health, Relationships, Attendance, Work quality or productivity.
（個人的な問題が、健康、人間関係、出勤、そして仕事の品質や生産性に悪影響を及ぼす）
・Small Problems Can Become Big Ones If Not Addressed
（些細な問題が放置されれば、いずれ大きな問題になる）
・Preventative
（予防的対応が重要）

資料出所：チェース・マンハッタン銀行（NY）の社内資料による

ながら、HR部門との連携を密にしてより早期的な行動が取れるよう様々な工夫を凝らしていた。

人的資源価値の最大化が目的　図表2-7は、C&M銀行のHR部門が社内説明用に作成した資料をいただいたものである。「Why EAP?」と名付けられた資料タイトルにC&M銀行のEAPに対する考え方が如実にあらわれている。ここから是非、読み取っていただきたいのは従業員という人的資源の価値をいかに最大化するか、というこの企業の明確な考え方である。

同時に、知識集約型のビジネスモデルを持つ銀行業にとって人的資源が最も重要な資産、すなわち経営資源であることを明示している点にも注目する必要がある。

つまり「Why EAP?」（なぜ、EAPを運用しなければならないのか）という彼らの自らに対する問いかけには明確な答えが存在しているのである。人的資源がビジネスモデルの中核的な資源である以上、その価値を最大限に発揮させるための方策は企業にとって不可欠な行動なのだというわけである。また、

図表2-7には述べられていないが、この資料をいただいた担当マネージャーは「銀行に働く従業員の多くはハードワークとハイプレッシャーによって常に強いストレスを抱えており、そのストレスが家庭生活、個人生活を脅かすことが多い。しかし同時に、その厄介なストレスを緩和し、解消するのも家庭であり、充実した個人生活しかないのである」と述べられた。

このような一連の文脈は先に紹介したホーム・デポ社の例ともきわめて近似的なものである。自らのビジネスモデルの特性を戦略的な視点から見極め、そこからの因果関係をもとに人的資源に対してどのような対応をすべきか、そして何が優先的な制度・施策なのかを選別し、決定するという流れである。福利厚生制度の存在理由をビジネスモデルや企業戦略にまで明確に結びつけようとする発想である。

3 1ドルの投資で最大4ドルのリターン

厳格な効果測定

また、C&M銀行のEAPにおいては、さらに注目すべきマネジメントが存在していたのである。それは厳格な効果測定である。担当マネージャーが示した資料にはEAPの導入以来の欠勤率や離職率のデータが詳細に追跡されており、筆者が訪問した段階で、EAPに対する1ドルの投資によって最大4ドルのリターン（投資効果）があったとの測定結果が記載されていた。

投資効果という明確な評価変数を持つことによって、制度の運営・管理を効果的なものにしようとしていたわけである。

効果測定の意味

EAPに関する効果測定についてはEAPA（EAP協会）の資料にも多くの

第2章　評価変数からみた福利厚生の改革

図表2-8　　　米国企業におけるEAPの最近の効果報告

- EAPに対する1ドルの投資に対して，平均的に5～16ドルの成果（人件費の節約）
- GMでは，年間総額で37ミリオンドル（約40億円）を節約（従業員1人に対して平均で3,700ドルの成果）
- United AirlineではEAPに対する1ドルの投資に対して16.95ドルの成果
- 70人未満の小規模企業でも従業員による交通事故による損害を75,000ドル減少させた

資料出所：EAPA report 2000による

事例が掲載されている（図表2-8）。こうした制度単位での明確な効果測定、つまり人的資源に対する福利厚生による投資効果を測定するという対応は、どのような意味を持つのだろうか。ひとつには、戦略実現への貢献度がどの程度のものかを確認することができる。例えば、EAPが期待したほど、優秀な人材の個人的事情による離職や生産性の低下を回避させることができなかったとしたら、人的資源を核とする企業戦略の実現のためには代替策を探さなければならない。

効果が追跡され、確認できてこそ機動的なスクラップ&ビルトが可能となる。確かに、多くの場合、効果測定は難しい。しかし、だからといって放置されれば無駄な投資となる危険性から逃れられない。

— 47 —

五 AUL保険会社の福利厚生施設の効果

1 福利厚生の外部性とは

金銭的外部性と技術的外部性 もう一社、同じく示唆に富んだ米国企業のケースについて紹介したいと思うが、この企業はある文献の中で引用された事例であって、直接訪問した企業ではない。

文献名は『Personal Economics for Managers』（人事と組織の経済学／樋口・清家監訳、日本経済新聞社 p.425～）で1998年に日本語訳もなされている。著者はE.P.Lazearである。なお、事例部分の原典は82年にIndianapolis Business Journal (Shankle Grate) に掲載されたものである。

この文献で紹介されている企業はインディアナポリスに本拠をおくアメリカン・ユナイテッド生命保険会社（以下、AUL）である。同書では、この事例に対して「企業の福利厚生の外部性」というタイトルを付けて紹介している。

この外部性 (externality) とは経済学用語で「ある家計や企業の行動が、その外部にある他の家計等の経済主体の効用関数／生産関数／費用関数などに正または負の影響を与えること」と定義されている。

この外部性は、さらに金銭的外部性と技術的外部性に分類され、前者は市場を通じて波及する効果のことであり、後者は市場を通じないで他の経済主体に影響を与えることとされる。代表

— 48 —

第2章　評価変数からみた福利厚生の改革

的な例としては、前者が鉄道の開発利益の発生による土地価格の上昇（金銭的外部経済）、後者が公害問題（技術的外部不経済）などとなる。

では、福利厚生制度にどのような外部性（外部効果）が存在するというのだろうか。

正の経済効果が発生　AULでは、競合している保険会社よりも高水準の福利厚生を提供しているのだが、その最大の施策が同社ビル内にあるスポーツクラブである。AULは自社の従業員がこのクラブに加入し、会員権を取得するに際して入会金の半額を補助する。また、それに加えて以降の年会費についても50％を補助するという手厚い対応を行った。結果的に従業員全体の25％以上がこのクラブの利用者になったとのことである。しかも驚くことに、このスポーツクラブはAULが自ら設立・所有したもので、米国でも一般的に利用されている民間のスポーツクラブの法人会員権購入による加入ではない点である。つまり、わざわざ自社ビルの中に従業員のために自前でスポーツ施設を建設してしまったという話なのである。なぜ、施設建設という高い初期投資をしてまでAULはスポーツクラブにこだわったのだろうか。

ここで外部性という概念が登場する。すなわち、企業という経済主体が展開する福利厚生制度の中には、従業員という外部の経済主体の行動を変化させ、その結果、正の外部性＝外部経済効果を発生させることができる、という点がその最大の理由となる。

従業員行動にも影響　つまり、AULが行っているような企業側からの手厚い補助がなされることで、それまで自分の健康管理に無頓着であった従業員層までが、補助という経済的メリットを得られないことが機会損失であるとの判断や、職場の仲間たちの多くが参加するという理由からスポ

— 49 —

ーツクラブへの加入に関心を持ち、実際に加入して、汗を流すようになったということである。わが国で譬えるなら、毎夜、赤ちょうちんを飲み歩き、しばしば二日酔いで出勤していたおとうさんが、急にある日からスポーツウェアに着替えて運動を始めるという情景であろう。これを換言すると、スポーツクラブの建設と補助という自社の人的資源に対する企業の投資行動のひとつが、その内容が手厚いがために企業という経済主体の行動だけでなく、その外部にある従業員の消費行動にまで企業にとって好ましい方向の影響を与えたというわけである。

典型的な、正の外部性、外部経済効果が発生したということになる。

これまで議論してきた福利厚生の経営的効果の中では「誘導効果」と呼んでいたものである。確かに、福利厚生の中には、こうした従業員に対する外部経済効果を持つものがいくつか存在する。自己啓発施策しかり、生活設計支援などもその典型例だろう。

見方を変えると、企業にとって好ましい外部経済が発生するような福利厚生制度に投資することが、非常に効果的な投資行動となりやすいということだろう。企業側の行動だけで、従業員の行動が変わらないような施策では、効果が表面的で一過性のものとなる危険性が高いともいえるだろう。

2 自社ビル内クラブの戦略的意図

時間的コストへの配慮 また、AULの場合は自社ビル内にクラブ建設を行った理由として「時間的コスト」の問題が大きかったと指摘されている。要するに、従業員が利用する場合でも職場から離れた民間のスポーツクラブに出かけるよりも、

はるかに気軽に、時間を無駄にせず利用できる環境を重視したということ。

さらに、自社ビル内にあることで、結果的に職場の仲間の多くが加入することになり、そこで同じ会社の従業員の間での友好的なコミュニケーションがなされ、その結果として従業員と会社との一体感や仲間意識、団結心の醸成が期待できるようにもなったと述べられている。

健全な従業員態度、経営組織の活性化を獲得 自社ビル内にあって、自社が設立したクラブであることによって先の外部経済効果に加えて大きな追加的な効果が得られたといえる。ともあれ、AULでは、外部性が加速されることによって、健康な従業員と医療保険負担の軽減・抑制といった直接的な経済効果を手に入れただけではなく、健全な従業員態度や経営組織の活性化という有り難い波及効果まで得ることに成功したことになる。先の文献には明記されていないのだが、どうやら一連の投資→外部性→経営的効果といった流れがAULの意図的で、戦略的な発想に基づくものであることが文脈から読み取ることができる。

3 「ハコもの」制度の効果

高コスト＝廃止という発想 わが国では現在「ハコもの」といわれる施設型の福利厚生制度に対する企業の対応はきわめて否定的である。社宅、独身寮、社員食堂、運動施設など多くの施設が廃止、閉鎖、売却といった方向で検討されている最中である。確かに、厳しい経営環境の中で高コストとなりやすい「ハコもの」施策を維持することが困難であることは間違いないであろう。

しかし、一方でAULのようなケースに接すると、高コストだから廃止するというある意味で安直すぎる考え方が、いかにも戦略的意図のない単純すぎる対応のような気がしてならなくなる。い

かに高コストであろうと、それを上回る人的資源管理上の効果であれば、それは十分ペイできる制度となるはずである。どうもこのあたりの冷静な判断が近年、失われつつあるように思えるのである。

見ようとしない効果　福利厚生制度は、不幸なことに多くの場合「コストは見えるが、効果は見えない」と評されることが多い。いや、効果は「見えない」のではなく「見ようとしていない」のかもしれないし、その反面、日本企業の置かれた現状では常にコストの余剰部分を探そうとしており、先のような「ハコもの」施策の雪崩現象的な廃止・売却の流れができあがったものと考えられる。

ともあれ、福利厚生制度の持つ「外部性」という側面は今後とも重要な性質、価値ある性質とみなければならないだろう。それは賃金や退職給付といった他の報酬形態と比較したときに、比較優位性を持ち得る性質だからであり、福利厚生の組織内でのユニークな存在価値を主張する大きな論拠となるからである。

第三章 企業経営に福利厚生をどう位置づけるか

一 米国企業における福利厚生の位置づけ

1 福利厚生は賃金と代替できない不可欠な手段

根本的に異なる視点 さて、ここまで最近の米国企業における福利厚生制度の展開事例を3社紹介してきた。

振り返ってみると、顧客への高いサービス品質の提供を持続的な競争優位を得る企業戦略に据え、その戦略実現のために、福利厚生においてBBHに集中させたホーム・デポ社。

また、厳しいストレスにさらされる投資銀行業務に就く従業員のために、優れたカウンセリング・システムとの評価が高いEAPをいち早く導入し、注力していたチェース・マンハッタン銀行。

さらにアメリカン・ユナイテッド生命保険会社では、わが国では否定されつつある「ハコもの施設型制度」であるスポーツ施設を自前で、しかも自社ビル内に建設することで従業員同士や会社との一体感を醸成させ、さらには、その外部効果によって従業員の生活行動までをも健全なものに変えてしまった。

このような米国企業の成功例と呼べるであろう事例をみてくると、彼らの福利厚生制度に対する捉え方や視点といったものが、日本企業とは根本的に異なるのではないかと思えてくる。

第3章　企業経営に福利厚生をどう位置づけるか

BBHやEAPなど、彼らが注力している福利厚生制度そのものが特段に素晴らしいというわけではない。

わが国の企業にも類似の制度は当然あるし、実態的にはもっと充実した制度を導入しているところは何社もある。

異質な点として、わが国の企業、労使が学習すべき最も重要な点は、企業経営の中に福利厚生というものを「どのような文脈で、どこに位置づけているか。そしてどう管理しているか」といった部分ではないだろうか。

代替できない不可欠な手段　米国企業の場合には、少なくとも筆者がヒアンリングできた企業では全て、Employee Benefitを生産性の維持・向上のための重要な手段のひとつであり、他に代替できない不可欠な手段と明確に位置づけていた。例えば、家庭生活とのバランスを図ることが、従業員のパワーを最大限に引き出す上で重要であり、そのために福利厚生制度の活躍の場があるという認識が明確であり、それゆえ、福利厚生は賃金とは決して代替できないものとも捉えられていた。EAPなどはその代表的な手段のひとつで、ハードワークによるストレスに直面する従業員や、ともすれば家庭生活とのアンバランスが生じやすい生活環境にある従業員に対して手厚いケアを行うことで、Work & Personal life Balanceを実現させ、最終的には、人的資源からのパワーを最大限に引き出そうというわけである。

わが国でもファミリーフレンドリーという類似のアプローチが注目され始めたようだが、筆者のみる限り、経営的位置づけは、未だきわめて曖昧である。福利厚生制度はあくまで手段である。自己目的化すべきではない。

企業が選択する手段であるならば、上位の目的との関係の中で経営プロセスの中に明確に位置づ

— 55 —

2 従業員の貢献を最大化する手段

けられることが望ましいのである。

厳密な効果測定の努力 また、これらの米国企業が福利厚生制度を運用する上で共通する姿勢についても彼我の差は大きい。彼らは導入した制度に対して人的資源への投資という視点から厳密な効果測定を行おうと努力している。翻れば、効果の望めない制度導入、すなわち投資は回避するという対応姿勢がかなり明確に読み取れる。わが国の労使は、これまで常に「福利厚生は効果測定が困難である」として測定のための努力や工夫をしようともせず、放置してきた。

この点が、現在の閉塞的な状況をもたらしている大きな原因だと思う。理由は簡単である。すなわち、効果が存在するかしないかわからない制度は企業内での優先順位が当然低くなり、経営環境が厳しくなり、懐が苦しくなれば、すぐに廃止や縮小の対象になるのは当然だろう。

組織への貢献の最大化 こうした、米国流の基本的な考え方を裏付ける資料を見つけることができたので紹介したい。

図表3-1は、米国の大学で人的資源管理理論を学ぶ学生のためのテキストとしてよく用いられる専門書に掲載されている体系図である。

この図表3-1が示すEmployee Benefitの位置に着目していただきたい。Employee Benefitは従業員の組織への「貢献を最大化 (maximizing of contribution)」する手段のひとつとして位置づけられている。同時に、その上位の規定要因として企業戦略があり、さらに、その上位には企業目標が置かれている。

第3章　企業経営に福利厚生をどう位置づけるか

図表 3-1　　　　　米国における福利厚生制度の位置づけ

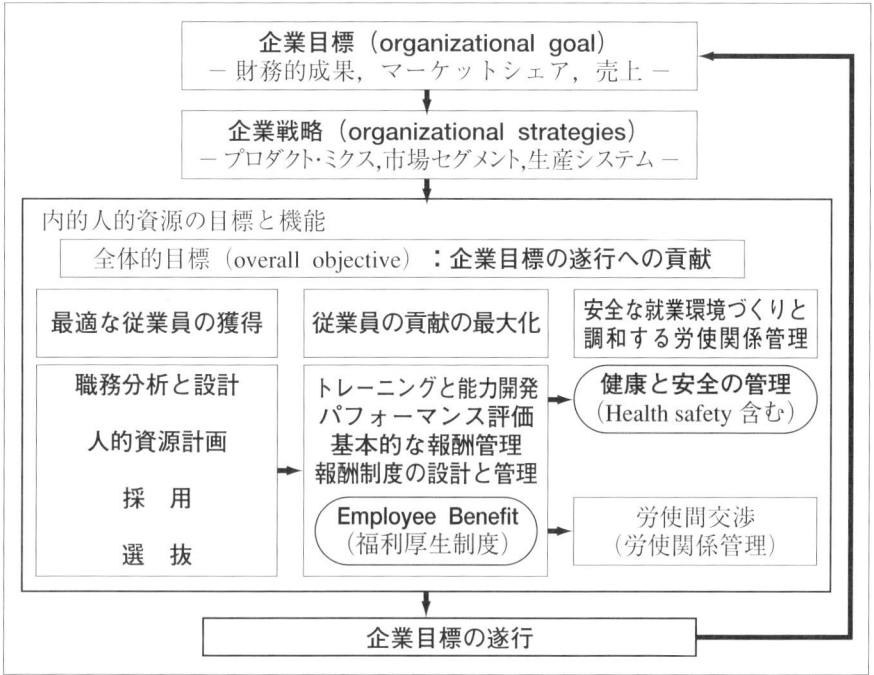

```
┌─────────────────────────────────────────────┐
│        企業目標（organizational goal）         │ ←──┐
│     － 財務的成果，マーケットシェア，売上 －      │    │
└─────────────────────┬───────────────────────┘    │
                      ↓                              │
┌─────────────────────────────────────────────┐    │
│      企業戦略（organizational strategies）      │    │
│  － プロダクト・ミクス,市場セグメント,生産システム － │    │
└─────────────────────┬───────────────────────┘    │
                      ↓                              │
┌─────────────────────────────────────────────┐    │
│  内的人的資源の目標と機能                        │    │
│  ┌─────────────────────────────────────┐   │    │
│  │  全体的目標（overall objective）：企業目標の遂行への貢献 │   │    │
│  └─────────────────────────────────────┘   │    │
│  ┌─────────┐ ┌─────────┐ ┌──────────────┐ │    │
│  │最適な従業員│ │従業員の貢献│ │安全な就業環境づくりと│ │    │
│  │の獲得    │ │の最大化  │ │調和する労使関係管理 │ │    │
│  └─────────┘ └─────────┘ └──────────────┘ │    │
│  ┌─────────┐ ┌─────────────┐ ┌──────────┐│    │
│  │職務分析と設計│ │トレーニングと能力開発│ │健康と安全の管理││    │
│  │         │ │パフォーマンス評価 │ │(Health safety含む)││    │
│  │人的資源計画 │ │基本的な報酬管理  │ └──────────┘│    │
│  │         │ │報酬制度の設計と管理│              │    │
│  │ 採　用  │→│ Employee Benefit │ ┌──────────┐│    │
│  │         │ │（福利厚生制度）  │ │ 労使間交渉 ││    │
│  │ 選　抜  │ │                │ │（労使関係管理）││    │
│  └─────────┘ └─────────────┘ └──────────┘│    │
└─────────────────────┬───────────────────────┘    │
                      ↓                              │
┌─────────────────────────────────────────────┐    │
│              企業目標の遂行                     │────┘
└─────────────────────────────────────────────┘
```

資料出所：「Human Resource Management（Eighth Edition）」Milkovich／Boudreau（97年）より筆者加筆修正

　これが米国流の福利厚生制度の一般的なポジショニングなのではないかと考えられる。つまり、企業行動を方向づける最も基本的なものとして企業目標が最上位に置かれ、その目標を達成するための方策として企業戦略が設定される。そしてさらに、その戦略を実行・実現するためのサブ・システムとして内的な人的資源管理システムがあり、その中の「従業員の貢献の最大化」という機能のために福利厚生制度が必要なのだ、と位置づけられている。企業目標から始まる明確な手段＝目的連鎖の中に福利厚生制度の役割が示されている。

　筆者は、この体系図を先の米国訪問後に見つけたのだが、この体系図をみて訪問企業で出会ったマ

― 57 ―

第3章　企業経営に福利厚生をどう位置づけるか

ネージャーたちの問題意識の明快さ、あるいは、ある意味で単純さともいえる考え方の原点がこのあたりにあったのか、と大いに納得した次第である。

これからの厳しい経営環境を前提に、わが国の福利厚生制度のあり方を考えようとするとき、このような米国企業の明快な捉え方を取り入れていくべきではないだろうか。

少なくとも企業経営の立場からは、目的が何であり、その目的のため、どのような機能の発揮を期待するのか、さらには実行された制度が期待に見合う効果をあげているのか、どのような人的資源に対してどのような効果をもたらすのか、そしてその効果が、企業戦略や企業目標の実行、実現に対して最適な選択肢であるのかが冷静に検討されるべきなのである。

経営における位置づけ（目的と機能）を改めて明確化し、厳格な経営的管理の対象とすることによって福利厚生制度はもう一度、確固たる存在価値を示すことができるはずである。

さて、前項では、近年の米国企業における福利厚生がどのようなコンテクスト（文脈）の中に位置づけられているかについて検討し、ひとつの代表的な体系図（図表3-1）を紹介した。彼らの福利厚生に対する基本的な発想が、明確な手段-目的連鎖（Means-end chain）に基づくものであり、同時にその連鎖の頂点に企業目標と企業戦略が置かれていることを確認した。改めてその文脈をたどってみたい。

第1段階＝「貢献の最大化」

まず第1段階では、福利厚生（Employee Benefit）は「従業員の貢献の最大化」という目的のための基幹的な手段のひとつとして位置づけられている。

ここでいう貢献の最大化とは、放置すれば潜在化・分散化しやすい従業員のパワーを顕在化さ

— 58 —

第3章　企業経営に福利厚生をどう位置づけるか

せ、そのベクトルを業務へと集中させることを意味している。つまり、福利厚生によって人的資源の本来持っている価値をできるだけうまく引き出し、仕事の成果に直結させようというわけである。

例えば、ホーム・デポ社であればそれがBBHであり、健康で体力のある店頭従業員をいかにして組織的に増やしていくかという役割を福利厚生が担っていた。あるいは、チェース・マンハッタン銀行の場合にはEAPを用いてハードワークに耐える従業員のメンタル面や家庭生活とのバランス面での支援が彼らの貢献を最大化するために不可欠との経営判断がなされていた。

近年、わが国でも話題になりつつあるハイ・パフォーマーに対するコンシェルジュ・サービスなども、企業にとって貴重な彼らの業務時間をいかに確保させるか、煩わしい個人的問題からどうやって解放するかということに力点が置かれている。これらは、貢献の最大化を図る福利厚生制度に他ならない。

【第2段階＝「企業戦略の手段」】　手段―目的連鎖の第2の段階では、「貢献の最大化」という要素が、他の「最適な従業員の獲得」や「安全な就業環境・労使関係管理」などの要素と並列し、結びつきながら、現在、企業戦略の手段となることが求められるという位置づけとなる。要するに、現在、その企業が採用している戦略の実現を目的とし、その手段として先の3要素がひとつのシステムとして機能することになる。福利厚生が含まれる「貢献の最大化」はその中でひとつのサブ・システムとなる。

実は、この流れの中には明確な割り切りがあることに注目していただきたい。どういうことかというと、わが国の場合には、以前にも紹介したように、福利厚生に対する目的認識が非常に多様なものになっていた。例えば「優秀な人材の採用」や「良好な労使関係の維持」「社会保障の補完」

— 59 —

といった複数の目的があり、それが「生産性の向上・創造性の発揮」といった、ここでの貢献の最大化に該当する項目と、全く並列的に捉えられている。

ところが、一方の米国の体系図を見る限りでは、明らかに本来的、一義的な機能＝目的として「貢献の最大化」を置いている。もちろん、わが国と同様に福利厚生制度が新しい人材の採用に役立ったり、労使関係の潤滑油的な役割を果たしていることは間違いないだろうが、それはあくまで付加的、二次的な機能とみなしている。

この点は重要な意味を持っているように思われる。福利厚生が経営活動に対して多様な機能を提供することは間違いないし、結果、様々な局面でその役割が位置づけられるのは悪いことではないだろう。しかし、経営にとって最も重要な機能が何であるのかを特定することも、それ以上に大事なのである。なぜ、大事か。それは最適な制度ポートフォリオを決定する上で重要な基準となるからである。簡単にいうと「あれにもこれにも役立つ」という八方美人的発想では、パーツ(部品＝手段)としての性格が曖昧になってしまい、反って経営の中に存在する最も基本的な手段—目的連鎖の中に置きづらくなるからである。

彼らは「貢献の最大化」という機能を最も福利厚生に期待しており、他の機能を少なくとも体系図の中で捨ててしまっていることの含意は大きい。「あれにも、これにも」ではなく、「これこそが福利厚生が果たす機能」という、機能レベルでの明確な認識のあることが、あのような明快な体系図を成立させているのだと考えられる。

第3段階＝「企業目標の実現」 手段—目的連鎖の第3の段階、すなわち最終段階が、企業戦略と企業目標 (organizational goal) との関係である。戦略は企業目標を実現するための手段であり、最終的な目的、つまり手段—目的連鎖の頂点として企業目標が位置づけられる。

図表3-2　　　　日本企業、外資系企業での導入率比較

日本企業　＞　外資系企業　　　　　　　　　　　　　　　　　(％)

施　　策	日　本	外　資	格　差
社宅（社有）	35.5	4.5	△31
独身寮	49.4	22.7	△27
社員旅行の実施・補助	69.4	45.5	△24
従業員持株制度	45.5	22.7	△23

外資系企業　＞　日本企業　　　　　　　　　　　　　　　　　(％)

施　　策	日　本	外　資	格　差
自己啓発の社内プログラム	27.4	59.1	▲32
人間ドック受診補助	60.0	90.9	▲31
病気休暇制度	65.5	86.4	▲21
自己啓発の社外プログラム	56.8	77.3	▲21

資料出所：厚生労働省「企業内福利厚生についての調査研究」(00年)

　しかし、このように福利厚生から企業目標にまで至るコンテクストや、できあがった手段―目的連鎖の構造をみると、大変シンプルだというのが筆者の第一の印象だった。このようなシンプルな因果構造をみたときに「福利厚生にはこんな単純な位置づけはできない」「もっと色々な事情や思いがある」という批判がすぐにでも聞こえてきそうである。確かに、福利厚生を取り巻く様々な情報や状況、複雑な相互関係などが見事に取り払われている。

　また、この引用文献は経営書であり、マネジメントの問題を扱っているためもあって、いわゆる企業福祉的な要素が全く見当たらない。わが国の福利厚生では、経営的、労務管理的側面と福祉的側面が、多くの議論の中で頻繁に登場し、異質な2つの価値観が答えの出ない不毛な相克をみせたり、ときには議論の混乱や食い違いをもたらすのだが、この体系にはそうしたダブル・スタンダードは全く存在していない。極端な解釈かもしれないが、経営と福祉をひ

第3章　企業経営に福利厚生をどう位置づけるか

とつの体系の中に共存させることが、出口のない自己矛盾的構造を生み出すことを承知しているのかもしれない。

外資系企業とのグランドデザインの違い

図表3-2は、日本企業と外資系企業（国内にある外国資本51％以上かつ常用労働者30人以上の企業）との制度導入の実態を比較したものである。上段、下段それぞれ、導入率を比較したときに較差の大きいものを順に並べている。

日本企業で相対的に導入率が高いものとして「社宅」「独身寮」「社員旅行」などがあり、一方の外資系企業で目立って多く導入されているものとして「自己啓発の社内プログラム」「人間ドック受診補助」などが抽出されている。

両者の福利厚生に対する見方、性格や機能の捉え方の違いが顕著にあらわれている。もちろん、このデータの背景には歴史的な経緯の違いや平均的な社歴の長短など、差異をもたらす要因が他にあることは事実だが、少なくとも、両者が目指している方向が違うものであることは間違いないのではなかろうか。

グランドデザインが違うのである。

— 62 —

二 日本企業における福利厚生の位置づけ

1 集団管理としての位置づけ

個別管理と集団管理 前節で、米国企業における福利厚生（Employee Benefit）が企業経営の中にどのように位置づけられているかという点について紹介した。また、国内の外資系企業の制度編成もそうした考え方から発するものとして、わが国の企業とはグランドデザインのレベルで違いがあるのではないかと指摘した。

本節では、わが国において現在までに、福利厚生制度を企業経営の中にどのように位置づけているのかを、代表的な研究者の比較的新しい文献などから概観してみたいと思う。

例えば、図表3－3は津田（1993）の中で示されている人事労務管理の体系図である。

この体系図の最大の特徴は「個別管理」と「集団管理」の2つの次元に労務管理の個別領域を分類した点にある。それまでの労務管理論のテキスト的文献では、ここにある人的配置、就業管理、教育訓練…といった個別領域をともかく羅列していたものが多かった。並べる順序は基本的には管理の時間的流れに沿ったものが多い。つまり、採用・募集管理から始まり、退職・離職管理といった具合である。この時間順にしたがわないものは、恐らくその研究者からみたところの重要度であろうと思われる。

— 63 —

第3章　企業経営に福利厚生をどう位置づけるか

図表3-3　　　　　　　　人事労務管理の体系

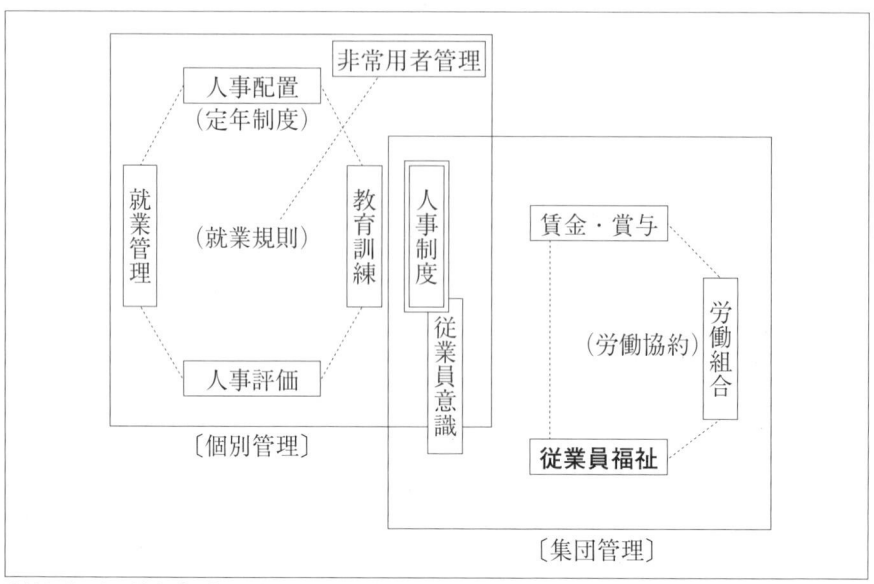

```
                    非常用者管理
         人事配置
        （定年制度）
  就業              教育  人事      賃金・賞与
  業   （就業規則）  訓練  制度              労働
  管理                    度  従              組合
        人事評価          業員  （労働協約）
                          意識
                          従業員福祉
  〔個別管理〕
                              〔集団管理〕
```

資料出所：津田眞澂『人事労務管理』（93年）（ミネルヴァ書房）p.13, 図1-7より抜粋

しかし、この図表3-3では、管理には「個別」と「集団」の2つの次元が存在することが示されており、同時に両次元にまたがる共通管理を要する領域として「人事制度」と「従業員意識」を置いている点がユニークである。

福利厚生を集団管理に位置づけ　そして、このときに福利厚生がどこにあるかというと、「従業員福祉」という名前で集団管理の中のひとつの要素として描かれている。これは福利厚生を「個別の管理よりも、個々の従業員を共通に管理する方が合理的で効果のあがる領域」だとみなしているからである。

また、直接関係する他の要素としては「賃金・賞与」と「労働組合」がある。これは、文献では言及されていないが、福利厚生と賃金が代替関係にあることを想定しているものとも考えられる。特に、労働組合と両要素とを関係づけているのは、労使

— 64 —

第3章　企業経営に福利厚生をどう位置づけるか

交渉、労使関係において代替的性格があらわれやすい点を示唆しているのではないかと考えられる。また、共通管理の部分にある「従業員意識」との距離が最も近いことにも、「従業員意識」に福利厚生が比較的強い影響を与えるという含意があるのだろう。

2　わが国の労務管理体系図の特徴

体系図に込められた意図の違い　図表3―3と前節で紹介したMilkovich & Boudreau（1997）の体系図（図表3―1）とは全く異質のものといってよい。体系を構成する要素やその配置、表現方法等が全て異なる。そして何より、体系図に込められた意図が違う。これは、わが国の人事労務研究に共通する点でもある。

米国ではHRMの体系を描くときには、経営構造全体の中での位置づけに腐心している。つまり、企業目標や戦略といった、支配されるより上位の要素との関係性を明示しようとする。

一方、わが国のケースでは、人事労務管理の体系を考えるときには、まず管理の「対象」が何か、という発想が最初に出てくるようだ。換言すれば、米国などでのそれが外的な発想なのに対して、内的な構造として捉えようとするもので、「管理」の最適化のために個別―集団といったアイデアが付け加えられている。もちろん、これは善し悪しとか、優れているかどうかという議論では全くないのだが、結果的には大きな意味を持ってくる。

伝わらない福利厚生の存在感　例えば、図表3―3をどうながめても、福利厚生が何のために存

— 65 —

第3章　企業経営に福利厚生をどう位置づけるか

在するのかが伝わってこない。福利厚生が何によって規定されるべきか、そして何に影響を与えるべきなのかがわからない。これは、前節2で述べたような手段―目的連鎖という関係が全く表現されていないからである。

経営の中に存在するある要素が必要であるか、そうでないかの判断は、要素の中を検討しても答えは永遠に出てこないものである。いかにその中に精緻な管理体系が完成したとしても、である。必要か、重要かという判断はその組織の生存と成長、わかりやすく言い換えれば、企業目標の実現にどれだけ貢献しているかによってのみ行うことができる。組織内において福利厚生に何が投入され、その結果として何が産出されるか、という因果の延長線上に企業目標の実現が繋っていることが確信されればよいのである。

そして、その次の段階になって初めて、投入と産出の効率性、効果性を高めるために最適な内部構造を考えることになる。それが図表3―3に示されるような体系を検討することになる。

同時に、図表3―3を典型例とするわが国の人事労務管理の体系図では、内的な整合性が示されるものの、他の「戦略」などの経営要素、並列する他の経営上のサブ・システムとの関係がみえてこない。何より、経営にとって最大のテーマとなる環境適応の「環境」が描かれていないものが大半である。人事労務管理という要素の外的整合性を議論することができないという話にもなる。

3　人的資源変換機能としての位置づけ

オープン・システム思考　この点についてまで言及した体系は既に提示されている。図表3―4に示す森（1995）がそれである。

― 66 ―

第3章 企業経営に福利厚生をどう位置づけるか

図表3-4　　　　　　　人事労務管理システム

```
                        ┌──環　境──┐
    ┌──────┐      ┌─────────┐
    │人間資源│      │人事労務管理システム│
    └──────┘      │ (複合的構成体) │
                        └─────────┘
                               ↓
                   人事労務管理諸制度と運用  ←── 目的・目標
                        （仕 組 み）               （見直し）
                   （サブシステム）
                  労 就 賃 福
                  使 業 金 利
                  関 条 管 ・
                  係 件 理 サ            制御
                  管 管    ー
                  理 理    ビ
                        ス            目標別評価
                  教 労 人 管
                  育 働 事 理            （評価）
                  訓 意 管
                  練 欲 理
                  ・ 管             変換された
                  能 理             従 業 員
                  力
                  開                （産 出）
                  発
                  管
                  理
                  （相互依存・補強関係）
                  （雇用関係 の性格）
                        （変　換）
```

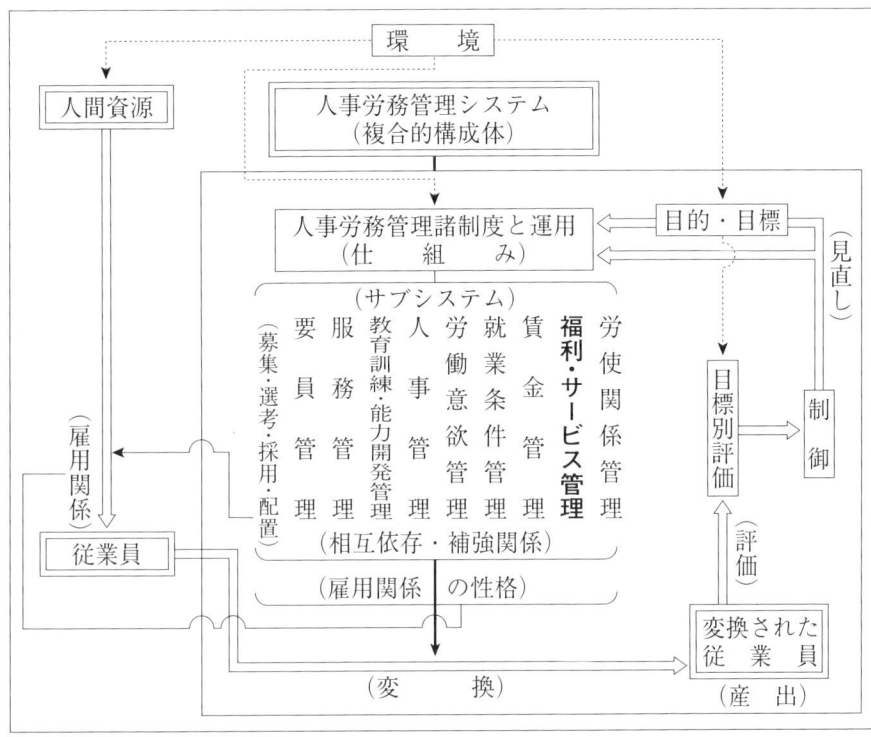

資料出所：森五郎『現代日本の人事労務管理』（95年）（有斐閣）p.14，図1-1より抜粋

これは「人事労務管理システム」と名付けられた体系図で、先の図表3-3より複雑ではあるが、明らかに進化したものといってよい。この文献のサブタイトルに「オープン・システム思考」と書かれているように、人事労務管理の世界の中だけに閉じこもることなく、企業体が直面している外的「環境」までが要素として描かれている点は大きな飛躍といえる。

では、この体系図の中で福利厚生がどこに置かれているかというと、明示的にはサブシステムと書かれた枠組みの中の「福利・サービス管理」だと確認される。また、解説を読むと、同じく並列する「就業条件管理」にも福利厚生制度が含められて

— 67 —

第3章　企業経営に福利厚生をどう位置づけるか

おり、2カ所に分断されている。

このシステムは、環境適応のために、従業員という「人間資源」を（左から右へ）変換する機能のための様々なサブ・システムが存在することを描いている。簡単にいうと、企業が業績を出して生き残るために従業員を採用し、教育訓練を行い、評価し、報酬を与えるという一連のプロセスを実行し、一人前の戦力にする、ということになる。

ともあれ、福利厚生はこのプロセスに一定の貢献を行うものと位置づけられていることは間違いない。図表3—3と比較すると、福利厚生は分断されているものの、機能的な存在感が明確になっているといえる。

「環境」の存在を明示　ここまで、わが国の人事労務管理の体系の中で、福利厚生がどのように位置づけられているかについて2つの代表的な体系図を紹介し、検討した。

特に、注目したいのは、図表3—4に示した森において、オープン・システム思考に基づく人事労務管理の体系を提示したMinter & Minter（1969、1977）を詳細に検討している際に使われた体系図である。

この体系図では、それまでにはない最大の特長として「環境」の存在が明示的に描かれている点に注目すべきだと思う。

それまでの労務管理の体系図での福利厚生管理は、他の管理領域と並列的に置かれるだけで、どのような目的に対して、どのように機能を発揮するのかという視点が明示されていないものばかりだった。

環境適用の役割担うパーツ　しかし、図表3—4では、福利厚生（図内での正確な表記は「福利・サービス管理及び就業条件管理」）は、企業が様々な外部・内部環境に適応するためのシステムを構成す

— 68 —

第3章　企業経営に福利厚生をどう位置づけるか

るサブ・モデュールのひとつとして位置づけられている。

環境適応論は長らく経営学の中心的な命題とされてきたが、労務管理の世界の中で明示的に表現されることは少なかった。この点で図表3―4は、体系を示す図としての説明力が高い。すなわち、福利厚生が企業の環境適応に対してひとつの役割を担うパーツであることが十分に示されている。

それに加えて、他のサブ・モデュールとなる要員管理や労働意欲管理、人事管理などと「相互依存・補強関係」にあることがはっきりと示されている点も重要な部分だと考えられる。

福利厚生に限らず、労務管理のサブ・モデュールがよく機能し、最適化するためには、他の領域との連携や調整が不可欠となる。例えば、近年では能力管理と福利厚生管理とは密接な連携が必要となっている。自己啓発による従業員個人の任意の能力開発と、企業主導によって計画的に行われる能力開発が相互に調整され、企業が将来的に必要とする人材像の育成に対して統制された分業的機能を持つ必要が出てきている。

また、福利厚生制度は人材の採用に対して効果を発揮するとされるのだから、当然、採用計画、管理との調整、つまり、ターゲットとする人材に対しての効果的な制度編成のあり方が2つのサブ・モデュール間で調整されなければならない。換言すれば、環境適応という上位の課題に対して、労務管理システム全体、そしてそれを構成するサブ・モデュールが柔構造を持つことの重要性が示されているのである。

このような進化した体系としての長所を多く持つものではあるのだが、Milkovich & Boudreauが描いたもの（図表3―1）と比べると、いくつか決定的にもの足りない点がある。

方向性、ベクトルの欠落　まず大きな問題は、経営目標、企業目標といった、それぞれの企業が

— 69 —

第3章　企業経営に福利厚生をどう位置づけるか

目指そうとしている基本的な方向性、ベクトルの描写が欠落している点である。企業にとって環境適応が生存のための大命題であることは間違いないのだが、環境適応という、ある意味で受動的な側面だけで企業行動を説明することはできない。何を組織全体の目的に掲げているのか、という点は、いかに内外の環境変化にうまく適応するかという問題よりも、さらに上位の次元で存在する。当然、この最上位に位置づけられる目的認識が人事労務管理、そして福利厚生管理を規定することはいうまでもない。福利厚生の存在がそうした企業の中心的な目的意識、コンテクストの中に位置づけられていることが望ましい。

したがって、この体系において、最上位目的としての企業目標が描かれていないことは「企業経営に福利厚生をどう位置づけるか」という、本章のテーマを検討する上で大変使いづらいものだということになる。

福利厚生は、あくまでも手段である。そして、手段が正しく位置づけられるのは、それを求める目的の存在である。目的を明示されない手段は無意味なもの、無用の長物となってしまう。

また、もう一点大きな欠落点として指摘したいのは「戦略化」

企業目標と環境適応の同時達成

が体系の中に不在な点である。

戦略には様々な定義があるが、代表的なものとしては、「企業の基本的長期目標の決定、目標遂行に必要となるべき行動方向の採択、資源の配分」（Chandler A.D.Jr）や「組織活動の基本的方向を環境との関わりにおいて示すもので、組織の諸活動の基本的状況の選択と諸活動の組み合わせの基本方向の決定を行うもの」（伊丹）などがある。

敢えて要約すれば、戦略は企業目標と環境適応という2つの大命題を調整しながら、同時に達成するための不可欠なツールといえる。労務管理が企業目標を実現するために策定される企業戦略や

4 報酬管理としての位置づけ

企業経営への位置づけ そして、この重大な不足部分を補ったのが佐藤・藤村・八代（1999）で示された図表3－5であろうと考えられる。最上位の規定要因として「経営目標」が明示され、かつ、その目標の実現のための手段としての「人事労務管理システム」が位置づけられている。また、森において新しいアプローチとして取り上げられた環境についても「内外環境の制約」として、企業目標とは異なる方向からの「人事労務管理システム」に対す

事業戦略と密接な関係を持つものであり、戦略を実行するために必要な人材が明らかにならねばならないことは、いうまでもない。戦略があって初めて、戦略を実行するために必要な人材の獲得や定着、貢献の最大化のために福利厚生がなすべき役割が明らかになってくる。

恐らく、戦略が描かれていないことは、先の企業目標が描かれていないこと以上に問題としては大きいのではないかと考えられる。戦略は、企業目標よりも具体的で明確な方向性や行動の選択基準を示すものだからである。

第2章で紹介した米国のホーム・デポ社のように「顧客への高いサービス品質の提供」という企業戦略の実現性を高めるために、福利厚生をBBHという方向へ集中させることに成功したように、明確な企業戦略と福利厚生制度のあり方とは直接結びつけることができるものなのである。企業目標以上に福利厚生の存在意識を明確にしてくるものが、戦略ではないかと考えられる。

この2点が、企業経営と福利厚生というテーマを考える上で大きな問題となる。

図表3-5　人事労務管理システムの規定要因

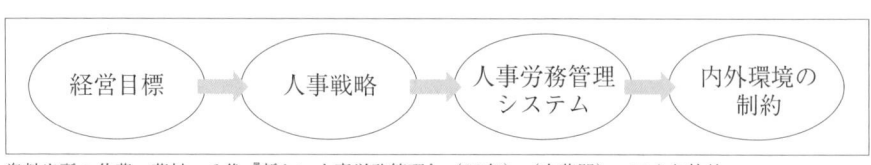

経営目標　→　人事戦略　→　人事労務管理システム　→　内外環境の制約

資料出所：佐藤　藤村　八代『新しい人事労務管理』（99年）（有斐閣）p.11より抜粋

る規定要因として因果関係があることを示している。企業経営の中に人事労務管理を位置づけるという点では、単純なものだが、現時点では「最も完成された形」ではないかと評価できる。あとは、福利厚生がこの体系の中でどのような扱いを受けているか、である。

企業目標との因果関係を明示　この佐藤・藤村・八代における図表3-5はきわめてシンプルなものではあるが、福利厚生制度を内包する人事労務管理を企業経営の中にどのように位置づけるか、という点で優れたものである。この点を一言でいうと、これまでの過去にあったわが国の人事労務管理の文献でみられたような、孤立的な体系ではないことである。すなわち、企業行動の最大の指針として「経営目標」を規定要因とする因果関係を明確にしている点にある。

また、企業という存在に対して、最も本質的な影響要因である「環境」を無視することなく描写していること。ここでは内部環境と外部環境が併記されている点も重要である。さらには、戦略を「人事戦略」という形で、「経営目標」と「人事労務管理システム」を媒介する変数として設定している。文中では「人事戦略は、企業が選択可能なものであり、また特定の戦略が常に望ましいわけではない」として、戦略や環境や目標に応じて代替的なものであることが述べられている。

動態的な存在としての把握　そして、「人事労務管理」ではなく、「人事労務管理システム」とした点も深い理解のなせるものだと思われる。文中では

第3章　企業経営に福利厚生をどう位置づけるか

図表3-6　　　　　　　　人事労務管理の管理領域

雇 用 管 理	採用管理，能力管理，配置・異動，労働時間管理，雇用調整，退職管理
報 酬 管 理	人事考課，昇進管理，賃金管理，付加給付の管理
労使関係管理	個別的労使関係と集団的労使関係の管理

資料出所：図表3-5に同じ　p.10より抜粋

「人事労務管理システムは固定的なものではなく、内外の環境変動に適応するために変化していく」としている。これまではどちらかといえば、孤立的に描かれ、静態的なものとして扱われてきた人事労務管理に対して、変動する環境や目的に応じて機動的に変化しながら最適化する動態的な存在であらねばならないと示唆している。卓見であると思う。

ともあれ、いずれの点も、企業経営の中での人事労務管理の存在を正確に、そして有効に定位する上で欠くことのできない考え方だと思う。

人事労務管理の3つの領域　さて、このような完成度の高い体系だが、われわれの関心事である福利厚生制度はどうなっているのだろうか。

この文献では、人事労務管理の領域を図表3-6のとおり3つに区分している。上から順に「雇用管理」「報酬管理」「労使関係管理」となる。この3領域は、実は唐突に出てきたものではなくて、人事労務管理の機能が整理された結果として分類されている。

雇用管理の機能とは「企業の労働サービス需要の充足機能」である。事業活動を展開するために労働力＝人的資源を必要とする企業が、それらをいかに効率的に調達し、運用するかという機能であり、この機能に対応する領域として「雇用管理」が分類されたのである。

— 73 —

第3章　企業経営に福利厚生をどう位置づけるか

報酬管理の機能は「労働者の就業ニーズの充足機能」とされ、これに対応する管理領域として「報酬管理」がある。福利厚生制度は、この管理領域の中で「賃金管理」などと並ぶ要素となる「付加給付の管理」として置かれている。

労使関係管理の機能は「労使関係の調整と安定維持機能」である。これは文字どおり、企業と調達した労働力＝労働者との関係を調整する機能である。この機能に対応するものとして「労使関係管理」がひとつの領域として設定されたのである。

賃金管理と付加給付管理

現時点ではやや古い表現という意見が出そうな「付加給付」だが、恐らくここでは、他の管理領域として退職給付などが独立的な設定とされていないことから、賃金以外の全ての報酬的給付を包含するものとして「付加」という表現が採用されたものと考えられる。米国でも最近の統計資料などでは、フリンジ・ベネフィット（付加的給付）という表現はほとんど見かけなくなってきていることなどからすると、やや残念な気がする。ここまでの体系の考え方が先進的なものであるだけに、余計にそう思う。

賃金と福利厚生制度は、並列的な「主」と「従」、基本的な報酬と付加的、付随的な報酬という関係ではなくて、異なる機能や性質を持つ報酬とみることが正確であり、効果的と考えられるからである。

しかし、この福利厚生制度に対する表現については、福利厚生制度の企業経営の中での位置づけを議論する上ではそれほど重要な問題ではない。この佐藤・藤村・八代によって示された福利厚生制度の位置づけ、そしてその位置に到達するまでの文脈は、われわれが学ぶべきものであることは間違いない。

人事戦略の決定要因

福利厚生制度という視点から改めて整理してみると次のようになる。

第3章　企業経営に福利厚生をどう位置づけるか

企業には、まず自身の基本的な方向性と到達点を決定する「企業目標（ここでは経営目標）」が存在する。

この目標を実現するために、最適な人的資源管理が従属的に決定される。つまり、企業目標が異なる企業ならば、人的資源管理のあり方が違って当然というわけである。このような人的資源管理のあり方が決められ、表現されたものが「人事戦略」である。企業にとっては、様々な戦略代替案の中から選択的に決定されることになる。どのような人事戦略を選択すべきかが大変重大な意思決定となることはいうまでもない。つまり、企業目標の実現可能性が大きく左右されるからである。

また、難しいのは、企業目標だけで人事戦略を決めることができないことである。例えば、「販売会社であるわが社が、利益を拡大するためには、常に最高のセールスマン人材だけを大量に集め、彼らに最大限の努力をしてもらうのだ」という人事戦略が導かれたとしても、ではその戦略を採用すればよい、というほど単純にはゆかない。なぜなら、大きな制約要因としての「環境」が立ちはだかるからである。人事労務管理は、労働市場という不確実性の高い環境に直面している。

福利厚生に求められる機能

最高の人材を採用できるかどうかは、市場におけるその企業の評判(reputation)、他社との競争次第となる。また、その企業の人材評価能力、情報探索能力といった内部要因にも大きく依存する。内外環境の制約を十分に理解した上で、最善の人事戦略を構築するしかない。

ともかく、先行的に選択された人事戦略によって、様々な具体的な制度からなる全体的な構造が決定される。それが彼らがいうところの「人事労務管理システム」である。

福利厚生制度には、このシステムを構成する要素のひとつとして、機能の発揮が求められること

になる。その機能とは、ここでは「労働者の就業ニーズの充足機能」であるが、これはあくまで、ある人事戦略を成功させるためであり、さらには企業目標に貢献するという因果関係が発揮されなければならない。

ある福利厚生制度を導入し、それがうまく運営されることで労働者のニーズが充足され、そのことによって生産性や創造性が改善され、他社との競争優位性が少しでも高まることが重要なのである。もちろん、福利厚生制度が単体で、直接的な因果関係を企業目標にまで明示的に持つ必要は必ずしもないが、少なくともある時期に構成されている人事労務管理システムの中の要素として有効なものとなり、システム全体の企業目標への貢献を高める役割を持つことは当然期待される。そこで有効な貢献ができない制度は、いち早く排除されるべきとなる。

このようにみてくると、福利厚生制度には、常にその上位にある人事戦略や企業目標の動きに連動して変化し続けることが求められているのである。

第四章 わが国の福利厚生の最新動向

一 日本企業が認識している課題は何か

1 活力再生のために注目する課題は「人材」

「人材」の確保とその戦力化

現在、わが国の企業が置かれている経営環境は大変厳しい。中国、東南アジア諸国の経済発展に伴う製品競争の激化、さらには、高齢化の中での社会保険制度への事業主負担の増大、等々である。このような厳しい経営環境にある日本企業が、その経営活動において福利厚生制度をどのように評価し、そして位置づけようとしているのか、われわれが関心を持たざるを得ないところである。

本章では、2003年5月に発表した（財）生命保険文化センターが行った『企業の福利厚生制度に関する調査』から、こうした最新の企業動向、従業員動向を紹介し、検討を加えてゆきたいと思う。

本調査は1980年より実施している時系列調査だが、03年調査の設計上の特色は、①企業側での回答と従業員側での回答を対比できるように、標本となった企業に勤務する従業員を同時に実施したこと、②従来の企業調査の設計を一部見直し、従業員規模5～29人の小規模企業層を加えたことで日本企業全体に対する代表性が大幅に向上したこと、③従業員調査では、近年、拡大が進む非正規層（パート等）も調査対象に加えたこと、などである。調査時期は02年8～11月

第4章 わが国の福利厚生最新動向

で、有効回収数は企業調査2014票、正規従業員調査1802票、非正規従業員調査300票である。

まず紹介したいのは、日本企業がどのような経営課題を認識しているかという点である。結論的には、厳しい経営環境にある日本企業が活力再生のために注目している課題は「人材」であった。

優秀な人材をいかに確保するか、また、既存の従業員をいかに戦力として育成してゆくかという点を事業課題、人事労務管理上の戦略課題とする企業が非常に多いことが調査から明確になった。すなわち、現在、最も力を入れている事業課題は何か、という設問に対しては「人材」は3番目（10.0％）に、また、人事・労務戦略上の課題としては1番目（60.0％）と3番目（46.4％）にあげられたのである（図表4－1、4－2）。

長らく、人事労務管理においては、コスト削減、総額人件費の抑制といったコスト問題にとらわれてきた。しかし、そうした縮小策、体質改善などに主眼を置いたリストラクション（経営資源）が一段落した企業では、これからの厳しい市場競争に勝ち抜くための核となるリソースと考えられる。これは、既に言い古されたフレーズだが、確かに、中進国からの低コストの労働力による厳しい追い上げに直面するフロントランナーである日本企業が、活力を再生させ、それを維持するには、創造性に優れた人材や、いち早く戦略的な動きができる企業を支える優秀な人材層の確保しかないのである。コストや量での対抗が意味をなさなくなった今、人材の質を高めることで、高い付加価値生産性を実現し、持続的な競争力の醸成を目指すしか方法はない。こうした視点は、既に70年代後半に多くの論者によって指摘されていたものだが、いよいよここにきて、企業が活力再生のための明確な方向性をつかみ始め

— 79 —

図表4-1　最も力を入れて取り組んでいる事業課題（上位7項目）

（企業調査）

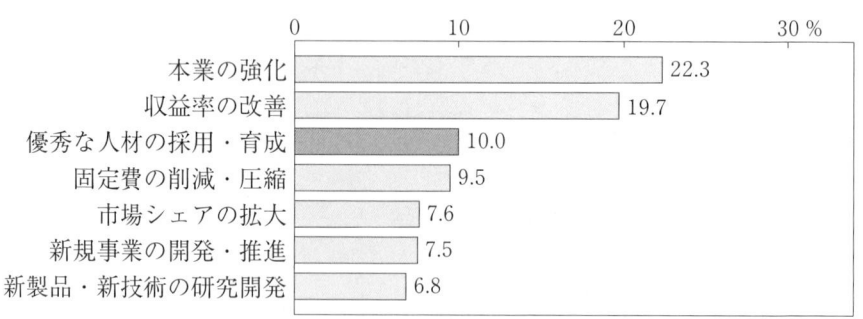

項目	%
本業の強化	22.3
収益率の改善	19.7
優秀な人材の採用・育成	10.0
固定費の削減・圧縮	9.5
市場シェアの拡大	7.6
新規事業の開発・推進	7.5
新製品・新技術の研究開発	6.8

資料出所：生命保険文化センター「企業の福利厚生制度に関する調査」（02年実施）

図表4-2　人事・労務戦略上の問題（上位7項目）

（企業調査）（複数回答）

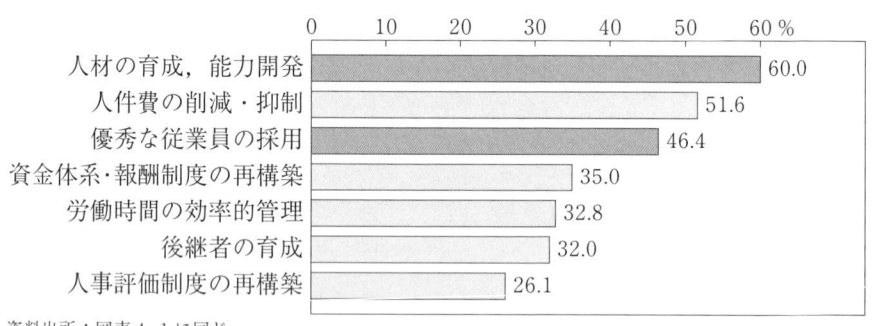

項目	%
人材の育成，能力開発	60.0
人件費の削減・抑制	51.6
優秀な従業員の採用	46.4
資金体系・報酬制度の再構築	35.0
労働時間の効率的管理	32.8
後継者の育成	32.0
人事評価制度の再構築	26.1

資料出所：図表4-1に同じ

た、とみることができるかもしれない。

また、事業課題の最上位には「本業の強化」、第2位には「収益率の改善」があげられている。バブル期にみられた無節操な事業多角化が大きな痛手となったことを学習した企業が「本業」へと経営資源の集中を図ろうとしている様子が示され、同時にそれが収益性という、これまで日本企業の弱点であった部分の改善に繋げることを意図するものだとも読み取れる。

脱シェア至上主義へ　そうした大きな戦略転換は「市場シェアの拡大」が5位に甘んじていることから

— 80 —

もうかがわれる。シェア至上主義といわれた高度成長期とは明らかに経営の軸が変わったのである。市場に評価されるために企業価値をいかに高めるかが、多くの企業にとって最大の関心事であり、その実現のための要となる「人材」に注目が集まるのは、必然的な流れといえる。

このような文脈は、これまで検討してきた、福利厚生の経営の中での位置づけを捉えるフレームと符合する。置かれた経営環境を観察し、それを評価することによって、企業課題が決定される。そして、その上位の課題認識にしたがって下位にくる人事労務戦略が決定されているのである。換言すれば、環境が大きく変わったからこそ、課題や戦略も変わらなければならなかったのである。

2 企業の重点領域は健康と自己啓発

企業戦略との接点 では、この文脈、因果連鎖の中で、福利厚生はどのように捉えられているのだろうか。つまり、このような事業課題、人事労務戦略における企業の認識が、福利厚生制度に対しても一定の方向性を与えることは当然である。というか、その文脈の中にあって欲しいと思う。

この調査では、福利厚生制度において今後重点を置きたい領域はどこか、という設問を行っている。結果としては「保健・医療（健康）」と「自己啓発」をあげる企業が、それぞれ32・1％、31・5％と最も多くなった（図表4―3）。

この結果は明らかに新しい方向性を示すものであり、同時に、現在の経営環境の認識、事業課題、人事労務戦略の設定と、かなり明確な因果関係を持つものといってよいだろう。「人材」を指向する企業にとって、健康と自己啓発は不可欠な対応の両輪といってよい。前者はメンタル・ヘルスなどを含め、人材資源に総合的なケアが求められていることをあらわしており、後者は文字どお

図表 4-3　今後重点を置きたい福利厚生制度の分野

（企業調査）（複数回答）

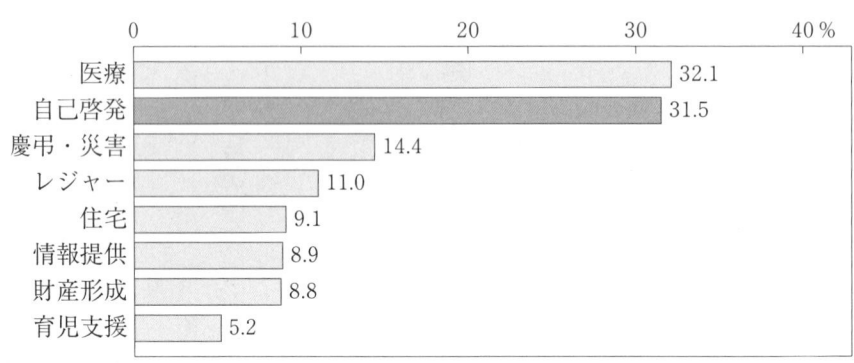

分野	%
医療	32.1
自己啓発	31.5
慶弔・災害	14.4
レジャー	11.0
住宅	9.1
情報提供	8.9
財産形成	8.8
育児支援	5.2

資料出所：図表4-1に同じ

企業経営に改めて位置づけ　この結果をみる限りでは、どうやら福利厚生は現在の企業経営の中にあって、環境→目標→戦略→実効策、という流れの中で明確な役割を担い、改めて位置づけられ始めたようである。

それは、「住宅」という大きな費用を要した領域が最重点領域からはずれようとしていることからうかがえる。「ハコものからヒトものへ」という大きなトレンドがここでも確認されるのである。

り、自己責任時代にマッチした形で、人的資源の価値と経営にとっての有用性を高めるためにともに欠くことのできない対応である。

二　福利厚生に対する労使の認識度

1　健康と自己啓発はベクトルが一致

人的資源管理分野に重点が移行　前節では、企業調査において、厳しい経営環境に適応するために人材指向が強まる中で、福利厚生制度において「ハコもの（施設型制度）からヒトものへ」という大きな動きが顕著に見え始めたことを紹介した。

社宅・独身寮などの住宅関連制度、保養所、運動施設などに重点を置くのをやめ、健康や自己啓発といった自社の人的資源に直接的に関与する分野に重点を移すことで、生産性の維持向上に直結させようという動きとみることができるだろう。

先の企業調査において標本となった企業に勤務する従業員への調査において、企業と同様に「今後、重点を置いて欲しい領域（分野）は何か」という設問を行っている。

この回答結果をみると、従業員側においても「保健・医療（健康）」と「自己啓発」が高率の回答となった。これは企業側と同様の傾向であり、両者のニーズ、ベクトルが合致している（図表4－4）。

従業員側は住宅分野を重視　このように、企業側の福利厚生制度に対する今後の展望がみえてきたわけだが、その一方の従業員側においては、やや展望の様相が異なっている。

図表4-4　今後重点を置いて欲しい福利厚生制度の分野

（従業員調査）（複数回答）

分野	%
保健・医療	32.6
自己啓発	26.9
慶弔・災害	14.3
レジャー	24.6
住宅	34.2
情報提供	13.0
財産形成	18.4
育児支援	13.0

資料出所：図表4-1に同じ

従業員側で最も重点を置いてもらいたい分野として多かったのが「住宅」となっている点が、企業側の意向とは大きく違っている。住宅関連については、前述の調査結果（図表4-3）をみるまでもなく、企業側がかなり明確な縮小・撤退意向を見せ始めているのが「住宅」である。長らく法定外福利厚生費の過半を占めてきたのがこの分野であるだけに、多くの企業にとってこの分野の見直し、効率化は、福利厚生の再構築を考えるとき避けて通れないからである。

しかし、従業員の立場からみると、住宅問題は依然として生活水準に直結する最も重大な生活課題である。このことは何ら変わっていない。むしろ、実質賃金が伸びない中で、最大の生活費目である「住宅関連費」の重みは増している、といってよいだろう。したがって、多くの従業員が、企業に福利厚生を通じた支援を求めるのは、当然の流れといってよい。もちろん、この従業員ニーズは今になって急に顕在化したものではない。

世界的にみても居住コストの高いわが国では、長きにわたって従業員は、企業の痛みを緩和するために、企業に強く支援を求めてきたわけである。

住宅に対する企業側の対応　もちろん、そうした従業員の要求に対して日本企業は、どの分野に比べても「住宅」に力を入れ、きわめて前向きな対応を行ってきたのである。法定外福利厚生費の過半を「住宅」が占めるに至っていることが何よりの証左である。

慢性的な労働力不足が続いた高度成長期やバブル期などにおいて、地方出身の優秀な人材を採用し、確保するためには、彼らの生活基盤となる「住宅」への手厚い支援に集中的に投資することは不可欠な対応であったし、そうしたインフラが整備されていることを労働市場にアピールできなければ、必要十分な労働力を確保することに支障が生じていたかもしれないのである。

要するに、これまでは、企業と従業員のニーズ、ベクトルがうまくマッチングしていたのである。

しかし、今、両者のニーズ、方向性には明確なギャップが出てきた。

2　従業員ニーズとの乖離の拡大

労使ギャップの発生原因　このようなギャップ現象は「住宅」だけではない、「レジャー（レクリエーション）」などでも同様にみられている。

このギャップの発生原因は明らかである。

従業員側のニーズが大きく変わったわけではない。生活課題というものは、ある意味で長期安定的なものであり、激変することはないのである。生活ニーズが大きく変わるとすれば、ライフステージの変化によるものくらいである。

ニーズ・ギャップは、従業員側が引き起こしたものではなく、あくまで企業側に原因の多くがあ

る。つまり、福利厚生制度に対する企業の考え方、方針が大きく変わったのである。それは「ハコものからヒトものへ」として観測される現象の背景となるものである。

では、このギャップは今後、どうなるのだろうか。あるいは、何を引き起こすことになるのだろうか。

コスト・パフォーマンスの重視　今後、厳しい経営環境への適応の過程で、企業が福利厚生制度の役割や機能を再定義し始めると、こうした従業員ニーズとの乖離は益々拡がるものと筆者は予想している。換言すると「従業員ニーズに従属しない福利厚生」なるものが常態化するわけである。

では何にしたがうのか。それは基本的に経営ニーズであり、人的資源管理上のニーズでしかあり得ないだろう。1999年に日経連(当時、現日本経団連)が『変革期の企業福利厚生―21世紀に向けての福利厚生指針と具体的展開』の中で「従業員を顧客、企業内福祉を事業と考える発想の導入」を提言していた。

そこでは、コスト・パフォーマンスに優れた施策の提供で従業員満足を得ることを目指せとし、満足を得られない市場＝施策からは撤退する覚悟を持って、といった内容が述べられていた。従業員満足を評価基準にするとした発想の根底には、従業員ニーズに従属するという考え方があるわけだが、今後、ニーズ・ギャップが拡大してゆくと、このような従来からの発想だけでは制度編成の最適化を図ることが難しくなるのではないだろうか。

敢えて断定的な言い方をするならば、多様な従業員ニーズに盲目的に応えることが福利厚生のあり方の基本形ではなくなってくると思われる。企業経営の中での役割や機能が明確化され、そこでの存在価値を発揮することが、福利厚生の再生のための基本的な道筋であると考えられる。経営の中での役割や機能が優先されるということは、必ずしも従業員ニーズの全てに応えることにはならな

第4章 わが国の福利厚生最新動向

いずれにしても、こうした企業ニーズと従業員ニーズの新しいギャップの問題などを含めて、こうしたケースが出てくるからである。
れからの福利厚生のあり方について議論すべき点は数多い。

3 労使ニーズの差異の根源は何か

社会保障制度からの影響　前項までにおいて、福利厚生制度に対する企業側ニーズと従業員側ニーズとの間に「住宅」や「レジャー」などの分野において明確なギャップがあらわれ始めた点を調査から紹介した。

過去からの経緯をみても、このギャップの発生した原因が企業側での大きな方針転換にあることは明らかである。

では一体、何が日本企業を変えたのだろうか。

もちろん、その原因は多々あるのだが、間違いなく最大の原因のひとつと思われるのが、社会保障制度からの影響であろう。この調査からもこの点が明確にあらわれている。

図表4—5は、企業調査において業務や事業展開に影響を与えていると感じる環境変化は何か、という問いかけに対する反応（複数回答）の結果、全12項目のうち回答率の高かった上位7番目までの項目である。最も多かった回答は「長期化する景気低迷」で8割を超える回答率（85・7％）となり、次いで2番目が「商品・サービス市場の競争激化」（48・9％）となった。2002年時点の経営環境からすると、当然の回答結果といってよいだろう。

注目したいのは3番目である。「社会保障制度での事業主負担の増加」という項目が、IT化の

— 87 —

図表 4-5　業務や事業展開に影響があると感じている環境変化（上位7項目）
（企業調査）（複数回答）

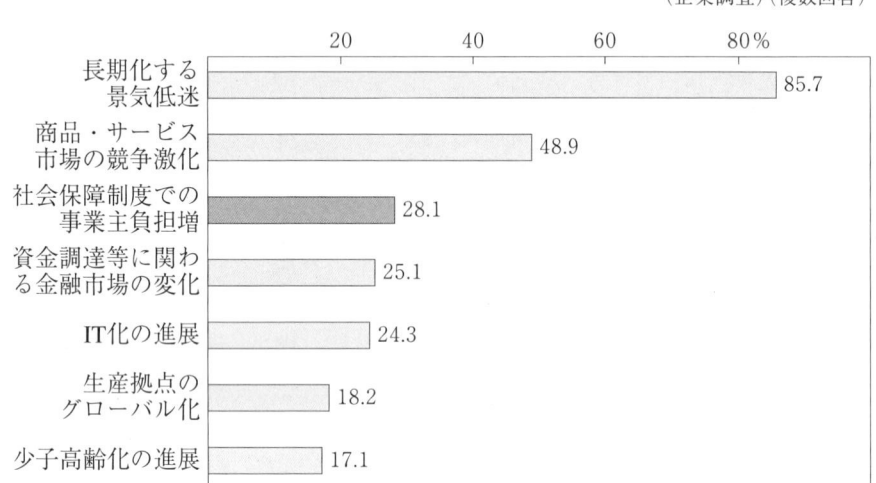

項目	%
長期化する景気低迷	85.7
商品・サービス市場の競争激化	48.9
社会保障制度での事業主負担増	28.1
資金調達等に関わる金融市場の変化	25.1
IT化の進展	24.3
生産拠点のグローバル化	18.2
少子高齢化の進展	17.1

資料出所：図表4-1に同じ

進展や金融市場の変化などよりも高い回答率となっている。

法定福利厚生費の増大

急速に進行する少子高齢化に伴い、社会保障制度における事業主負担、すなわち「法定福利厚生費」負担の増加傾向を多くの企業が重大な環境変化とみていることがわかる。確かに、法定福利厚生費の大半を占めている厚生年金保険や健康保険の費用は賃金比例で発生するものであり、業種業態を問わず、全ての企業にとって共通する負担となる。基本的にこの負担を回避することはできないのであり、法人税負担とは違って、業績とは無関係に発生する点でも、現在の状況では多くの企業から厄介なコストとみられやすいだろう。

2003年時点の法定福利厚生費の対現金給与での負担率は約12％であるが、われわれが行った将来予測では現行制度が維持されると仮定すれば、この値は少子高齢化がピークに達する頃には約19％に到達することが確実視される（後掲図表9-3参照）。

4　法定福利厚生費の負担感

現金給与の5分の1が追加負担となる事態は、グローバル競争の時代にあって、わが国企業の価格競争力に影響を与えるほどの大きな負担といってよい。これほどまでの負担水準の上昇を含めて問題を共有されるという幅広い環境変化となることにも頷ける。そして、日本企業には、この環境変化に対する適応行動を取ることが迫られるのである。

法定外福利厚生費に与える影響

このような幅広い認識となった社会保障制度での事業主負担だが、それが近接する法定外福利厚生との関係性となると、さらに大きく存在感が増す。図表4-6は、現状の（法定外）福利厚生制度に関する課題や問題は何か、という設問に対する回答である。この回答結果では「法定福利厚生費などの負担の増加」が設定した数多くの項目の中で圧倒的に高い回答率となっている。

上位7番目までには「退職費用などの負担増加」（19.7％）もある。退職費用は1990年代に、リストラに伴う退職者の増加（一時金の支払い）や新会計基準の適用による年金財政への対応などによって、急速に膨張した。日本経団連の『福利厚生費調査』では、90年代の10年間で6割以上の増加をみせている。関連費用での負担増という点では、退職費用は事実上、法定福利厚生費以上に大きな負担増となったはずである。

しかし、法定外福利厚生制度の展開上の問題としては、それほど多くの企業では捉えられていない。着実に上昇してきており、さらに本格的な上昇局面に入ることが予想される法定福利厚生費の

第4章　わが国の福利厚生最新動向

図4-6　　　　　　福利厚生制度の課題・問題点（上位7項目）
（企業調査）（複数回答）

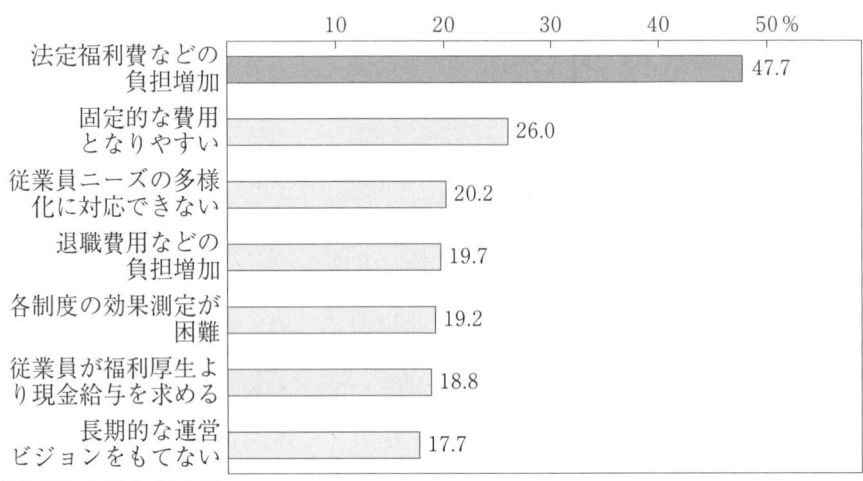

項目	%
法定福利費などの負担増加	47.7
固定的な費用となりやすい	26.0
従業員ニーズの多様化に対応できない	20.2
退職費用などの負担増加	19.7
各制度の効果測定が困難	19.2
従業員が福利厚生より現金給与を求める	18.8
長期的な運営ビジョンをもてない	17.7

資料出所：図表4-1に同じ

方が、福利厚生制度にとって大きな障害になってきていると認識したものと考えられる。法定福利費の継続的上昇が法定外福利厚生費を抑制し続けるという、一方向的なトレードオフ関係が今後も強まることが、かなり高い確率で予想される。

これまで述べた労使での顕著なニーズ・ギャップ、すなわち企業側の「住宅」「レジャー」に対する取り組みが大きく後退する気配が、この社会保障負担の重圧によって引き起こされた可能性は高い。特に、「住宅」に関しては、大企業層では常に法定外福利厚生費の過半を占める最大の費用であり、法定外福利厚生費や退職費用の厳しい負担増に対する調整弁のひとつにしようとするならば、この費用に手を着けずには済まされないのが現実である。「ハコものからヒトものへ」の流れを生み出したのがどうやら、社会保障制度の動きであることは間違いないように思える。

また、図表4-6では、この他にも「固定的な費用となりやすい」(26.0%)や「従業員ニーズの多様化に対応できない」(20.2%)が上位にき

ている。この2項目は、これまでもしばしばこの種の調査で登場してきたものだが、現時点でもう一度改めて、大きな構造変化を示唆するものとしてみる必要がある。

法定福利厚生費が間違いなく大きな固定的費用となるからこそ、法定外福利厚生費には、できれば固定的ではなく変動費的な性質の費用となってもらいたいと強く期待し始めたと考えられる。施設型の制度（ハコもの）は、初期投資がかさむだけではなく、稼働率にかかわらず、管理のための人件費や補修費などが固定的な費用となることはこれまでも指摘されてきた。

健康、自己啓発への傾斜 また、「従業員ニーズの多様化に対応できない」という項目への反応も、経済が比較的好調な時期にいわれたものとかなりニュアンスが違うのではないか。当時のものが、次から次へと新しく要求項目として出される新規ニーズへの対応に苦慮するものであったとすれば、現時点のものは、企業が今関与している複数の福利厚生領域（これが多様化されたニーズの結果）に対して、これからも同様に関与し続けることは不可能であるというニュアンスとしか思えない。

したがって、経営的な効果が比較的短期でみえやすく、コスト負担も相対的にフレキシブルな「健康」や「自己啓発」などには対応できるが、それ以上の多様な領域については対応できない、ということなのではなかろうか。そして、もはや従業員ニーズの多様性には対応できない、と結論づけられれば、「住宅」が従業員の基本的なニーズであったとしても、大胆に見直さざるを得ないと考え始めているのである。やや深読みの感はあるが、調査結果をみればみるほど、悲観的な解釈ばかりが出てくる。

三　企業規模からみた福利厚生の認識差

1　規模格差に変化の可能性

人件費抑制策の格差　これまでの福利厚生制度について常識的にいわれてきた現象のひとつに「規模間格差」がある。「福利厚生制度は大企業だけが充実していて、中小企業は貧弱であり、格差が大きく不公平だ」といった表現が常套句的に用いられてきた。確かに、この格差は存在していた。そして現在もある。しかし、こうした認識が変わる可能性が出てきたことが調査から明らかになった。

図表4—7は企業の従業員規模別にみた、最近行った主な人件費抑制策の実施率である。300人以上の大企業層115社、300人未満の中小企業層と零細企業層1899社との平均実施率の格差が顕著であることがわかる。最も実施率の高い「ベアの抑制・凍結」では大企業層が52・2％で、中小企業層が45・0％と比較的近い値であるが、以下の「採用の抑制・停止」（44・3％と29・7％）、「非正規社員への切り替え」（33・9％と18・6％）での開きは大きい。

福利厚生見直しの格差　また、やはり特に注目したい項目は福利厚生関連である。まず「福利厚生施設の閉鎖・縮小・売却」についてみると、大企業層が14・8％、中小企業層が2・7％と5倍近い大きな開きが出る。また、「福利厚生制度の見直し・水準低下」についても前

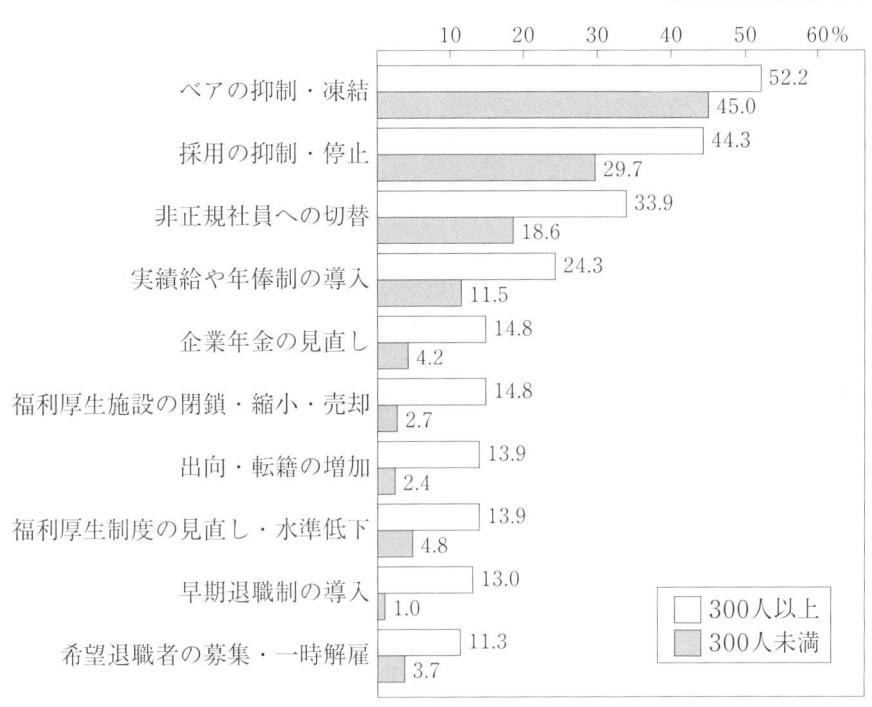

図表4-7　企業規模別にみた人件費抑制のための最近の対応策

(企業調査)(複数回答)

項目	300人以上	300人未満
ベアの抑制・凍結	52.2	45.0
採用の抑制・停止	44.3	29.7
非正規社員への切替	33.9	18.6
実績給や年俸制の導入	24.3	11.5
企業年金の見直し	14.8	4.2
福利厚生施設の閉鎖・縮小・売却	14.8	2.7
出向・転籍の増加	13.9	2.4
福利厚生制度の見直し・水準低下	13.9	4.8
早期退職制の導入	13.0	1.0
希望退職者の募集・一時解雇	11.3	3.7

資料出所：図表4-1に同じ

者が13・9％、後者が4・8％と、3倍の開きとなる。この調査結果については様々な解釈が可能であろう。

まず、中小企業を含めて最も一般に取られている行動が、ベアの凍結や採用の抑制、非正規へのシフトといった賃金面、雇用面での対応であること。恐らく、これらは人件費全体に占める比重が比較的大きなものであり、成功すれば比較的大きなコスト抑制効果が期待できるからだろう。実施率でみても福利厚生制度の関連項目ほどは規模間での開きが大きくない。基本的には、大企業、中小企業ともに採用される抑制策といえる。また、大企業層が、より広範囲な手段を採用しながら、総額人件

費の抑制行動を取っていることも、確かに間違いないところである。

一方、福利厚生制度に関する2つのコスト抑制策は、大企業層でもまだ各10％台、単純に合わせても30％に満たない。これを低いとみて、やはり未だに温存されている、とみるか、あるいは、これから本格的に拡がる予兆とみるかは、判断の分かれるところであろう。

筆者は後者ではないかと読む。この企業規模クラスでは、様々な福利厚生制度が導入されている可能性が高いだろうから、見直しの必要性を感じている層の比率は、これほど低い水準ではないと推測される。

2 福利厚生再構築の本格化

再構築本格化の流れ また、他の類似の抑制策、例えば「企業年金の見直し」（14.8％）などとほぼ同水準という点も、現時点では見直しに先行的に動いている企業層の反応ではないかと思われる。ありとあらゆる人件費抑制策が検討され計画化されてゆく中で、実効性、つまり、抑制・削減効果が高いと考えられた対策から順次、実行に移されつつあると思われる。その点では、雇用政策や賃金関連の抑制策を制度への対応はそれほど優先順序が高くないはずである。まずは、福利厚生優先的に行い、それでもさらなるコスト削減を迫られれば、福利厚生制度にも厳しい目を向け始めるという流れであろう。

また、退職給付制度については、積立不足への補填や新会計基準への適応などで、一時的に大きな負担増を迫られたこともあって、ここ数年来、優先度の高い対応行動であったと考えられるが、ようやく方向性が確定しつつある。

第4章　わが国の福利厚生最新動向

いよいよ、福利厚生制度に目が向けられ始めたとみることができよう。これらが、今後、福利厚生の再構築の動きが本格化するという見方をする理由である。

また、もう一点、確認しておきたいことは、大企業層での人件費抑制策の中で「福利厚生施設の閉鎖・縮小・売却」という、いわゆる「ハコもの」からの脱却行動が明らかに観測されていることの意味である。恐らく、この方向はかなり不可逆的なものであるとみることができる。今後、経済の状況が少しくらい好転したからといって、土地取得を伴い、施設建設を要するような、初期投資額の大きい福利厚生制度に再び大企業層が乗り出すとは非常に考えづらい。

これまでも何度か述べてきたように、福利厚生制度に対する基本的な認識が変わりつつあるからである。現在における大企業の高水準の福利厚生制度は、社宅・独身寮を中心に、保養所などの施設型の存在がきわめて大きい。この部分が削減され、かつそれが通常化されるとなれば、「大企業は充実した福利厚生」という表現が適切なものではなくなってくるだろう。

3　中小企業で高い必需的制度の割合

必需的制度と付加的制度

次に、この福利厚生関連の抑制策における中小企業層の実施率の低さをどう考えるかである。

まず、調査結果を素直に理解するならば、以前からいわれていた規模間格差のために中小企業層には削減するほどの制度・施策の蓄積が元々ないという見方である。つまり、削減・縮小できるだけの余分な制度がないために、こうした人件費抑制策としてあげられないという見方である。もう

— 95 —

ひとつの見方は、非常に充実した大企業層との格差があるものの、中小企業層にも一定の制度・施策は導入されているが、使われないような余計な制度がなかっただけに、当然従業員の利用率なども高く、関心も高い。だから少々の経営環境の悪化では廃止・縮小といった対応が大企業層よりも難しいという見方である。

この2つの見方は、どちらか一方が確定的であると断言することは難しいし、また実はこの2つの見方は互いに独立的ではないのだが…、敢えていうと、筆者は後者のような状況が優勢ではないかと現在のところみている。

このような見方をする基本的な認識として、個別の福利厚生制度の中にも「必需的制度（基本的、必須的）」と文字どおり「付加的制度（選択的、追加的といってもよい）」の2種類があると考えられるからである。

前者の典型的なものとしては安全対策関係や業務と直結した資格取得教育支援などがあり、後者は社員旅行やスポーツ支援などであろう。当然、前者は景気動向などにはあまり左右されず、安定的に継続されるものであり、後者は逆に、高業績のときには一挙に拡大するが、景気が後退し始めるとすぐにコスト削減の対象とされる。

可能性が高い格差縮小　この2つのタイプの構成比は、総じて大企業層では付加的・選択的部分が大きく、中小企業層では必需的・必須的部分が大きいと考えられ、このため人件費抑制策としてあげられる確率が違ってくるのではないだろうか。それが調査結果での大きな格差となったのではなかろうか。もちろん、この場合も余分な、つまり付加的部分が少ないということが、削減するほどの制度・施策の蓄積が元々ないというもうひとつの見方とも通じるものであるため、先に2つの見方が独立的ではないと述べたのである。

— 96 —

ともあれ、調査結果のような動きが、今後一定期間続くとすれば、大企業層と中小企業層でのこれまでのような「格差」は、縮小する可能性が高いのではなかろうか。

「一安三高」構造に揺らぎ　大企業と中小企業での近年の人件費抑制行動に関する調査結果から、福利厚生制度において以前から指摘されてきた両者の「格差」が縮小されてゆく可能性がある点について検討した。それは、これまで「充実した」とか「手厚い」といった形容詞で語られてきた大企業での福利厚生制度が、中小企業以上に広範囲に、そして早く縮小される可能性が高まってきたからである。もちろん、こうした流れは福利厚生制度に限ったものではない。厳しい成果主義が反映された賃金制度や退職給付制度が先行的に導入されているのは、間違いなく大企業層であり、企業内での従業員間格差が大きく開いてきたのである。1980年代頃までいわれていた大企業＝安定雇用、高賃金、高退職金、高福利厚生といった「一安三高」構造は、もはや過去のものとなったともいえなくもない。少なくとも、大企業の中でも成果主義による評価によって、それが警え一時的なものであれ「負け組」とされれば決して「一安三高」が保障されなくなったことは間違いないだろう。

いずれにしても、これまでいわれてきたような大企業と中小企業との「格差」は、調査結果でみられたような、大企業側での広範囲の人件費抑制の動きが今後一定期間続くとすれば、かなり縮小する可能性が高いのではなかろうか。

4　人件費抑制がもたらす負の側面

大企業従業員への影響　こうした現象は、当然のことだが従業員の意識や態度にも大きな影響を

第4章 わが国の福利厚生最新動向

与えることになる。

特に、ネガティブな影響があらわれると考えられるのは、大企業の従業員層であろう。それまでの「充実」「手厚い」といった魅力ある既得権が大きく失われるとしたら、その「格差」の縮小は実際に直面している人たちになると考えられるからである。この調査結果にも、この点が実に顕著にあらわれている。

図表4―8は企業調査と同時に行った従業員調査の結果である。この調査対象者は、企業調査の回答企業に勤務する従業員であり、図表4―7で示した企業の福利厚生制度の廃止・縮小行動に実際に直面している人たちである。この従業員調査では、会社に対する評価や自分自身に対する評価など様々な就労意識について質問を行っている。この回答を大企業層（正規従業員300人以上）と中小企業層（同300人未満）に分類してみる。

まず、勤務先企業への貢献意欲である。「勤務先にできるだけ貢献したい」という考えに賛同する割合が中小企業の従業員層では80・6％であるのに対して、大企業の従業員層では73・5％と低くなる。また、勤勉性だが「現在の勤務先ではできるだけ勤勉に働きたい」という考えに賛同する割合は中小企業の従業員層では81・8％で、大企業の従業員層では73・3％となる。いずれも、中小企業の従業員層の方が高い値となっていることがわかる（統計的にも有意性が認められる）。相対的にみて、大企業の従業員層では中小企業の従業員層よりも、貢献意欲や勤勉性などの、企業が歓迎するこうした前向きな考え方に賛意を示す人が少なくなっているのである。

親近感、信頼感の低下 また、さらに、大企業と中小企業での従業員の格差が大きく開いてしまっているのが勤務先企業に対する「親近感」や「信頼感」である。「会社に対して近親感が持てる」という点について、中小企業の従業員層では過半数を超える50・8％が肯定しているのに対して、

— 98 —

第4章 わが国の福利厚生最新動向

図表4-8　　　　　　　　従業員の意識や態度

（企業別規模）（複数回答）

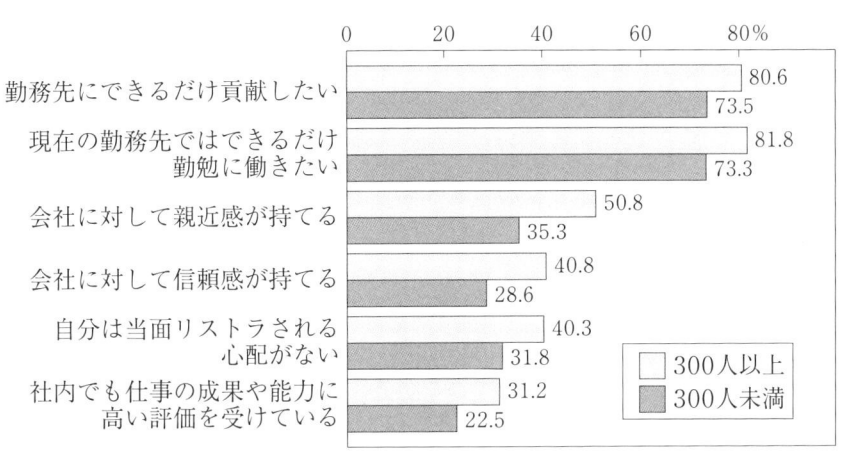

項目	300人以上	300人未満
勤務先にできるだけ貢献したい	80.6	73.5
現在の勤務先ではできるだけ勤勉に働きたい	81.8	73.3
会社に対して親近感が持てる	50.8	35.3
会社に対して信頼感が持てる	40.8	28.6
自分は当面リストラされる心配がない	40.3	31.8
社内でも仕事の成果や能力に高い評価を受けている	31.2	22.5

資料出所：図表4-1に同じ

大企業の従業員層では35・3％と3分の1にすぎなくなっている。同様に「会社に対して信頼感が持てる」という点についても、大企業の従業員層では40・8％であるが、中小企業の従業員層では28・6％と3割を切ってしまっている。いずれも、かなり明確な格差だといわざるを得ないだろう。

残念ながら、この調査は単年度調査であり、時系列比較ができないので、以前での両企業規模での従業員意識・態度がどのような水準で、それがどう変化したのかを捉えることはできない。しかし、筆者の印象では、先の「一安三高」構造の下で、わが国の大企業の従業員層はきわめて高いモラル、企業ロイヤリティを持ち、時にはあまりに高い貢献意欲や企業忠誠心を社会から批判的ニュアンスでもって、「企業戦士」とまで称された集団であった。このことからすると、この間に実に大きな変化があったのだと思えてならない。

— 99 —

5　削減の過程で失われた企業価値

福利厚生制度は本来的に人的資源に対する投資機能を持つものである。すなわち、他社に負けない充実した制度体系をつくるために時間と労力をかけて継続的に資金等を投入することで、労働市場での高い評価を得るためのメッセージを送り、優秀な人材を獲得できる素地をつくる。さらには、安定した生活の実現を支援することや快適な職場環境を提供することで、獲得した人材のモラールや貢献意欲を引き出し、勤務先企業に対する最大限の貢献を期待したわけである。このような、人的資源に対する投資という点では、この調査で捉えられた「貢献意欲」「勤勉性」「親近感」「信頼感」などの従業員態度の形成は全て、企業が福利厚生制度への継続的な投資によって期待してきた経営的な効果（リターン）だったのである。

最大限の貢献を期待して実施

投資―リターンという投資効率の観点からすると、この調査時点に限っては中小企業が明らかに優位な状態であり、大企業はどうやらかなり分が悪いようである。これまでいわれてきたように、大企業と中小企業には厳然とした制度導入格差あり、それは今も大きく変わっていない。つまり、中小企業は少ない投資で大企業よりも多くの効率を得ていることにもなるわけである。

もちろん、ここでの従業員の態度や意識は、福利厚生制度によってのみ決定されるものではない。通常ならば、雇用政策、人事評価、賃金制度などの影響が福利厚生制度以上に強いものであることは明らかであろう。これらの人的資源制度でも当然厳しい対応がなされていることが、このような調査結果をもたらしているとも推測できる。

しかし、一方で、近年の福利厚生制度の廃止・縮小の影響も決して看過できるものではないと筆

者はみている。その理由は、既に述べたとおり、図表4-7において、人件費抑制策として実施率の高い「ベアの抑制・凍結」（大企業層52・2％、中小企業層が45・0％）、「採用の抑制・停止」（同44・3％と29・7％）「非正規社員への切り替え」（同33・9％と18・6％）などは、実施率に企業規模間でそれほど大きな格差がない一方で、「福利厚生施設の閉鎖・縮小・売却」では5倍、「福利厚生制度の見直し・水準低下」では3倍といったように、大きな開きとなっていたからである。

企業価値喪失の危険性　福利厚生制度の劇的な縮小・廃止を目の当たりにしているのは、間違いなく大企業の従業員なのであり、その落差の大きさ、喪失感を痛切に実感しているものと考えられる。

Richard Boulton (2000) たち（注）は、ニューエコノミー下での企業価値の測定方法をまとめ、それを経営者に対する設問方式の提言とする中で、「従業員との関係性」が企業価値を左右する重要な要素のひとつだとし、それを実現するための対応として「従業員の福利厚生や給与にどれだけ費用を支出しているか」と問うている。

福利厚生制度の削減によってコストが浮いたと歓迎する風潮が強いが、実はその過程で失われている経営的効果、ひいては本来の企業価値を失わせている危険性があるということを忘れてはならないだろう。

（注）Richard Boulton　坂井賢二（2000）「新しい企業価値の源泉」『一橋ビジネスレビュー』SSUMAUT 48巻1〜2合併号

四 福利厚生の賃金化に対する労使の認識

1 福利厚生の賃金化が意味するもの

蜜月時代の終焉 近年において大企業層を中心に顕著にみられる、福利厚生制度の廃止・縮小も含めた広範囲な人件費抑制行動の実態を紹介した。また、そうした大企業層の処遇面での後退によって従業員心理に与えていると考えられる悪影響が、中小企業の従業員層と比較しても、大企業の従業員層の貢献意欲や勤勉性を低下させる傾向を持つことも示した。

1980年代頃までいわれていた大企業＝安定雇用、高賃金、高退職金、高福利厚生といった、「一安三高」構造に翳りがみえ始めたことに連動して、「企業戦士」などと称されて高い忠誠心や勤勉性を誇っていた従業員が変わり始めたのである。

これまで互いに密着した関係にあったといわれてきたわが国の企業と従業員の間に何が起こっているのか。このあたりの蜜月時代ともいえるような両者の良き関係が変わってゆく状況を、福利厚生制度という点からさらにみてゆきたいと思う。

近年のわが国の企業にみられる縮小均衡指向が、実際の福利厚生制度への変革行動となってあらわれるときにはいくつかの方向性を持つ。

賃金化の導入 その代表的なものが賃金化、すなわち福利厚生制度の廃止・縮小とともに、その

原資の全部または一部を現金給与に上乗せするという方法である。

既に、読者もご存じのとおりと思うが、1998年に松下電器産業が開発・導入した「全額給与支払い社員制度」や、同時期に明らかにされたリクルート社での伝統的な福利厚生制度からの大胆な撤退とその原資を成果給等に振り替えたことなどがその典型例である。

この方式は、賃金制度において成果主義の導入が拡がる現在、総額人件費管理において大きな意味を持つ。すなわち、それまでの福利厚生費が、業績などの企業パフォーマンスとはほとんど連動性のない固定費であったときに、賃金化によって原資が成果主義賃金に組み込まれることで一夜にして変動費的性格に変換できることになるからである。要するに賃金化は、福利厚生制度の既得権をある程度維持しながら、より経営合理性の高い人件費管理を行うための有効な手段になったといえるだろう。

2 企業側に強い賃金化指向

企業側の評価 このような賃金化への関心が現在においても根強いものであることが企業調査から明らかになった。図表4－9の上段は、現在の自社の福利厚生制度に対する考え方について担当者が評価を行った結果である。ここでは「賃金に集中し福利厚生は最低限にしてゆく」という考え方と、「賃金だけでなく福利厚生も拡充させてゆく」という2つの考え方を対置させ、自社の現状がどちらにより近いかという尺度を用意して回答を求めた。

結果として、自社が「賃金に集中し福利厚生は最低限にしてゆく」として賃金化に近い方向性にあると評価する割合が33・6％と約3分の1となった。その一方で、「賃金だけでなく福利厚生も

図表4-9　　　　　　　　賃金か福利厚生か

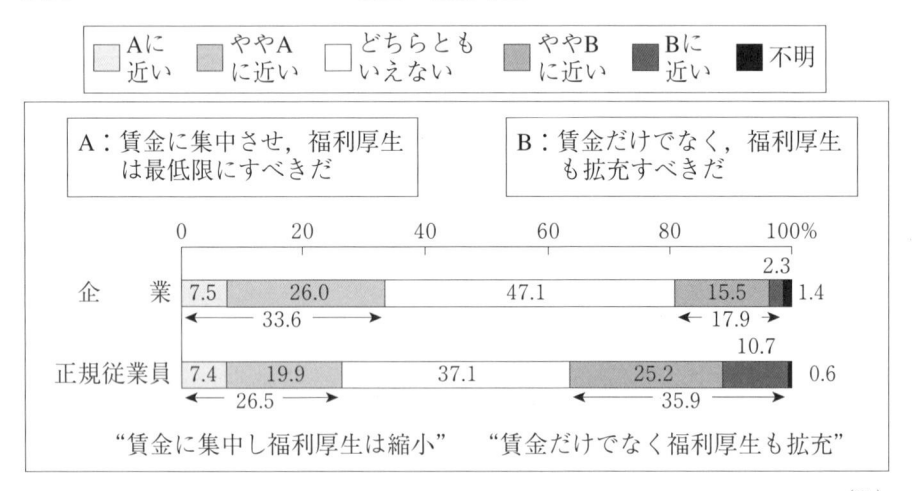

- □ Aに近い
- ■ ややAに近い
- □ どちらともいえない
- ■ ややBに近い
- ■ Bに近い
- ■ 不明

A：賃金に集中させ，福利厚生は最低限にすべきだ

B：賃金だけでなく，福利厚生も拡充すべきだ

企　　業：7.5 / 26.0 / 47.1 / 15.5 / 2.3 / 1.4
　　←33.6→　　　　　　←17.9→

正規従業員：7.4 / 19.9 / 37.1 / 25.2 / 10.7 / 0.6
　　←26.5→　　　　　　←35.9→

"賃金に集中し福利厚生は縮小"　　"賃金だけでなく福利厚生も拡充"

(%)

区分	5～29人	30～99人	100～299人	300人以上
賃金に集中し福利厚生は縮小	37.2 26.3	32.9 26.0	27.8 23.8	28.7 29.9
どちらともいえない	43.9 44.2	47.5 36.7	49.3 35.1	60.0 29.9
賃金だけでなく福利厚生も拡充	17.1 28.7	18.4 36.9	21.9 40.3	9.6 39.8
不明	1.8 0.8	1.2 0.3	1.1 0.9	1.7 0.3

※　上段→企業、下段→正規従業員
資料出所：図表4-1に同じ

拡充させてゆく」という考え方であると評価する割合は17・9％と2割に満たなかった。そして、残りの5割がいずれの方向性にあるかを判定できないという反応であった。

このように、福利厚生制度の廃止・縮小と、それと同時に賃金に集中させたいという考え方が、かなり多くの企業層によって支持されている現状をみると、今後は松下電器産業やリクルート社などのように、改革の考え方を実行に移そうとする企業が増えてくる可能性もあるといわざるを得ないだろう。

では、こうした企業側での改革の意向に対して、従業員側はどうみているのだろうか、注目してみたいところである。

従業員側の反応 正規従業員における調査結果は図表4―9の下段に示されるとおりである。ここでは、自身の勤務先企業の福利厚生制度がどうあるべきかという観点で、企業調査と同様の選択肢表現と尺度を用いて回答を求めている。

この結果、従業員調査では「賃金だけでなく福利厚生も拡充すべき」が35・9％と、こちらの意見に3分の1の層が賛意を示した。その一方で、企業調査で多く支持されていた方向性である「賃金に集中し福利厚生は最低限にすべき」という考え方への回答は26・5％となり、10ポイント近く少ないという結果になった。

明確な労使ギャップ 全体としてみると、企業側と従業員側、つまり、福利厚生サービスの供給者と需要者となる労使間で、福利厚生制度に対する基本的な考え方において、かなり明確なギャップが生じていることがわかる。

前掲の図表4―3、4―4で労使間の福利厚生制度に関する意向のギャップを紹介した。それは、今後充実したい（してもらいたい）と考えている制度領域に関するものであった。従業員側では

依然として「住宅」や「レク」の制度充実を期待する層が多かったにもかかわらず、企業側では「住宅」や「レク」といった領域にはほとんど関心を失っている状況であった。つまり、制度編成のあり方、予算配分といった次元でも、労使間の方向性のズレが顕著になり始めていたのである。

しかし、図表4—9で観測されているギャップを、さらに重大なギャップとみることもできるだろう。個別制度へのニーズの食い違いといった表面的な話ではなく、福利厚生制度の存在そのものに関する考え方の乖離だからである。

賃金か、福利厚生か、このような基本的な報酬形態の選択について供給者と需要者で食い違いをみせていることは決して良い状態とはいえない。制度全体としてのパフォーマンス（経営的効果や競争力）が最大化されていない可能性が高い状態と考えられるからである。

もちろん、一方（企業）が、もう一方（従業員ニーズ）に対して完全に従属化するような関係から制度編成などが決定されることも、企業経営における福利厚生のあり方として決してベストではない。企業としての人的資源管理上の戦略的意図が十分に反映されなくなってしまう危険性がある。

結論としては、報酬形態における基本配分や制度全体としての編成において、企業側と従業員側の双方の意図やニーズがうまく融合されることが効果的なのである。つまり、賃金に代替されるべき制度は賃金に、福利厚生制度でなければならない課題があれば、そこでは企業として価値ある経営的効果を期待できるものがきちんと事前に選別された編成を行うが、そこでは企業として価値ある経営的効果を期待できるものがきちんと事前に選別された編成を行うが、基本的に従業員側のニーズを反映した編成を行うが、基本的に従業員側のニーズを反映した編成を行わなければならない。

新しい融合形

また、基本的に従業員側のニーズを反映した編成を行うが、基本的に従業員側のニーズを反映した編成を行わなければならない。

福利厚生制度をめぐって観測される企業側と従業員側との様々なギャップがそのまま放置されたり、あるいは一方の論理だけに偏ったものとなってしまうのではなく、新しい融合形をつくるための出発点と捉えることが必要であろう。

五　福利厚生と家族との関係をどう捉えるか

1　伝統的福利厚生における「家族」

従来の対象者概念　近年の福利厚生制度をめぐっては多くの識者から様々な変化が指摘されてきたが、しばし見落とされてきたと思われる点がある。本節ではこの点について議論してみたいと思う。

それは、制度の対象者概念の縮小である。

これまでの伝統的な福利厚生制度においては、従業員の家族は制度適用の主たる対象者であり、直接的な受益者であるべきだとされてきた。

このような考え方が長らく支配的であったことはいくつかの文献からも確認できる。

古くは、1965年に発表された日経連（当時）の『福利厚生合理化の基本的方向』における福利厚生の定義にみつけられる。「福利厚生とは、企業が主体となってその自発的意思にもとづき、労働力を維持培養するとともにその能力を有効かつ最大限に発揮させるために行う、従業員または必要に応じてその家族を対象とした生活福祉向上策の総称である」とされており、基本的定義として「家族」の存在が明確に表現されていた。

また、藤田至孝氏は『日本型企業福祉』（1984）の中で、現代（当時）における企業福祉の概

念を、①主体、②目的、③役割、④対象、⑤費用、⑥施策の重点の6点に整理したときに、④の対象において「企業福祉の対象が労働者とその家族であることは昔も今も変わらない」とし、家族の重要性を再確認している。

さらに、日本生命保険が『総合企業福祉』(1986)において示した総合企業福祉確立の5原則の第1番目において「現代では企業福祉の領域としては従業員の生涯福祉の確立が要請されている…(中略)…従業員個々の在職中から退職後までの生涯にわたる生活保障のなかで、本人だけでなく、その家族も含めた福祉を念頭に置く必要がある」と提言している。生命保険という世帯財産業にとっては当然のことともいえるが…。

確かに、これまでの具体的な制度展開においても家族用社宅、保養所、レクリエーションなどの定番的な制度に代表されるように、家族の利用を前提としたものが多くあった。

なぜ家族までが対象か

なぜ、企業内の人的資源管理制度のひとつである福利厚生制度が、実際には直接的に生産活動に従事しない家族までをも対象とする必要があったのか。その理由は、先の日経連の定義にあるように「労働力を維持培養するとともにその能力を有効かつ最大限に発揮させるため」に家族が有効な存在と認められていたからである。

こうした家族観を代表するといえるものが、ドイツの精神科医H・E・リヒター (Richter) が唱えた「サナトリウム家族」であろう。この「サナトリウム家族」とは、それぞれの家族の構成員にとって、家庭が自分の精神と身体の疲れを癒し、健康のために様々なケアをしてくれるサナトリウム (Sanatorium：療養所、保養地) のような場所であると受け止められている家族観である。しがたって、この考えによれば「良き家族」の存在が、やや古い表現だが、労働力の維持培養に不可欠であると捉えられ、福利厚生制度において家族が恩恵を受け、それが良好に維持されることに十

第4章　わが国の福利厚生最新動向

しかし、である。こうした合理性があったにもかかわらず、近年の企業の福利厚生制度の対象者概念は明らかに縮小的、限定的なものとなり始めている。

2　最近の福利厚生における「家族」

従業員本人だけに縮小　企業調査において、最近の福利厚生制度がどのような基本方針で行われているか、制度の適用対象者については図表4―10の上段のような結果となった。すなわち、「従業員本人だけを対象に運営する」という方針に賛意を示す回答率が全体の41・0％を占めており、「従業員の家族も含めて運営する」という回答率はそのほぼ半数の23・1％という結果にとどまった。

ここにも従業員側との明確なギャップが出現していることに注目していただきたい。

図表4―10の下段は、正規従業員に対して勤務先企業の福利厚生制度がどのように運営されるべきかを尋ねたいくつかの設問の中の対象者についての部分の結果である。ここでは「従業員の家族も含めて運営すべき」という考え方に賛意を示す割合が42・1％と大勢を占め、反対に「従業員本人だけを対象として運営すべき」とする割合は2割に満たなかった。

この従業員側の回答結果は当然の反応といってよいだろう。なぜなら、福利厚生制度の基本方針としてこれまで主張してきた方向が「家族を含む」であったからである。しかし、この調査結果をみる限りでは、いつの間にか、恐らく従業員も気づかぬうちに「家族を除く」という対象者概念が企業側では主流を占めるようになったともみえるのである。

― 109 ―

図表 4-10　　福利厚生制度の対象者

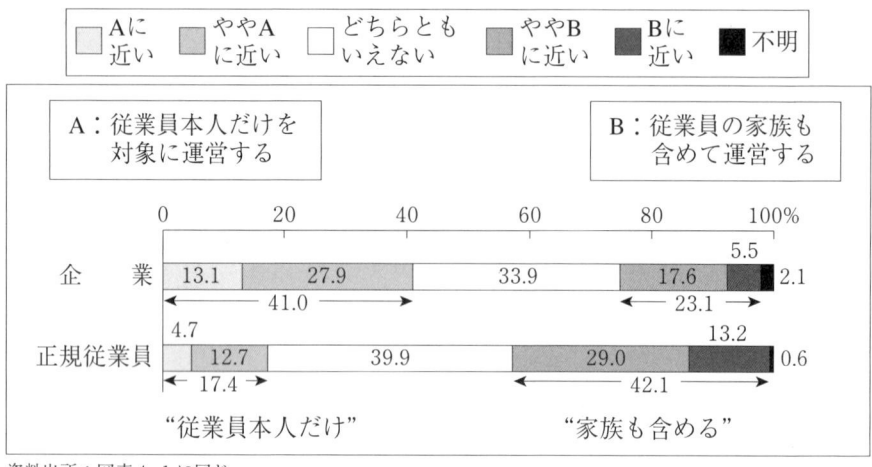

凡例：□Aに近い　■ややAに近い　□どちらともいえない　■ややBに近い　■Bに近い　■不明

A：従業員本人だけを対象に運営する
B：従業員の家族も含めて運営する

	Aに近い	ややAに近い	どちらともいえない	ややBに近い	Bに近い	不明
企業	13.1	27.9	33.9	17.6	5.5	2.1
正規従業員	4.7	12.7	39.9	29.0	13.2	0.6

企業：「従業員本人だけ」41.0　「家族も含める」23.1
正規従業員：「従業員本人だけ」17.4　「家族も含める」42.1

資料出所：図表4-1に同じ

現時点では十分な分析による確証はないが、恐らくこの変化の直接的な原因としては、コスト削減の要請の高まりがあろう。単純に考えれば、利用者を限定した方がコストは安く済むからである。また、家族手当などの廃止に伴っていわれた、独身者との公平性の確保といった点も影響しているものと考えられる。

「労働力の維持培養」機能の低下　もちろん、この変化が福利厚生制度を展開する企業側だけの要因によって生じているのではないことも明らかである。少子高齢化に伴う家族規模、世帯規模の縮小や家族生活に対する従業員側の価値観の変容などの影響は大きい。つまり、従来の伝統的な福利厚生制度が想定していた家族そのものが大きく変容しているからである。家族の変化については、精神分析学者の小此木啓吾氏が指摘した「ホテル家族」（ひとつの家に宿泊しているだけの家族、すなわち生活時間やリズムがばらばらで、その関係が希薄になっている現代の家族を象徴している）という言葉が端的にあらわしているだろう。「サナトリウム」ではなくなり「ホテル」

— 110 —

となってしまった家族に「労働力の維持培養」のための機能や能力が相当失われていることは容易に想像がつく。だから、企業も人的資源管理という点からも家族の重要性が減退したとみているのだろうか。「その必要に応じて…」という条件が先の日経連の定義の中にもあったが、それからすると、「必要がない」という判断がなされたのかもしれない。

しかし、この変化が実態として拡がるとすれば重要な意味を持つことになろう。わが国の企業は大きな過ちを犯そうとしているのかもしれないのである。コストや狭量な公平性という点だけからの判断であるとすれば、それは実に短絡的なものであると考えざるを得ない。

良好な家族関係に経営合理性 福利厚生制度にとって、家族の変質を踏まえた上で、もう一度「家族」という存在がどのような意味と意義をもたらすかを改めて考えなければならない。

近年の米国では、福利厚生制度にFamily CareやChild Care、さらにはWork & Life Balanceなど、家族との良好な関係性の維持が重要なテーマとされていることは周知されるところである。そこには、間違いなく経営合理性が存在し、明確な経営的効果がもたらされているとみなければならないだろう。わが国の企業が「貧すれば鈍する」ということにならないように願うばかりである。

いずれにしても、これからの福利厚生制度にとって「家族」とは何かは、決して避けて通れない大切な議論のひとつであることは間違いない。

六 福利厚生の労使ギャップをどう考えるか

1 労使ギャップの性質

ギャップはこれまでも存在　信頼できる企業調査、従業員調査から、労使間での様々な観点での認識のギャップ（乖離）の存在についてみてきた。

今後、重点を置きたい領域、賃金化への考え方、適用対象者などである。そこには、福利厚生制度に対する基本的な部分での期待感や方向性についての労使間の顕著な違いが観測された。

もちろん、本来、企業と従業員、換言すれば、経営と生活・家計という2つの存在が、次元や価値観の異なるものであることは間違いないのであり、福利厚生というひとつのテーマに対する考え方や態度といったものに違いが生じることは、ある意味では当然のことであろう。

また、両者には事業活動で得られた果実を分け合うという点で、利害対立的な関係が成立しているということも忘れてはならない。こうしたギャップは、これまでもずっと存在していたのである。

問題はギャップの大きさと性質　したがって、これまでみてきたギャップの存在そのものを必要以上に深刻に問題視することはないともいえるだろう。つまり、これまでのように、労使双方が自らの利益や価値観のもとに要求を行いつつも、互いに妥協し、譲歩することが可能ならば、制度の

— 112 —

2 ギャップの範囲と概念が拡大

現在、問題とすべきはギャップの存在そのものではなく、その動きと大きさ、そしてその性質ではないかと考えられる。

ギャップ範囲の拡大と多様化　まず、ギャップの範囲や概念が拡大しつつあることに注目しなければならないだろう。

つまり、ギャップが定常的なものではなく、急速に広い概念に、多様な概念に広がっていると考えられる。また、その性質において重要な意味を含んでいることである。すなわち、このギャップは、先の予算折衝のように、労使が基本的に同じ方向性を共有しながった面で生ずる性質のものではないのである。乖離現象が生じているのは、むしろ共有されていた基本認識、価値観の部分である。例えば、重点領域、適用対象者、賃金化の是非などはその典型といってよい。

これらの領域での労使間のニーズ・ギャップ、認識ギャップの中には、予算折衝などのギャップでは存在し得ない、両者がある程度満足できる妥協点を見い出すことが難しいものがあると考えられる。また、何より妥協点を得たとしても、それが労使にとって意味を持たない可能性がある。

第4章 わが国の福利厚生最新動向

適切な譬え話となるかどうかわからないが、空腹な子供が両親に「ご飯を3杯まで食べたいよ」と要求したときに、家計に余裕のない親が「1杯で我慢しなさい」と求め、結果として、駄々をこねたけれど、可愛いわが子のためになんとか2杯まで食べられるようにやりくりした、というのがこれまでであったと思われる。子供は空腹を満たすことができたし、その結果、親孝行しようと勉強や仕事をずいぶん頑張ったのである。これが高度成長期あたりから1980年代頃までの状況ではないだろうか。

妥協が最適解とならないギャップ 一方、性質が大きく変わってきたのではないかと指摘したい今のギャップは、子供が「洋食を欲べたい」といっているのに、親は「どうしても和食を食べさい」というような話である。このとき、双方、妥協が必要だからといって親子とも苦手な中華を食べよう、となっても結果的に誰も満足できない、という話に近いように思われる。妥協が必ずしも労使にとっての最適解とはならないタイプのギャップなのである。

これまで検討してきたわけだが、今後の重点領域でのギャップでは、従業員の多くが、依然として「住宅」を望んでいたわけだが、企業としてはこの領域については福利厚生としての対応にほとんど関心を失っていた。また、制度の適用を希望する対象者としての「家族」の存在は、従業員にとっては不変であるのだが、企業は従業員本人だけに視野を狭めようとしている傾向が明らかにみられていた。このような状況の中で、容易に妥協点をみつけることができるものではないことは明らかである。

このような労使間での難しいズレを集約するものとして紹介する図表4—11は、今後の福利厚生の導入方針について「企業目的に合った制度を導入する」という意見と「従業員ニーズに即した制度を導入する」という2つの意見のどちらを支持するかを、企業担当者と従業員の双方に問いかけ

図表4-11　福利厚生制度の導入方針

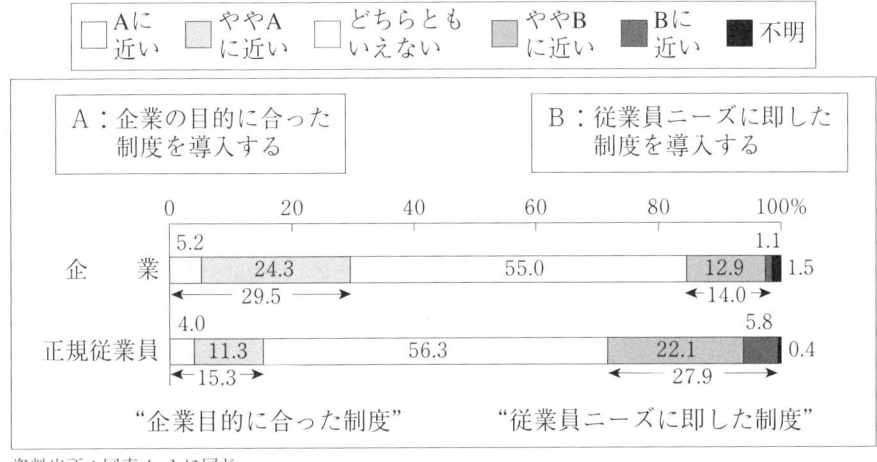

凡例：□Aに近い　□ややAに近い　□どちらともいえない　□ややBに近い　■Bに近い　■不明

A：企業の目的に合った制度を導入する
B：従業員ニーズに即した制度を導入する

	Aに近い	ややA	どちらともいえない	ややB	Bに近い	不明
企業	5.2	24.3	55.0	12.9	1.1	1.5
正規従業員	4.0	11.3	56.3	22.1	5.8	0.4

企業：←29.5→　←14.0→
正規従業員：←15.3→　←27.9→

"企業目的に合った制度"　　"従業員ニーズに即した制度"

資料出所：図表4-1に同じ

企業目的に合った制度を指向

その結果、企業担当者側では「企業目的に合った制度を導入する」という回答が29・5％となり、従業員側では15・3％となる。一方、「従業員ニーズに即した制度を導入する」という方針については、企業担当者側の支持率が14・0％に過ぎないのに対して、従業員側は27・9％とこれを大きく上回っている。

筆者が、この調査結果をみて少し驚かされたのは、やはり企業担当者側の反応、変化である。

ひとつは「従業員ニーズに即した……」という、従来から制度設計の基本的な考え方、基本理念と思われていたものが、もはや一部の企業層にしか支持されていないという点である。また、この話の裏側であるが、もうひとつ、最も意外であったのは「企業の目的に合った……」という方針に対して3割近い企業担当者が肯定していることである。

これは少し深読みすれば「目的にあった制度」が何であるか、という経営的な目的認識ができつつあ

るとも読むことができる。明確に企業経営という観点から福利厚生制度を捉え始めたのか、それとも単にコストの抑制、削減という意味なのか。あるいはさらに単純に「従業員ニーズに即した…」に反発しただけの結果かもわからないが……。

いずれにしても、労使間に厄介なギャップが生じていることは間違いないようである。

共存への模索

この状況が持続するとすれば、どのように対応すればよいか、という課題に直面することになる。ひとつは両者の交渉力、パワー関係に全てを委ねてしまうという対応が考えられる。これは不況期の状況に最も近い。失業率が高止まりし、賃下げの議論にさえ違和感がなくなりつつあるこの労働市場においては、客観的にみて企業側に福利厚生制度の決定におけるイニシャティブがあった。

こうした労働市場環境にある限りは、企業側の論理、ニーズにしたがって制度運営が進められてゆくことになる。従業員側は、質的なギャップであったとしても、そのことによる変化を受け入れるしかない。しかし、いずれ、再び経済が回復し、労働需給環境が逆転したときには、今度は従業員側の望む方向性に企業がしたがうことになることもあるわけである。そのときには、企業側が苦手な洋食を押しつけられることになる。

しかし、労使間に質的なギャップが生じている中で、こうした形での対応しかないことが本当に両者にとって幸福なのか、ということを考えなければならない。要するに、和食を欲するものは希望どおり和食を食し、一方で洋食を欲するものはそれを食することができるような2つのシステムを共存させることができるはずであり、それを模索すべきではないだろうか。

七 福利厚生の新しいニーズはどこにあるか

1 医療リスクへのシフト

基本的機能としての生活保障 福利厚生制度の重要な機能のひとつとして「生活保障」がある。従業員個人は死亡リスク、医療リスク、老後リスク、介護リスクといった様々なリスクにさらされている。全ての個人に共有されるこれらのリスクに備えること、すなわち「生活保障」は個人の生活設計の最も基本的なテーマといってよい。裏返せば、これらのリスクに対して何らの備えもなければ大きな不安感を持たざるを得なくなろうし、もし現実問題としてリスクに直面してしまうと、家計の崩壊にまで至ってしまう危険性もある。

企業は、これまで、このような基本リスクへの対応という従業員個人の重要な生活設計テーマに対して幅広い支援を行ってきた。弔慰金・死亡退職金制度、財産形成制度、健康管理制度、団体保険制度、退職給付制度、介護支援制度、等々である。

この福利厚生制度における「生活保障」においても、新しい動きがみられている。

医療保障、所得補償に関心 図表4─12は、企業が費用を負担して「拡充・新設」しようとしている従業員の生活保障領域をあらわすものである。ここでは、4つ生活保障領域として、死亡保障、医療保障、所得補償、老後保障を比較している。現在は、福利厚生制度にとって厳しい経営環

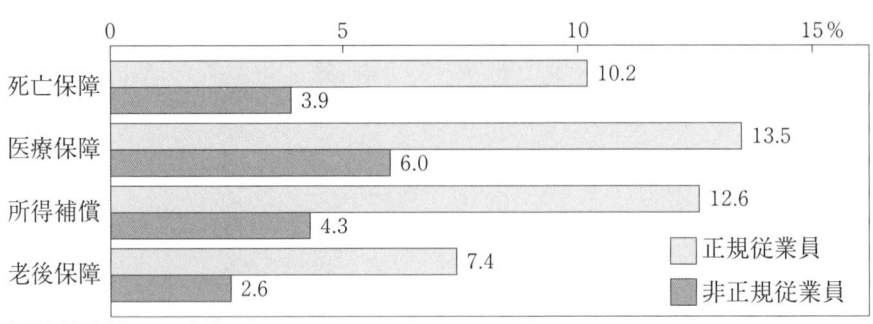

図表4-12　企業が費用負担する制度において「拡充・新設意向あり」の割合

（企業調査）

	正規従業員	非正規従業員
死亡保障	10.2	3.9
医療保障	13.5	6.0
所得補償	12.6	4.3
老後保障	7.4	2.6

資料出所：図表4-1に同じ

境下にあるわけだが、この生活保障領域に対しては、制度の「拡充・新設」を考えている企業がまだ少なからず存在している。

最も多くの企業がコスト負担をしてまで充実させたい領域は「医療保障」となっている。この高い支持率は正規従業員、非正規従業員いずれにおいても同様である。次いで高くなっているのが「所得補償」となる。

いずれもリスクとしては従業員の病気やケガであり、それらに伴う入院費・治療費や就労不能による所得（収入）の喪失である。

一方、企業側の拡充意向が最も少なかったのが「老後保障」である。高齢化の進展に伴う公的年金制度の閉塞化などが世間を賑わしている中で、老後保障の重要性、必要性は益々高まっているはずである。しかし、企業側にとってこれからの福利厚生制度の中での優先順位は決して高くないようである。確かに、伝統的な年功方式、確定給付型の退職給付制度を維持することが困難になり、同時に大きな企業負担を余儀なくされたのが老後保障である。もはや、この領域にかかわり続けることは企業にとってリスクが大きく、リターンという面でも評価が難しくなっているのかもしれない。

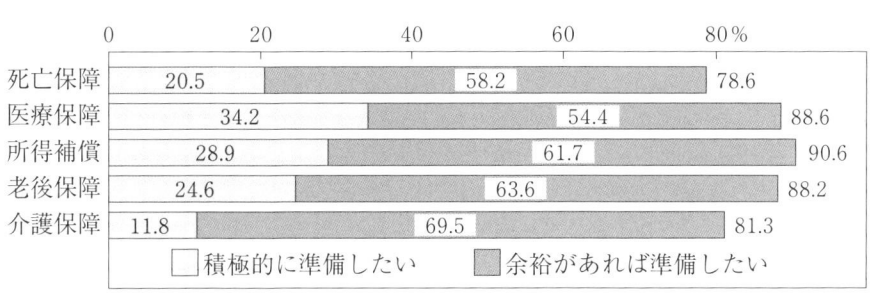

第4章　わが国の福利厚生最新動向

図表4-13　　　　従業員の今後の経済的準備意向　　　（従業員調査）

	積極的に準備したい	余裕があれば準備したい	計
死亡保障	20.5	58.2	78.6
医療保障	34.2	54.4	88.6
所得補償	28.9	61.7	90.6
老後保障	24.6	63.6	88.2
介護保障	11.8	69.5	81.3

資料出所：図表4-1に同じ

また、「死亡保障」に対しても企業側の拡充意向は相対的に低い。従業員の遺族保障についてこれ以上に支援しようという企業は多くないのである。

このように、企業側での生活保障領域への関心には「医療リスク・シフト」ともいうべき一定の傾向がみられるわけだが、実際にリスクに直面している従業員側はどのような意向を持っているのだろうか。

従業員側も医療保障に関心

図表4-13の従業員調査の結果から、今後の各保障領域での経済的準備に対する従業員側の意向をみると「積極的に準備したい」という反応では「医療保障」が最も高くなっている。2番目もやはり企業側の考え方と同様に「所得補償」となっている。「積極的に準備したい」と「余裕があれば準備したい」を合わせた、何らかの準備意向のある割合が9割を超えて最も高くなっている。また、ここでも「死亡保障」の人気は相対的に低い結果となっている。

このように、生活保障における企業側と従業員側双方の考え方をみると、両者の方向性がマッチしていることがわかる。つまり、企業側が福利厚生制度における生活保障分野で対応において、老後リスクや死亡リスクよりも医療リスクに重点を置くことを従業員側も歓迎するという図式になろう。そのことからすると、今後益々「医

— 119 —

療リスク・シフト」が進むものと考えられる。

目的の明確化を

このような、生活保障領域での「医療リスク・シフト」、そしてその裏面にある「死亡保障」や「老後保障」への関心の低下は何を意味しているのだろうか。

ひとつには、この変化が企業の経営的な目的合理性という点で高まっているものか、そうではないかという視点がある。実は、老後リスク・死亡リスクへのシフトは、人的資源管理の側面からみたときに大きな意味がある。それは、死亡や老後が、リスクへの事後的な対処という面では、既に人的資源管理の世界から離れたものであるという点である。すなわち、前者は遺族のためのものであり、後者は退職者のためのものであるということである。これらの人たちは現役世代の従業員のように直接的に事業活動に関与し、貢献する人たちではない。もちろん、死亡保障も老後保障も生活上のセイフティ・ネットとして重要なものであり、その重要な問題に対して、企業によってネットが張られているという安心感によって、現役期の従業員が業務に集中できるという説明はなされてきた。このことに間違いはないであろうし、事実として人的資源管理上、一定の経営合理性があったといえる。

しかし、やはり「医療保障」に比べると間接的なものであるという印象は拭えない。健康関連の様々な予防的なケアや入院費・治療費などへの経済的な支援は、直接的に現役期の従業員に対して提供される福利厚生サービスである。予防効果であれ、従業員の業務への復帰期間の短縮化や従業員負担の軽減などの効果もみえやすく、かつ何より、人的資源の有効活用という目的性が明確であることは、遺族や引退者に対する給付に比べて、明らかに企業として力を入れやすいものであることを意味している。

対象者概念の縮小を投影

もうひとつの見方は、本章で指摘した対象者概念の縮小の動きの投影

である。従業員とその家族を対象としてきた伝統的な福利厚生が、近年では従業員本人だけ、という狭いものになり始めていた。この考え方からすると、遺族という家族に対応する「死亡保障」から、「医療保障」に傾斜するのはやむを得ないといえる。

先に、現在の福利厚生制度編成のトレンドとして「ハコもの（施設型制度）」から「ヒトもの（人的資源への直接投資型）」へ」という大きな流れがあらわれていると述べた。ここで取り上げた生活保障分野はその「ヒトもの」の代表的な領域といってよい。だからといって、この分野が全て注目されているわけではないようである。内部的には「死亡・老後」という伝統的な福利厚生において重視されていた領域から、投資と効果の関係性がよりみえやすく、経営に対して効果を訴えやすい「医療保障」という領域へと重心が変わりつつある。

生活保障領域という福利厚生制度の中心的部分にも新しい変化の兆しがあらわれてきたのである。

2 自助努力支援型への転換

影を潜めた会社中心主義 前項では生活保障領域という福利厚生制度の中心的部分に生じている新しい変化の兆しについて述べた。生活保障領域として、死亡保障、医療保障、所得補償、老後保障の４つを比較したときに、企業が主体的に取り組もうとする領域が「死亡保障」「老後保障」から「医療保障」へシフトし始めていた。

この動きは、人的資源管理という点から経営合理性が求められていることや、福利厚生の対象者概念の縮小が投影された現象ではないかと考えられる。

— 121 —

ここでは、さらに生活保障領域の担い手、保障サービスの提供のあり方においてみられ始めた変化について検討したい。

1990年代半ば頃から福利厚生制度が全体的に縮小基調を強めてきた中で、生活保障領域についてもコスト削減の動きが顕著であった。それは、企業が保険料等を直接負担するタイプの制度で著しかった。しかし、そうした企業拠出型が縮小する一方で、もうひとつの企業員負担タイプは安定的に推移していた。すなわち、企業ではなく、従業員自身が保険料等を自主的に負担するタイプの様々な生活保障制度である。企業は保険会社等と包括的な契約を結ぶが、実際の保険料負担は、従業員が自ら決めた保障額に合わせて負担するものである。これらを従業員拠出型制度と呼ぶ。

現在、このような従業員拠出型制度の企業導入率は決して高いものではない。図表4—14に主要な制度の導入率を示したが、最も導入率の高い一般財形でも3割程度であり、他の死亡保障、医療保障、老後保障などの制度はいずれも10％台かそれ以下にとどまっている。

これらの制度は、いわゆる「従業員の自助努力」のための制度インフラであり、伝統的な福利厚生制度の考え方の中では、どちらかといえば傍流の存在であったといってよいだろう。すなわち、福利厚生制度とは、企業が主体性を発揮して費用を負担し、恩恵的、福祉的施策を展開することにこそ企業経営における意義や価値があると思われていた印象が強い。

しかし、近年にあっては、そうした企業中心主義はすっかり影を潜めており、これまでにも何度か指摘してきたとおり、今や企業の多くは福利厚生制度に対していかにして縮小均衡を図るか、主体性の荷重をできるだけ回避するか、という方向に転換している。具体的には、包括的なアウトソーシングを活用したり、給付の見直しや施設の廃止・売却など、実質的なコスト削減に努めている。

第4章 わが国の福利厚生最新動向

図表 4-14　　　　　　従業員拠出型制度の導入率　　　　　　（企業調査）

(%)

任意加入	団体定期保険	14.4
	団体医療保障保険	8.3
	団体医療費用保険	6.5
	団体傷害保険	9.5
	団体所得補償保険	5.9
従業員拠出型企業年金		2.0
一般財形		31.5
財形年金		18.4
財形住宅		19.2

資料出所：図表4-1に同じ

図表 4-15　　　　従業員拠出型制度への今後の取組み意向　　　（企業調査）

──── 拡充・新設したい
……… 廃止・縮小したい

資料出所：図表4-1に同じ

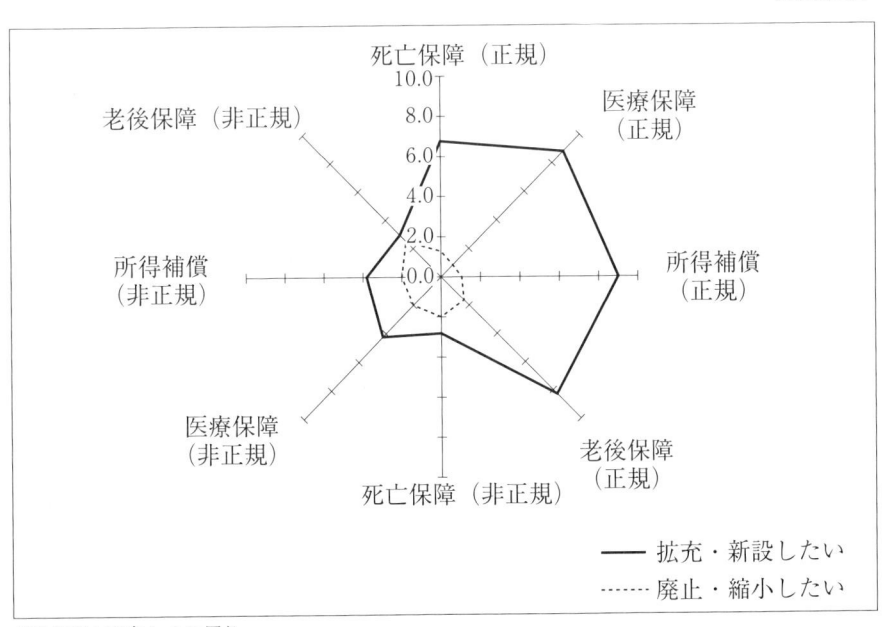

第4章　わが国の福利厚生最新動向

従業員拠出型への関心の高まり　このような企業側の姿勢の転換を背景にしながら「従業員の自助努力」のための制度、つまり従業員拠出型の生活保障制度が、企業側に実質的な負担がないという点から逆に注目を集め始めているようである。

図表4-15は、企業の担当者に対して、今後の福利厚生制度の展開において従業員拠出型の生活保障制度を「拡充・新設するか」「廃止・縮小するか」という見通しを尋ねた結果である。先の4つの生活保障領域について、正規従業員を対象とする場合と、非正規従業員を対象とする場合とをそれぞれ別個に質問している。

結果としては、死亡保障、医療保障、所得補償、老後保障のいずれの領域においても「拡充・新設する」という回答率（外側太線）が「廃止・縮小する」という回答率（内側点線）を大きく上回ることとなっている。この傾向は特に、正規従業員への制度対応において顕著である。

3　従業員拠出型がもたらす経営への影響

「場としての福利厚生」への変質を象徴　図表4-15の調査結果は、福利厚生制度における生活保障サービスの担い手が変わろうとしていることを示している。また、そのことは、企業中心型の福利厚生制度から、従業員にも主体性の発揮が求められる「場としての福利厚生」への変質過程を象徴的に描写しているのである。

従業員拠出型の生活保障制度が拡充するということは、当然のことだが、企業の人的資源管理の論理からは遠ざかることになり、その一方で、従業員側の生活設計の論理が前面に出て優先されるようになることを意味する。つまり、従業員ひとり1人が、よりコスト・パフォーマンスの高い生

— 124 —

活保障サービスの調達を狙って応分の負担を承知した上で参画する自助努力のシステムであり、結果的に同じ職場の仲間同士での相互扶助のシステムとなるからである。

企業は、金融機関や保険会社などのサービス・プロバイダーと契約することで利用環境を従業員に提供する段階までは主体性を発揮できるが、その先の実際に生活保障サービスを購入するかどうかという段階には関与できなくなるわけである。

相互扶助・自助システムは何をもたらすか

これまでは、企業が主導的に従業員に代わって生活保障サービスを包括的に調達し、平等主義に基づき配分・提供することで従業員全員が安心して働けるようになることの見返りとして、業務への集中や企業への忠誠心や定着などの対価、すなわち経営的効果を期待できたわけである。セイフティ・ネットを提供したことによる効果といってもよい。

しかし、同様の生活保障サービスを調達するシステムでありながら、企業拠出か、従業員拠出かによってその位置づけは変わる。従業員はインフラとしての利用環境を提供してくれた企業に感謝することもあるだろうが、実際に購入対価（保険料）の負担という痛みを負うのは従業員自身であることからすると、「企業に何かをしてもらっている」という感覚は相当に希薄なものとなろう。

したがって、当然だが、企業負担型の生活保障制度において得られていた経営効果を手放すことになる可能性がある。つまり、企業はセイフティ・ネットを張ってくれていた有り難い存在ではなくなり、従業員自らがネットを張ることになるからである。

一方、従業員にとっては、いつでも参画可能な相互扶助・自助システムが整備されることの意味が今後益々大きくなることは間違いないだろう。これからの時代、従業員を取り巻く生活環境、経済環境は決して楽観できるものではない。公的年金制度、医療保険制度などの動向を注視しながら

危機感を強める従業員は少なくないはずである。

「場としての福利厚生」が整備され、有利なサービス調達の選択肢を提示されることによる生活設計上の有利さは大きい。従業員拠出型の各種制度において、低廉な負担で良質な保障サービスを得られれば家計にとって有り難い。恐らく、こうした相互扶助・自助システムが非正規従業員も含めて多様な従業員層に対して開かれたシステムとして職場にビルト・インされることが、雇用が流動化し、価値観が多様化した時代において強く求められているのである。

「場としての福利厚生」というものが、これからの時代の福利厚生制度のあり方として中心的な概念となる可能性も高いのではないだろうか。

第五章 福利厚生は従業員心理にどう作用するか

ize # 一 従業員満足度からの接近

1 福利厚生の評価軸としての従業員満足度

なぜ満足度が注目されるのか　最近、比較的言及される機会が増えてきた福利厚生制度に関する評価の中に「従業員満足（Employee Satisfaction）」というものがある。ESとも略称されるこの評価概念は、その対象物に応じて、職務への満足、会社への満足、報酬への満足といった具合に、比較的自由に使い分けられてきた。

なぜ、人的資源管理の担当者がこの「満足」に注目してきたのか。実は、この論拠についてはかなり昔まで遡る。

職務満足の研究は、ハーバード大学を中心とする人間関係学派に端を発する。有名な「ホーソン工場での継電器製造実験」によって始まったとされるこの学派は、それまでのF・W・テイラーを始祖とする科学的管理法の基本的認識を大きく覆した。すなわち、職場での生産性は物理的・制度的な要因だけではなく、むしろそこでのインフォーマルな人間関係の状況や本人の意欲、満足感といった関係的、心理的要素の影響が大きいということを実証したからである。

それまでの科学的管理法では、労働者をあたかもマシン（機械）とみなし、いかに徹底した効率性を追求するかという点に管理の主眼が置かれていた。この管理法では時間研究と称して、ストッ

第5章　福利厚生は従業員心理にどう作用するか

プウォッチを持って従業員の単位作業時間を測定したりした。また、「One Best Way」と呼んだ最善の作業手順の発見に注力し、その方式をスタンダードとして当該作業に就く全ての従業員に全く同様の手順を強制したりした。

こうした物理的、機械管理的な手法や発想の限界を突破するためのきっかけとなったのが、皮肉なことに元々は科学的管理法の発展のために計画された「ホーソン実験」だったのである。実験の詳細を紹介することはできないが、本節のテーマに関していえることは、次の大きな発見を得たことであった。すなわち「Happy worker is productive worker」という新しい原理である。要するに「仕事や職務に満足している労働者ほど生産性が高い」という発見である。今では、この原則はなんとなく常識化されてしまい、何の驚きも持てないが、当時としては新しい学派ができるほど、学問的にも実務的にも大きな驚きであったのだろう。

確かに、科学的管理法の時代とは、性悪説に立って、いかに従業員をサボらせないか、ということに血道をあげていた時代といってよい。経営学の始祖ともいえるテイラー主任技師には申し訳ないが、この管理法の登場によって多くの労働者が苦しめられたわけである。換言すれば、満足どころか、きつい仕事への不満を高めようとしたともいってよいだろう。

もし、科学的管理法だけが今もマネジメントの中心として進化していたなら、福利厚生制度の存在は到底、許されなかったのではないだろうかとも思われる。ホーソン実験では、ある時期から物理的労働条件をいかに上下（科学的管理法の予測として生産性が下がる方向への変更）しても、むしろ生産性が継続的に上昇したのである。その原因が、実験対象として「選ばれた」という従業員の誇りや注目されることの嬉しさ、さらには、実験仲間同士の職場を離れた親しい付き合いの始まりなど、およそ従来の科学的管理法を信奉する管理者が目もくれなかった要素だったのである。

— 129 —

この大きな発見は1930年頃の話だが、その後、「Happy Worker」という新しい労働者観が人的資源管理の世界に広く浸透してゆくことになる。

この流れは、時代時代によって様々に変質しながらも基本的には今日まで続いているという事実であいだろう。そのあらわれが「満足」という管理ツールが様々な形で使われているという事実である。HappyとSatisfactionが厳密に同義で同効果を持つものかどうかはわからないが、少なくとも、不満がUnhappyであることは間違いないだろう。

「満足」を通じて生産性を維持・向上 福利厚生制度は、まさに従業員をHappyにし、満足感を与えるために用意され、提供されてきたものといってよいのではないだろうか。特に、「不満を取り除く、軽減する」といった役割で大きな働きをしてくれたと考えられる。不満の排除という方向から満足形成に貢献してきたのである。ともかく、「満足」という従業員心理を得ることを通じて、生産性の維持・向上への貢献が意図されていたことになる。

しかし、近年の福利厚生制度をめぐる状況、特に企業行動をみて、敢えて大袈裟に表現すると、人間関係論から科学的管理法へと逆戻りしようとしているかのようにみえなくもない。次々と制度を廃止・縮小し、予算の圧縮を図ろうとしているからである。極端な例では、福利厚生制度の大部分を賃金化し、しかもその賃金制度がかなり徹底した成果主義に基づくといったケースである。これはまさに、テイラーたちが唱えた「差別的出来高給」そのものである。

競争構造がグローバル化し、実に厳しい企業経営が求められる時代である。確かに、それも紛れもない事実であるのだが、だからこそ生産性、つまり持続的な競争力のつくり方を複眼的に捉えることが求められていると考えられる。「満足」という概念や語感には、この時代には排除されやすい「甘さ」のニュアンスが確かにある。「そんなことをいっている時代では

ない」という者が組織の管理者の中にひとりでも出てくると、なかなか否定するのが難しいだろう。しかし、そのような短絡的な声だけにしたがうのは1970年代以前の成果を無視することになる。高度な知的生産性が求められている現代においては、むしろ改めて「満足」とは何か、「Happy」とは何かを追求する必要に迫られているように思われる。

2 広がりを持つ福利厚生制度の満足度

古くて新しい役割発揮の可能性 福利厚生制度は、こうした今日的な従業員の生産性や創造性の高め方を追求する中で、古くて新しい役割を発揮できる可能性があるだろう。それは特に、福利厚生制度そのものの満足だけを得ようとする形ではなく、より良き、より効果的な福利厚生制度の提供によって、組織や仕事へのコミットメントやモチベーションを高めるといった手段的な役割と考えられる。

「利用」と満足度とは正の関係 このような福利厚生制度が持つ満足感という管理目標に対するツールとしての有効性は、従業員調査からも確認することができる（図表5─1）。

この分析は1801人の正規従業員の調査時点における福利厚生制度の利用経験数を3段階に分けた上で、その各層毎に「自社の福利厚生制度全体に対する満足度」「現在の仕事に対する満足度」「勤務先に対する満足度」「職業生活全体での満足度」の4つの満足度を測定した結果である。

結果としては、利用経験と「福利厚生制度に対する満足度」が正の相関関係を持つだけではなく、仕事や勤務先、職業生活といった側面での満足度でもかなり明確な相関関係がみられた。

このような調査結果をみると、人間関係学派は大いに肯くところであろう。従業員のプライベー

図表 5-1　　　　　　　　4つの満足度の測定結果

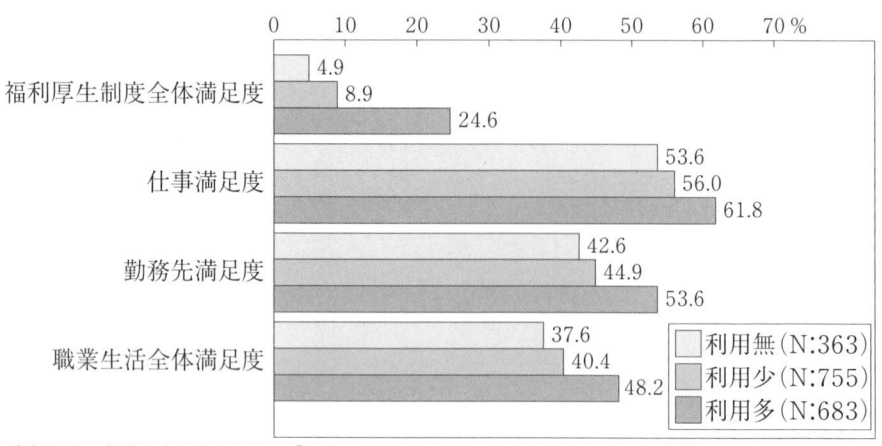

	利用無(N:363)	利用少(N:755)	利用多(N:683)
福利厚生制度全体満足度	4.9	8.9	24.6
仕事満足度	53.6	56.0	61.8
勤務先満足度	42.6	44.9	53.6
職業生活全体満足度	37.6	40.4	48.2

資料出所：(財)生命保険センター「企業の福利厚生制度に関する調査」（02年実施）

ト・ライフや職場での仕事以外（Non Work）の面での楽しみ、職場環境の快適さ、安心して生活できるセイフティ・ネットなどが、最終的な企業の生産性に影響を及ぼすことを示唆しているからである。

繰り返すが、「Happy worker is productive worker」という最適解が、これからも福利厚生制度が目指すものであることは間違いないのではなかろうか。

二 従業員満足はどのように形成されるか

1 内在的職務満足と外在的職務満足

従業員の満足と企業の繁栄 前節では「Happy worker is productive worker」という比較的新しい労働者観から注目されてきた「従業員満足」という従業員心理について述べた。従業員をいかにして満足させるかによって組織の生産性が左右されるという話だから重要である。同時に、従業員が幸福であることと、企業の繁栄という一見、背反しそうな2つの方向性が、一石二鳥といえる形で実現できてしまうというから、さらに注目したくなる。そして、どうやら福利厚生制度がこの大切な「満足」を高める効果を持っていることが色々な調査データの分析からも明らかになってきた。したがって、福利厚生制度のこれからのあり方を考えるときには、避けて通れないテーマのようである。

もう少し、この「満足」という概念について詳しく検討してみようではないか。

元々、人的資源管理におけるこの「満足」という概念は「職務満足（job satisfaction）」としてHappockが著書『Job Satisfaction』（1935）によって初めて提示したものであり、歴史はかなり古い。その後、人的資源研究や組織心理学の中などでも膨大な数の研究や論文が蓄積されてきたテーマ領域である。

— 133 —

第5章　福利厚生は従業員心理にどう作用するか

2つの満足の特性

職務満足には、内在的職務満足（intrinsic job satisfaction）と外在的職務満足（extrinsic job satisfactin）という2種類のものがあるとされている。

前者は、仕事を通じ従業員自身の内面からこみあげてくるような満足感である。例えば、仕事そのものが面白い、仕事を通じて得難い達成感を得た、あるいは職場の仲間たちから認められた、さらには人に先んじて昇進や昇格ができたといった経験から得られる、一種の自己実現や自己評価といった高次の欲求充足によって得られる感情であり、態度である。もちろん、これらが得られなければ満足はできなくなる。

一方、後者は、満足感が内面から発生するというよりも、外面的な職場での環境要因を刺激として発生するものである。賃金の額や評価の方法、上司や職場仲間との人間関係、あるいは福利厚生制度や退職給付制度なども含めた労働条件などである。これらに納得して満足するケースもあれば、反対に不満を生じることもある。

この2つの満足は性質も違うし、マネジメントとしてのアプローチも異なる。よくいわれる「働きがい」と「職場の働きやすさ」という2つの側面である。すなわち、内在的職務満足をもたらすものが職場での働きがいや、やりがいといったものであり、外在的職務満足を形成させるものが職場環境などの働きやすさということになるからである。

2　満足形成のメカニズムと福利厚生

ペットミルク仮説　福利厚生制度が貢献できる満足の中心がどうやら後者の外在的職務満足であることは容易に想像がつく。従業員のニーズやリスクに適切に対応できている充実した制度編成を

— 134 —

提示することで、満足感は高まることになるのである。従業員にとっての外的要因の形成を促すことになる。このように、外的要因によって満足を高め、生産性を向上させようという考え方は、あたかも牛が良い餌さえ与えられればミルクをいっぱい出すという、ある意味では安易で非人間的な発想として「ペットミルク仮説」と呼ばれ、批判的に述べられることもあるようだ。

しかし、ともかく厳しい競争環境に身を置く企業にとっては、良いミルクがたくさん取れることが一番重要であることは間違いないのであり、やや語弊はあるが、いかに効果的に餌を与えるかということがマネジメントのテーマとなっても仕方ないだろう。

動機づけ要因と衛生要因

福利厚生制度を活用して満足を高め、それを定着性の維持や生産性の向上などといった経営的効果にまで繋げようとするときには、満足形成のメカニズムを知っておく必要がある。この外在的職務満足と内在的職務満足という2つの満足概念の分類は、そのまま満足形成の有力な理論的枠組みとも密接な関係を持っている。

「動機づけ—衛生理論」がそれである。アメリカの臨床心理学者であるHerzberg（1959、1966）によって提唱されたこの考え方は、充足が不十分であっても強い不満足感には繋がらず、充足することによって強い満足感が形成される要因（動機づけ要因：Motivators）が存在する一方で、充足しても強い満足感には繋がらないが、不充足ならば強い不満足感を形成させる要因（衛生要因：Hygiene factors）の2つの次元があることを、ピッツバーグのエンジニアと会計係200人を対象に大量の質問からなるアンケート調査を実施し、職場においてどういう場面で特に良い気分や不快な気分になるかを自己分析させ、その結果をまとめることで発見した。

具体的には、前者の要因として「達成」「仕事成果の承認」「仕事自体」「責任」「仕事による成長」などを見つけ出し、また後者の要因として「経営方針と管理」「監督技術」「給与」「人間関係」

第 5 章 福利厚生は従業員心理にどう作用するか

「作業条件」などを特定した。残念ながら福利厚生制度そのものを特定していないが、給与とも近似するものであり、作業条件の中にも含まれると考えられる。

彼は、その後、この2要因説について著作『仕事と人間性』の中で「人間には2種類の欲求があある。苦痛を避けようとする動物的な欲求と、心理的に成長しようとする人間的な欲求である」とも述べている。福利厚生制度が最も貢献できるのは「苦痛の回避」であるようだ。従業員にとって現在の職場環境や生活環境にとっての苦痛とは何かを考えることが効果的であることを示している。

今日、従業員に苦痛を与える要因は数多い。すなわち、従業員は様々なリスクにさらされている時代である。福利厚生制度がそれらのリスクへの対抗において従業員を支援できることは数多い。メンタル・ヘルス、セクハラ、喫煙問題、老後の備え、介護、生活保障、等々、いくつでもあげることができる。

人間関係の満足感

この2要因説に対するその後の研究成果としては、衛生要因だけではなく動機づけ要因としても機能し、満足感の喚起にも貢献するということがわかってきている（山本1990）。確かに、上司や職場の同僚との良好な関係や仕事を通じた仲間意識や絆が、内在的な満足感を引き出すであろうことは想像がつくところである。

福利厚生制度には、職場での人間関係や、職場を離れたインフォーマルな人間関係づくりを支援するイベントやレクリエーション制度がいくつかある。そのことからすると、積極的に満足感を喚起するという役割も果たせる可能性があるということだろう。

特に、近年の研究では、インフォーマルな人間関係やプライベートでの家族との関係性などが、

— 136 —

従業員のやる気ややりがい、さらには組織へのコミットメントに好影響を及ぼすことが徐々にわかってきている。このあたりについては実感としては大いに肯定できるが、残念ながらまだ福利厚生制度に特定された実証研究がほとんど存在せず、強く主張できるまでには至っていない。

改革視点として注目　いずれにしても、わが国企業において従業員満足、職務満足などの満足概念が人的資源管理上の対象指標のひとつとして今もなお注目されていることは事実である。批判的にみれば、曖昧な概念であり、個々人の状態を正確に捉えることも難しい。また、個人のパーソナリティや職場以外の要因によって大きく左右されるといった性格も厄介なところである。

しかし、企業内にひとりでも多くのProductive Worker（生産性の高い従業員）をどう増やすか、という課題に直面すれば、避けて通れない目標となるのである。福利厚生制度がこの目標に対してどこまで貢献することができるのか。改革の視点として忘れてはならないであろう。

三 従業員満足度と組織コミットメント

1 組織コミットメントとは何か

組織と個人の心理的距離 第1節、第2節では職務満足（job satisfaction）と福利厚生制度との関連性について検討した。福利厚生制度によってもたらされる効果のひとつであり、この効果を獲得することでより多くのProductive Workerの出現が期待できることを述べた。

さて、本節からはその職務満足ともかなり近い概念だが、それ以上に、近年、人的資源管理研究の中で注目されている「組織コミットメント（organizational commitment）」について紹介しながら、これからの福利厚生制度における活用を考えてゆきたいと思う。

まず、組織コミットメントとは一体、何であるか、という定義だが、実はこれまで研究者たちによって様々な表現がなされてきた。

古いもので多く支持されてきたものとしてはMowday（1979）が行った「特定の組織への同一化と没入」があって、「組織の目標や価値に対する信頼と受容」「組織の代表として進んで努力する意欲」「組織の一員としてとどまりたいとする強い願望」などの感情を包含するもの、というものである。

一方、わが国では、組織コミットメントと近い概念を持つものとして「帰属意識」の研究が蓄積

第5章　福利厚生は従業員心理にどう作用するか

されてきた。この中では、尾高（1965）が行った「ある集団もしくは組織体の成員が、単に形の上でそれに所属しているだけでなく、生活感情の上でも、その集団を自分の集団、自分の生活根拠として感じ、したがってまた自分自身をも、何よりもまず、その特定の集団の人間として感じている度合い」というものが帰属意識の定義に近いものといえるだろう。

また、わが国で長年「会社人間」（注）の研究を続けている田尾（1997）によれば「組織コミットメントは組織と個人の、いわば心理的な距離を測るために非常に使い勝手の良い概念」とする位置づけが本質をあらわすものとしてわかりやすいだろう。

職務満足と組織コミットメント　この組織コミットメントについては、現在に至るまでに実に多くの調査研究が繰り返され、それに関する知見も相当量が蓄積されてきた。つまり、人的資源管理において有効なツールとしての評価が確立しているといってもよい。例えば、前節まで議論していた「職務満足」と比較してみると、以下のような点で優れているとされている。

- **職務満足（job satisfaction）**
  →現在かかわっている仕事に関する固有の環境に対する満足度としての反応→時間的には安定しない→状況が変わればすぐに変化する（ex.上司の異動）
- **組織コミットメント（organizational commitment）**
  →組織全体への一般的感情反応であり，広範囲なもの→時間的には安定している→予測能力に優れている（ex.離職行動）→人的資源管理の対象としてはJSよりも優れている

この整理の中で注目する必要があるのは、「時間的安定性」と「予測能力」である。すなわち、一旦、組織コミットメントを高めることができると、従業員の心理や態度として職務満足よりも安定的に維持されるということを意味している。

— 139 —

第5章 福利厚生は従業員心理にどう作用するか

職務満足が職場環境の変化などによって相対的に急変する可能性が高いのに比べると有り難い特質といえるだろう。また、この点が、従業員個人レベルでの自発的離職行動、ひいては組織全体での人的資源の流動性のリスクをより正確に予期するチャンスを与えてくれることになる。要するに、組織コミットメントの平均値が大きく低下し始めると、いずれ大量の自発的退職者が出る可能性が高いということである。もちろん、離職行動だけではなく、組織に対する貢献、モラールなどに対してもその先行要因として組織コミットメントが有効なものであることが多くの研究によって実証されてきている。

組織コミットメントは、人的資源管理においては、今や職務満足以上に重要な管理指標、目標指標といってもよいだろう。

2 組織コミットメントの構成要素

福利厚生が重要な役割 この組織コミットメントと福利厚生制度との関係については、マクロ、ミクロの両面からこれまで何度も指摘されてきた。

例えば、八代（1998）は「日本的経営システム（「手厚い福利厚生制度」を含む）の結果、従業員にはきわめて強力な組織コミットメントが形成され、これが日本経済の成長を支えてきた」とし、また、田尾（1997）は強い組織コミットメントを持つ「会社人間（福利厚生制度がこの類型の形成に一役買っている）」の研究から「わが国の経済成長は、正規従業員用に膨大な量の組織コミットメントを調達することによってなし得た」と指摘するとおりである。また、江（2001）が強い組織コミットメントを持つ「会社人間」の形成プロセスを検討する中で「手厚い福利厚生制度の範囲

— 140 —

第5章　福利厚生は従業員心理にどう作用するか

の広さも日本企業の特徴である。社宅・寮、住宅ローンや各種の手当などに象徴されるように、個人の全生活領域に企業が深く関与している」と直接制度を取り上げて述べている。

組織コミットメントの内部構造

　どうやら、これまでのわが国の経済成長を支えてきた「日本的経営」というシステムにおいて、福利厚生制度が従業員の高い組織コミットメントを引き出す上で重要な役割を果たしてきたとみることができるようである。

　福利厚生制度のこれからのあり方を考えるとき、この組織コミットメントなるものを活用することが重要であるが、このときに、まず注目しなければならない点は、その内部構造である。すなわち、組織コミットメントには内部的な構造があって、より下位次元の要素があることである。換言すれば、組織コミットメントはさらに複数の下位概念から構成されているため、より具体的な議論をするためにはそれを知る必要がある。先の職務満足のような単純な構造ではないのである。

　この点について近年の研究では、組織コミットメントを3つの下位次元に分類したMeyer & Allen（1991）の研究が注目されている。彼らは、組織コミットメントの構成要素として「情緒的要素」「存続的要素」「規範的要素」の3つをあげている。

　「情緒的コミットメント」は、組織への感情的な愛着や価値観の同一化といった側面での繋がりであり、一方で「存続的コミットメント」は、組織を離れることから発生すると認知される広義のコストあるいはリスクとの関連で発生するコミットメントを指す。3つ目の「規範的コミットメント」は、社会的規範にしたがおうとするもので、組織に残る義務・責任として認識されるコミットメントと定義されている。

　要するに、情緒的コミットメントとは、好きか嫌いか、愛着があるかないか、さらにはその組織の理念や価値観に共鳴できるかといった感情を示すものであり、2番目の存続的コミットメントと

第5章 福利厚生は従業員心理にどう作用するか

は、この組織にいること、あるいは離れることが自分にとって損なのか、得なのかという損得勘定の評価があらわれたものである。ただし、ここでは経済的な損得だけではなく、やっと馴染んだ職場での人間関係や顧客との親密な関係なども失うといった辛いコストのひとつと認知される。「好き嫌い」と「損得」を分けて考えようという発想である。

最後の規範的コミットメントは、それらとはまた違って「べきだ」というニュアンスのものである。つまり、企業に対する忠誠心や義務感とも近似し、社会的価値観を背景にすると考えられるコミットメント要素であって、組織に定着すべきであり、貢献すべきなのだという信念に近いものがある。「二君に見えず」といった日本的な就業価値観とも近似する。

この3つの組織コミットメントはかなり性格の異なるものだが、これらの要素がそれぞれ強弱を持ちながら統合されることで従業員の総体としての組織コミットメントが決定されるわけである。

さて、この3つのコミットメント要素を前提としたときに、福利厚生制度はこれにどのように関係しているか、さらには、この組織コミットメントを高めるために福利厚生制度はどのような貢献ができるのか。この点については次に、詳細に検討したい。

（注）田尾（1997）は、組織に対して過剰に同調し、しかも過剰に組織に取り入れられることに無関心であったり、異議を示さない人を「会社人間」と命名した。

— 142 —

四 組織コミットメント形成への福利厚生の役割

1 存続的コミットメントの特性

存続的要素と福利厚生 前節で、今後の人的資源管理における目標概念として最も注目すべきとの評価が高い「組織コミットメント（organizational commitment）」について紹介した。自社の中によりよい Productive Worker を醸成するために組織コミットメントの形成をいかに促してゆくかが人的資源管理における重要な課題となりつつある。

同時に、この組織コミットメントの形成に対して福利厚生制度がかなり有効なものであり、賃金などの他の報酬と比べても独自の影響力のあることが徐々にわかってきた。ひとつの方向性として、この組織的コミットメントをこれからの福利厚生制度の制度編成やマネジメントのための評価基準とすることを検討する必要があるだろう。

ただし、これまでのコミットメント研究の成果によれば、組織コミットメントには構成要素として「情緒的要素」「存続的要素」「規範的要素」の3つの下位要素があり、それぞれが別個のユニークな性格を持つことが明らかになってきた。つまり、組織的コミットメントならばなんでもよいというわけではなく、人的資源管理にとってより有効性の高い要素を見極めた上で、焦点を合わせた対応を行う必要がある。

また、この3つの要素との関係において福利厚生制度には誤解されてきた側面があるというのが筆者の認識である。つまり、3要素のうち一番評価の低い「存続的要素」と福利厚生制度との結びつきが深いのではないか、という一般的な見方が根強いと思われる。

この「存続的（continuance）要素」とは功利的要素や打算的要素（calculative）とも呼ばれるものだが、経営組織の活性化、人的資源のパワーによる企業業績の牽引といった近年の重要なテーマが検討される文脈の中では、あまり評判がよろしくない。確かに、企業との関係にあって、経済的、非経済的の両面で損得勘定だけを考えて行動するタイプの従業員像というのは組織にとってはあまり有り難くない印象を与える。要するに、「利用できるうちは最大限利用するために組織にとどまるが、利用価値がなくなったら、転職する」といった行動がどうしても想定されるからである。

福利厚生制度は、これまでこうした功利的なコミットメントだけを強く引き出しているのではないかと疑われてきたように思われる。

ヘビーユーザーによる独占

確かに、福利厚生制度の運営上の問題として、従来指摘されてきたものとして「利用者の偏在」がある。例えば、レクリエーション制度などのヘビーユーザーとなり、その恩恵を過剰に享受しているのではないか。一部の従業員だけがある制度のヘビーユーザーとなり、その恩恵を過剰に享受しているのではないか。例えば、レクリエーション制度などにおいて、組織に貢献しているハイ・パフォーマー（高業績従業員）が業務多忙のためにほとんど利用できず、本来ならば彼らに最も身体的、精神的なリフレッシュが必要であるのに時間的な問題やヘビーユーザーの独占によって利用できない、といった状況である。会社を、打算的に利用し尽くしてやろうと考える従業員にとって福利厚生制度は格好の対象となってしまう。このヘビーユーザーに代表される従業員像が、高い存続的コミットメントを持つ典型的な従業員とされてきたのである。

第5章　福利厚生は従業員心理にどう作用するか

2　情緒的コミットメントの価値

情緒的コミットメントの向上　近年の研究者たちの議論の中では、組織にとって最も価値が高い

存続的コミットメントの限界　やや図式が単純すぎるきらいはあるが、確かにこれに近い状況がわが国の企業の中にあることは間違いないだろう。すなわち、福利厚生制度が従業員の功利的側面を刺激してしまい、そのことによってのみ離職せずに企業にぶら下がろうとする、経営にとってあまり好ましくないコミットメントを形成してしまうという点である。これは、福利厚生制度とワークモチベーションとの関係性に関する研究者からの指摘とも通ずるところとなる。

太田（1994）は「手厚い福利厚生制度によって安定して生活を保障する。それらは主として低次欲求、衛生要因を満たすものとして消極的な意味で動機づけにつながる」とし、また、山田（1983）は「個人はその時間の大部分をひとつの組織に捧げている場合、衣食住の生理的必要があるので物質的誘因が存在することが必要である」と述べた。そして土屋（1979）は「日本の企業、とくに大企業の中で一般的に見られる福利厚生施策と社用交際費の使用などさまざまな形でのフリンジ・ベネフィットが、企業の中で充足されるべき欲求の数を増大させた」とした。

これらの指摘は、福利厚生制度が比較的低次の欲求、すなわち生理・安全欲求や物質的な職場環境である衛生要因などを充足するものであり、最低限の生活保障や不満を解消することには有効だが、それ以上のものではないことを示唆している。当然、そこにある従業員心理は、生活や家計といった現実的な問題をいかに解決できるかという功利的な意識になると考えられるわけである。

では、存続的コミットメントではなくて、いかなるコミットメントを目的とすべきなのか。

— 145 —

第5章　福利厚生は従業員心理にどう作用するか

図表5-2　福利厚生の情緒的コミットメント形成への影響力

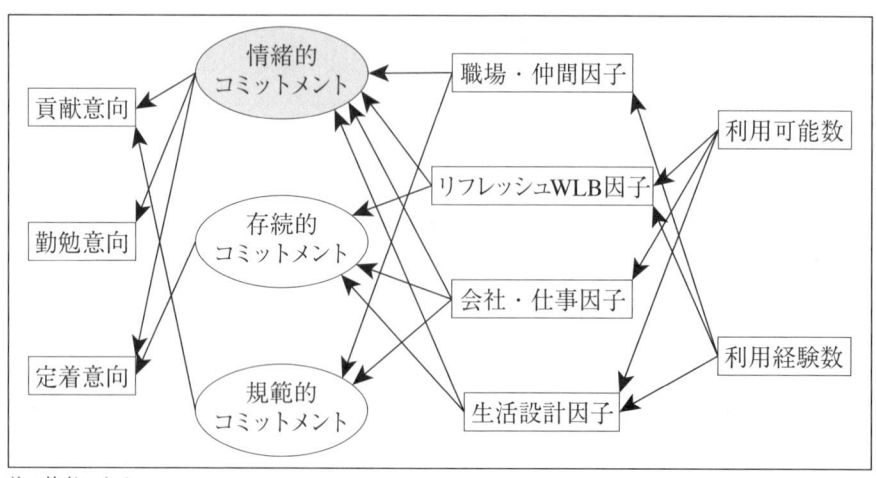

```
                  職場・仲間因子
    貢献意向    情緒的
              コミットメント         利用可能数
    勤勉意向           リフレッシュWLB因子
              存続的
              コミットメント
    定着意向           会社・仕事因子    利用経験数
              規範的
              コミットメント  生活設計因子
```

注：筆者による

のは「情緒的コミットメント（affective commitment）」である、という議論が主流となっている。所属する組織の理念や価値観に共鳴し、その実現に少しでも貢献しようと自発的な行動を取ろうとする従業員像である。損得勘定ではなく、所属する組織が好きだから、そして価値が共有できるから自ら進んで貢献するといったタイプのコミットメントである。

組織の成長・発展に対して自律的な貢献をしようとする従業員は、組織内にあってリーダーシップを発揮し、困難な創造的な業務を担う人材となる。現在の企業経営の中で最も求められている人材であることは、ここで改めていうまでもないだろう。

したがって、いかにして情緒的コミットメントを高めるかが、これからの人的資源管理の最大のテーマになるといってもよいのではないだろうか。

福利厚生制度の役割　では、福利厚生制度は、この最も価値ある情緒的コミットメントの形成に対して、影響力を持つことができるのか。この点については残念ながら理論的にも、実証的にもまだよくわかっていないのが現状である。所属組織に対して愛

— 146 —

第5章　福利厚生は従業員心理にどう作用するか

着を持つこと、好きだ、という感情や態度を引き出すことに福利厚生制度が役立つことができるのだろうか。

筆者が行った実証分析では、面白い結果が出ているので紹介しておきたい。図表5－2は、従業員調査をもとに実際の制度の利用経験・利用可能だという認識を出発点とし、福利厚生制度と従業員ニーズの合致度、そして3つの組織コミットメント、さらには組織への定着や貢献意欲といった態度などを測定した変数を因果関係の出発点とし、相互の因果関係の存在を検証したものである。

結論だけを述べると、福利厚生制度は確かに「存続的コミットメント」に対して明確な影響力を持つものだが、同時に「情緒的コミットメント」に対しては、それ以上に多面的で、強い影響力を持つことが明らかになった。そして付け加えると、情緒的コミットメントは、やはり貢献意欲や勤勉性など、企業にとって価値ある従業員態度をもたらすことも検証することができた。

この分析結果の詳細も含めて、福利厚生制度が情緒的コミットメントに対してなぜ有効であるのか、という点について次節で検討を加えたいと思う。

— 147 —

五 情緒的コミットメント形成への有効性

1 福利厚生の見直しに抵抗

 福利厚生制度は所属する組織や企業に対する従業員の感情的愛着や理念や価値観の共有を得るために、福利厚生制度はどのように機能すればよいのだろうか。

ここでヒントとなるかもしれない、面白い事例を紹介しよう。

日本中の誰もがよく知る京都にある精密機械メーカーの例である。多くの製品において世界的なシェアを持ち、次々と革新的な研究開発を成功させている企業である。しかし、半導体不況や円高の影響に直撃されてしまい、創業以来の厳しい決算を余儀なくされたことが1990年代にあった。赤字無配決算である。このとき、将来の市況の回復を期待することは難しく、やむなく大規模なリストラ、社内での広範囲なコスト削減に取り組むこととなった。賃下げや希望退職など、この優良企業としてはかなり思い切った対策に踏み込むこととなった。従業員、そして労働組合もこうした厳しい経営環境に対して一定の理解を示し、労使協調路線での経営体質の改善に乗り出したのである。当然、このような動きの中で、福利厚生制度も大幅な見直しをはじめ、各制度の給付水準の見直しなども広範囲に行われた。つまりは全社的にやむを得ない流れとして受け止められていたのだ。社宅・独身寮の大幅な削減・縮小をはじめ、各制度の給付水準の大幅な見直しを余儀なくされた。

である。

共有体験へのコミットメント

しかし、福利厚生制度に関してひとつだけ、強い抵抗が社内全体から湧き上がった。それは、自社所有の京都市内の古い保養所の廃止、取り壊しに対してであった。筆者は写真で施設の外観を拝見したが、木造の古い建物で、決して最近、他社でみられるようなリゾート風な近代的でおしゃれなものではない。

厳しい経営環境に直面する中で、大幅なコスト削減、人件費圧縮もやむなしとする労使のコンセンサスがあった中で、雇用調整や賃下げを受け入れた従業員が、なぜ特定の福利厚生施設にこれほどに執着したのだろうか。

この施設は、創業当時からあった伝統のある保養施設で、これまで多くの従業員に愛用されてきたようである。本社とも近く、利便性が高かったことから、歓送迎会での利用など社内のイベントがあるたびに活用されてきたといった経緯がある。つまり、多くの従業員、そしてOBたちが様々な職場生活の思い出を残した施設だったようである。多くの従業員にとって、サラリーマン人生の節目節目での体験を共有した場所だったともいえる。換言すれば、この保養施設をひとつの媒介しながら、職場やそこでの仲間への強い情緒的コミットメントが形成されてきたとみることができるだろう。バブルの頃、豪奢を競った多くの保養所が、今や次々と低価格で売却され、人手に渡っている。そうした大多数の施設に比べて、実に珍しいケースといえるだろう。

結末としては、従業員からの思わぬ反発に驚いた会社側や労働組合は、施設はそのまま今後も利用できるものとし、会社所有の形態を健康保険組合の保有・管理とすることで納得してもらったのことである。従業員の施設への愛着、つまりはそこに存在した和気藹々とした職場の仲間たちとの共有体験へのコミットメントがリストラという大きな波をくぐり抜けさせたというわけである。

第5章 福利厚生は従業員心理にどう作用するか

職場対抗綱引き大会が復活 よく似た話を、都内の大手百貨店の労働組合幹部の方からも、うかがったことがある。

バブル崩壊後の景気後退が長引く中で消費は低迷し、当業界は早くから厳しい経営環境に直面してきた。この中で、大手の倒産や救済的合併なども起こり、危機的状況にあった。手厚かった福利厚生制度の多くが廃業である百貨店にとって総額人件費の圧縮は避けて通れない。手厚かった福利厚生制度の多くが廃止・縮小された。

そうした時期が長く続いた後、最近になって伝統的なイベントのひとつを復活させたという。それは、なんと職場対抗戦形式の「綱引き大会」だった。何年かぶりに開催されたこの伝統行事に職場の人たち、派遣の人、パート・アルバイトの人など様々な人たちが集まり、主催した側が驚くくらいの盛り上がりをみせたそうである。仕事を忘れ、上司も部下もなく、懸命に綱を引く光景が目に浮かぶではないか。そして、その幹部の方、いわく、その後は職場の風通しが非常に良くなり、互いに気軽に声を掛け合うようになって職場の一体感が大いに高まったと。

2 情緒的コミットメントの可能性

仕事以外の活動を支援 職場のレクリエーション・イベントもバブル崩壊後ずいぶんと廃止されてきた。確かに、業績が下降線をたどる中で、浮かれている場合ではない、という雰囲気が職場を支配したことは容易に想像がつく。しかし、前2社の事例は、価値ある情緒的コミットメントの醸成にひとつの福利厚生制度が貢献したケースとみてよいだろう。決して打算的な存続的コミットメントではないはずである。

— 150 —

第5章　福利厚生は従業員心理にどう作用するか

こうした福利厚生制度に代表される職場での仕事以外の活動（Non Work）が組織コミットメントの形成に与える効果についてはいくつかの先行研究もある。

最も代表的なものとしてCohen & Kirchmeyer（1992）の実証研究が有名である。この研究では、従業員のNon Workへの参画に対して企業が支援を行うことが、組織コミットメントを高める要因となっていることを検証した。その中では具体的な福利厚生制度としてFamily Care, Child Care, Recreationなどが取り上げられている。

どうやら、従業員から所属組織に対する情緒的コミットメントが形成されるひとつの側面としてNon Workすなわち仕事以外の側面での仲間との触れ合いや、家族との良好な関係づくりをいかに支援してくれたか、という点が重要な側面になっているのではないかと考えられる。こうした人間関係的側面、生活的側面については、古くは「ホーソン実験」で証明されたとおりであるが、改めて組織コミットメント、特に企業にとって価値ある情緒的コミットメントを引き出すためにも有効なアプローチとなることがわかってきたのである。

そして、こうしたNon Work（特に、そこでの職場仲間との触れ合いなど）→情緒的コミットメントの醸成、というメカニズムが存在するとすれば、福利厚生制度が貢献できる局面は非常に広いと考えられる。換言すれば、賃金や退職金といった金銭給付型の報酬では真似のできないところであり、福利厚生制度が独壇場として活躍すべき局面といってもよい。

金銭給付のジレンマ　情緒的コミットメントとは、単純にいえば「会社が好きか、嫌いか」「愛せるか、愛せないか」という感情的な評価尺度である。これは功利的に、つまり、経済的に「役立つか、役立たないか」、今の言葉でいえば「おいしいか、そうでないか」といった評価尺度とは決定的に異なるものである。

— 151 —

金銭給付は後者の評価に対しては有効だが、前者の情緒的コミットメントに繋がる評価については未知数である。特に、成果主義が浸透する過程で、高い業績をあげて高賃金を獲得した従業員にとっては「好きだ」という感情が生まれるかもしれないが、当然、このシステムは敗者も発生させることになり、彼らが同様の感情を持つことはあり得ないというジレンマを持っている。

　その点、福利厚生制度では全ての従業員から「好かれる」ための工夫の余地は大きい。先の事例でみた、古びた保養所の存続や社内の従業員のためのイベントの復活などは、近年のコスト中心主義の中で、軽視され、排除されがちである。しかし、表層的なコストだけをみてしまい、貴重な情緒的コミットメントを得る機会源泉を失っているかもしれないことに気づく必要があるのではなかろうか。

六 情緒的コミットメントはどう形成されるか

1 「返報性」のメカニズム

心理学からのアプローチ　さて、前節では、従業員から「愛される」組織、正確に表現すると、勤務する従業員の「情緒的コミットメント」の高い組織をつくるために、福利厚生制度がかなり有効な手段となる可能性がある、という議論をした。

そして、この情緒的コミットメントの高い従業員たちはただ単に、組織に定着するだけでなく、勤勉に働こうとし、さらには少しでも組織の発展に貢献しようとする、企業にとって実に有り難い態度を持つことになる。

しかし、もう少しよく考えてみると、なぜ福利厚生制度によってそうした情緒的コミットメントといった感情や態度を高める効果や、組織に貢献しようとする効果がもたらされるのだろうかという素朴な疑問も湧いてくる。

一体、そこにはどのような従業員心理が作用しているのか。また、このような効果は賃金や退職金などの他の報酬制度と比較して、福利厚生制度に特有なものなのだろうか。もし、そうであるとすれば、それもなぜなのか。こうした純粋な人間心理の部分を解明するには心理学の助けを借りることがどうしても必要になる。

— 153 —

第5章　福利厚生は従業員心理にどう作用するか

人間が何かを「好き」になるときには様々なパターンがあるようだが、このケースでは心理学において「返報性（reciprocity）」あるいは「好意の返報性（reciprocity of liking）」と呼ばれている心理的メカニズムから説明することが最も適当と考えられる。

心の返報性の法則は「好意的な言葉や行動には好意的な印象を持つ（好きになる）、悪意や反感に対しても同じように返そう（嫌いになる）」とする反応がある」と定義されている。要するに「ギブ・アンド・テイク（give and take）」の心理という見方もできるだろう。

ある実験が実証するもの　この「返報性原則」は、次のような面白い実験によって実証されたことがある。

まず、ある映画の試写をみてもらってその感想をアンケートに応募してきた。ここに数人の学生アルバイトを募集した。ここに数人の学生アルバイトが応募してきた。応募者の中からランダムに選んだ数人に被験者として映画をみてもらうことにする。ここにひとりのサクラ（実験を主催する先生の助手）もバイトを装って参加させ、一緒に映画をみせる。他の人は自分たちと同じバイト学生だと信じ込んでいる。

映画をみてアンケートに答える仕事をした後、一旦、休憩時間に入る。すると、そこで予め計画していたとおり、サクラの助手がコーラを数本買ってきて、真の被験者の一部数名だけに「余分に買ってしまったのであげるよ」といって手渡す。もちろん、真の被験者の誰もサクラの助手にコーラを買ってきて欲しいと頼んだわけではない。ムリに押しつけられてしまう形になる。そして、残りの被験者にはコーラをあげない。さて、バイトとしての仕事が終わった後で、今度はサクラの助手は真の被験者の全員に対して「あるパーティのチケットが余って困っている。買ってくれないか」とお願いをする。それはさして魅力のあるパーティではない。すると、コーラをもらわなかっ

— 154 —

第5章 福利厚生は従業員心理にどう作用するか

た被験者のほとんどがその願いを断ったのに、コーラを受け取った被験者は高い確率でコーラ代金の何倍もするパーティのチケットを買ってしまったのである。たとえ、それが望まない「プレゼント」であっても、返報性原則の強力な威力によってパーティ券を買うという好意を示したことになる。

また、この実験では、予め被験者同士（助手を含む）の好き嫌いの第一印象についてもアンケートを取ってあったのだが、サクラの助手に好意を感じた人よりも、好意を感じていないがコーラをもらった人の方が、パーティ券の購入という好意を示す確率が高いという結果となった。それほど、返報性の影響力は強いということができるだろう。

福利厚生制度を企業から従業員に押しつけられた「コーラ」と同様のものとみなすことについては大いに反論もあろうとは思うが、心理的メカニズムとして実に良く似ている。

「借り」を感じることの心理　福利厚生制度は、新入社員として会社員になったときから次々と給付される。独身寮、社員食堂、保養施設等々、まだ会社に何も貢献できていない若い段階から平等主義の原則によって利用できるケースが多いのである。つまり、さっきのコーラと同様に、企業から従業員に対して一方的に、そして先行的に手渡されることになる。結果として、従業員として貢献以上の様々な恩恵に対して心理的な「借り」を感じることになる。これこそが「返報性の心理」となる。

当然、この心理的な「借り」をできるだけ早く返そうという心理が強く働くことになる。それは勤勉な労働であったり、長時間労働であったりするだろう。あるいは、企業に対する忠誠心という形にもなる。さらには「情緒的コミットメント」という、組織を好きになるという形で返報することにもなることがあると考えられる。

2 福利厚生がもたらす「返報性」

金銭給付は後発的な作用

また、重要な点は、賃金や退職金などの他の報酬間との比較において、この返報性原理の作用の仕方が異なることである。賃金や退職金などは、まず従業員側が先行的に労働や長期間の勤続という形で組織に対して効用を与えることから話が始まる。したがって、その対価として支払われる賃金や退職金を従業員は、「後から」受け取ることになる。つまり、先に「貸し」をつくり、後ほど「貸しを返してもらう」という心理が働きやすい。要するに、支払われた段階で両者の心理的賃借関係の精算が終了したと認識されやすいものと考えられる。これらの金銭給付は、労働対価性が相対的に明確なものだからである。

また、最近では、成果主義、能力主義といった具合に、差別的な形で対価性がさらに明確化されてきていることも、福利厚生制度に比べて返報性原理を使うことをますます難しくしていることだろう。

換言すれば、賃金や退職金は「もらって当然」と思い、もらったときに「貸し借りはなくなった」と感じるため、与えてくれた組織に対して特に感情的な好意、情緒的コミットメントを形成させる返報性の効果が弱いものになると考えられる。

一方、先行的に、平等主義、リスク発生主義で従業員に手渡される福利厚生給付に対しては、従業員は心理的な「借り」を感じやすく、その「借り」を返すために組織に対して好意的な態度を取るように作用することになるわけである。

共存のための自然感情

間宏氏はその著作『日本的経営の系譜』の中で、終戦直後、高度成長が

第5章　福利厚生は従業員心理にどう作用するか

始まろうとする直前の貧しい時期において、経営者が恩恵的に行った福利厚生給付とそのときの従業員心理について次のように述べている。「社会保障がほとんど存在せず、かつ貧困な農家から押し出され、不安定な立場に置かれていた多くの労働者にとって、経営帰属意識を高めることに役立ったであろうことは想像に難くない」。

返報性原則などと表現すると何か特別の感情のように思えてくるが、人間が本来持っている他人と共存する社会の中で生きるための自然な感情といってよいのだろう。

ともあれ、組織に対して従業員の好意的な態度、言動を引き出すために福利厚生制度にできることは少なくない。いや、むしろ、従業員の心理的なメカニズムを考えると、それは福利厚生制度の最も得意とするところといってもよいのである。この強みをうまく活かさない手はない。

本章第1節で「満足している従業員ほど生産的である」という格言を紹介したが、いまや「（従業員に）愛される組織ほど生産的、競争的である」という言葉も付け加えなければならない時代ではないだろうか。福利厚生制度の責任は重い。

七 従業員心理からみた「愛される組織」とは

1 「いかに愛されるか」のマネジメント

組織からの認知がポイント 前節の議論の結論からすると、従業員に愛される組織こそが、強い情緒的コミットメントを集め、高い生産性や創造性を発揮する可能性があると考えられるわけだが、では、そうなると当然、次の段階としては「いかに愛されるか」が重要な組織側のマネジメント問題となる。

この一種の恋愛ゲームに成功することは、実は男女のケースよりも容易なことではないように思われる。なぜなら、一対一の関係ではなく、一対多数間(ひとつの組織と、そこに属する多数の多様な従業員)での成就を目指す必要があるからである。つまり、様々な価値観を持った多くの従業員から同時に愛されなければならないわけである。これはなかなか難しいことだろう。

また何より、利害関係を伴う労働力の交換という経済的な取引が両者の関係の根幹にあることも難点となろう。対立的な構図の中で恋愛関係をつくることは難しい。

ところが、組織と従業員という、この難しい恋愛を成功させるために大いにヒントとなりそうな研究結果がいくつかある。福利厚生制度の役割や存在価値を考える上で非常に興味深いものなので紹介したい。

第5章　福利厚生は従業員心理にどう作用するか

この組織と従業員間の恋愛関係を成功させるための鍵となる最も重要なポイントは「従業員側の認知（recognition）」に注目することのようである。この認知とは「組織に（自分や自分の仕事が）のようにみられているか」ということに対する従業員自身の認知である。Buchanan（1974）、Steers（1977）の2人の研究者はいずれも、この点について興味深い成果を残している。

重要な存在であることの伝達

それは、従業員が「自分が組織にとって重要な存在である、必要である」と認知できたときにコミットメントが高まるという因果関係である。要するに、組織側が「（自分のことを）大切に思っている」から、従業員もそれに応えるようにコミットメントを与えるという構図である。つまりは「好かれているようだから、好きになる」という心理的メカニズムであり、感情的反応といえる。これが、組織が従業員からの情緒的コミットメントを得るための第一歩となるわけである。

そうなれば次は、重要な存在、大切な従業員であると組織が認めていることを、いかにうまく表現し、従業員に伝達できるかということがマネジメントとしての課題となってくる。

この点についても大いに参考にできる研究がある。

認知がもたらす効果

Eisenberger et al.（1986）の研究は、福利厚生制度にとって直接的な関連性を持つもので、注目すべきである。彼らは「組織からの支援の認知（perceived organizational support）」と組織コミットメントとの間に明確な関連性が存在することを実証的に明らかにした。

この「組織からの支援の認知」という概念は「組織が所属するメンバーの個人の幸福にどの程度、価値づけするか」、そしてさらには「所属するメンバーの個人の幸福にどの程度関心を持ち、注意を払っているか」ということに関する従業員の認知を意味するものとされる。

この発見は福利厚生制度にとって非常に貴重な意味を持つ。従業員の個人としての幸福、つまり

第5章 福利厚生は従業員心理にどう作用するか

ハッピーな私生活を支援しようという対応は過ぎし時代の福利厚生制度の発想の中に確かにあったからである。

Eisenbergerたちは、組織のメンバーである従業員がこの「組織からの支援の認知」を得ることによって自らの欠勤行動を抑制させることを証明したのである。

欠勤とは、有給休暇などと違って約束されていない業務からの離脱であり、恋愛関係として考えてみると、約束したはずのデートを一方的にすっぽかす、といった行為といってもよいだろう。明らかにあまり組織を愛していない状態とみることができる。逆に、ちゃんとデートの時間に待ち合わせ場所に駆けつけるということは、まだ愛されている可能性が高いということにもなる。認知によって、組織は愛してもらえる可能性を得ることになるといってよいだろう。

また、この研究の中でも最も興味深いところは、認知が単に組織に対する愛着を高めるだけでなく、同時に、強く「組織からの支援の認知」を持つことになった従業員層では、情緒的コミットメントが高まることが明らかにされ、その帰結として仕事に関する行動で組織に報いようとすることが発見されている点である。

まさに前節で紹介した「返報性の心理」が実体化した行動といってよいだろうし、「愛される組織」が強い組織、競争力を持った組織となるメカニズムを示している。

2 今こそ再考すべき組織と個人の関係

仕事以外の領域への支援とは正の相関 この Eisenberger et al. の研究内容と近いもので比較的新しい成果としては、以前にも紹介したCohen (1995) の研究がある。

— 160 —

ここでは組織に所属するメンバーが、組織が「仕事以外の領域でどれほど支援をしてくれるか(organizational support for nonwork)」という認知と組織コミットメントの間に正の相関があることを明らかにしたのである。

これらの研究者たちの成果を総合すると、色々なことがわかってくる。つまり、愛される組織にいかにしてなれるのか、個人と組織の恋愛を成就させるために何をやるべきなのか、といった点に関してである。

いくつかのキーとなる概念が登場している。

組織に「大切に思われているという従業員側の認知」、さらには「組織からの支援の認知」や「仕事以外の領域での支援」。これらの3つのポイントを同時に満足させる対応が企業内にある何によって可能となるか。改めていうまでもないのだが、これはまさに福利厚生制度にしかできない役割である。

置き去りにされた日本的経営

バブル経済が崩壊して1990年代に長い景気後退のトンネルに入ったわが国の企業の多くは、厳しいグローバル競争に直面しながら、なんとかしてそのトンネルを抜け出そうとあがいた。

そこで、多くのものを捨て去り、また多くのものを十分な吟味をせずに受け入れてきた。「日本的経営」と呼ばれたひとつの経営モデルは、グローバル時代には適応できない陳腐化したモデルとして扱われ、置き去りにされてきたといえるだろう。その一方で「グローバル・スタンダード」という新しいベクトルを追い求める中で、企業と従業員との関係性をよりドライなものへと変質させようとした。

それまでのファミリー(経営家族主義)という、どちらかというとウェットな関係が、一夜にし

— 161 —

第5章　福利厚生は従業員心理にどう作用するか

て、ビジネス・パートナーというドライなものにしようというスローガンに豹変する。この変化を多くの作業員たちは目の当たりにすることにもなった。

愛される組織とは何か、そのために何が必要となるのか、何をやるべきかという議論を続けてきたが、筆者の感想としては、もう一度原点に戻って組織（企業）と個人（従業員）の関係を考えなければならないのではないか、ということである。

恐らく、ドライかウェットかという議論ではなく、愛される組織か、そうではないかという議論が必要ではないだろうか。日本らしさを持った独自の関係性が追求されなければならないはずで、そこには福利厚生制度が登場しなければならない局面が大いにあるに違いない。

組織と個人がもたれ合いではなく、建設的な関係として「相思相愛」となることによって、今日的な意味でWin―Winの関係を築くことになるものと考えられる。それは、流通業では顧客の接点においてであり、また、製造業ではモノづくりの現場においてである。新しい価値を生み出し、それを企業の持続的な競争優位に結びつけるためにも、この恋愛の成就を願いたいものである。

八 企業と従業員との新しい関係をどう築くか

1 新たな心理関係への発想の転換

新たな心理関係と日本的経営 これまで、企業の福利厚生制度の展開によって得られる従業員の態度や心理状態について色々と議論を行ってきた。満足感やコミットメントなどの好ましい態度や心理状態を企業が得るためには、良好な相互信頼関係を労使間に形成することが求められることを指摘した。

しかし、こうしたこれまでの一連の議論を通じてのひとつの大きな疑問は、1960年代から70年代に隆盛をきわめたとされる「日本的経営」の中に存在した労使間、つまり個人(従業員)と組織(企業)との心理関係と、本章において新たに福利厚生制度の活用を通じて形成を急げと主張する心理関係とが同質のものか、異質なものかという点である。

仮に、同質的なものであるとするならば、以前に存在した関係に復帰、復縁すればよいということになり、比較的容易な対応となる。すなわち、経営家族主義の再現である。しかし、それが家族をメタファ(隠喩)とするものではなく、前節で使ったメタファである男女の恋愛関係に近いものであるとするならば、恐らく多くの日本企業にとっては未体験のものとなり、発想の転換が求められるという点で難易度が高い対応になると考えなければならないだろう。

いずれにしても、親子的関係の復活なのか、新たに他人同士の恋愛関係を築くのか、どちらを目指

— 163 —

経営家族主義発生の背景

間（1963）や宮坂（1999）らによれば、親子をベースとする経営家族主義とは、端的に表現すると「従業員に対する温情的生活保障政策であり、その実体は家族的温情主義である（宮坂）」とされ、その中核部分の温情主義を「主として経済力の差に基づいて、資本家・経営者が従業員に対して個人や組合の要求を受ける以前に自発的、好意的に生活上の施策を実施する考え方（間）」と定義される。

「こうした施策を比較的はやく打ち出したのは、鐘紡、国鉄、王子製紙などであり、それらは、社会保障がほとんど存在していなかった当時、貧困な農家から押しだされ、経済的に不安定な生活を余儀なくされた多くの労働者に、経営帰属意識を高めるために大いに役立った（間）」とする。また、さらに遡ると明治に発布された民法（1898年）によって、血縁者だけが家族として認められるようになったことが経営家族主義を表出させる契機となったとも指摘される。江戸期など、（非血縁者である）奉公人が、制度的にはイエから排除されることになったのである。その対抗策として、経営者にとっては奉公人を従業員として「イエ」（⇒企業）に繋ぎ止めて置くために新たなイデオロギーが必要になったわけである。

恐らく、このような背景を持った経営家族主義が従業員心理にもたらしたものは、親子関係における子供の心理に近いものであろう。つまり、無差別に扶養される、愛されるという安心感であり、きわめて安定的な帰属意識である。もちろん、その対価として従属義務があり、滅私奉公的な貢献を当然のことと受け入れざるを得なかった点も忘れてはならない。

2　経営家族主義から経営恋愛主義へ

経営家族主義の限界

しかし、このような関係を復活することができるのか、さらには復元すべきなのか、ということは慎重に考えなければならないだろう。

まず、経営家族主義が力を発揮した背景には安定的な経済成長の時代があった。そこでは終身雇用と呼ばれた暗黙的な長期雇用保障があり、同時に年功賃金といわれる漸増的な所得保障という2つの基本的な保障システムが成立し得ていたことである。

周知のとおり、高齢化した先進国として厳しいグローバル競争に直面するわが国の企業が、高水準での人件費の固定化を招くこうした保障システムを再現することはごく一部の企業を除いては難しいのではないか。また、高い付加価値生産性を求めざるを得ないわが国の企業が、親子関係的な温情主義による盲目的な忠誠心を欲しているとも考えづらいし、ともすればフリーライダー（タダ乗り）を発生させ、従業員の企業への依存心を醸成しやすいイデオロギーを受け入れることを拒否する可能性が高い。

親子的温情主義からの脱却

求めているものは、創造性を喚起させる従業員の緊張感や競争意識であり、強い自律意識を持ったプロフェッショナルとしての従業員である。リクルート社が定番といえる伝統的な福利厚生制度の全てを廃止したときに「リスクを取って事業創造を目指すプロフェッショナル（従業員）が生活基盤を保証されるということには自己矛盾がある」と断定したように、親子関係における従業員の心理には、今日、強く求められているプロフェッショナリズムや、「出る杭」となって大きなイノベーションを実現する心性を期待することが難しいという認識が支持さ

れつつある。

したがって、親子的温情主義に基づく個人（従業員）と組織（企業）との心理的関係に戻ることは困難であり、また戻るべきではないという結論が導かれるのである。やはり前節で用いたメタファである他人同士の健全な恋愛的心理関係が目指すべき方向であるということになる。

緊張感の中に可能性

この関係においては、どちらかに期待した魅力がなくなれば、あるいは誠実さがなくなれば関係そのものを失いかねないという緊張感を維持することができる。特に、近年の労働市場の流動性の高まりの中では互いに何度もパートナーを選択する機会が与えられる。こうした緊張感には、日本的経営への批判、すなわち「もたれ合い」といわれた好ましくない共存依存症を招く危険性も低い。また、この緊張感をうまくマネジメントできれば企業が求めているプロフェッショナリズムとも通じるものとなり得る。企業にとって親子関係の解消には社会的批判などを含めて抵抗が強くならざるを得ないが、恋愛関係となれば比較的容易にコントロールが可能であり、人件費の固定化の恐れも相対的に低いと考えられる。

親子という、いわばタテの心理的信頼関係は、同質的で凝集性の高い集団主義を形成させ、それによって世界に誇る日本製品の高い品質を実現させたのである。当時の先進国にキャッチアップするためには最適な心理的関係だったといえるだろう。しかし、日本が経済的にフロントランナーとなり、高い付加価値生産性を目指さざるを得なくなった今日においては、高度な専門性に支えられたプロフェッショナリズムを組織全体で醸成させ、さらにはイノベーションを誘発させるような組織特性を構築するためには、「親子関係」ではなく、「対等な他人同士の恋愛関係」というヨコの関係において愛される組織を目標とすべきなのである。互いに相手を信頼し、尊敬できる関係の中で共同作業を行うことで新しい価値が創造されなければならないのであろう。

第六章 福利厚生の新たなミッションを考える

一 新たなミッションが生まれた背景

1 人口減少・次世代育成支援への対応

非連続で未経験な動き 本章では「福利厚生の再生と進化」について、新しい方向性、可能性を少し大胆に考えてみたいと思う。

これまでは主に企業経営、特に人的資源管理における福利厚生制度の確固とした存在価値を見出そうと検討を重ねてきた。

この点はいわば、福利厚生の存在価値の基盤ともいえる部分であろう。福利厚生が、本来的な機能として人的資源への影響力を通じて経営への貢献を果たすことを一義的使命とすべきことは繰り返す必要もないことだろう。

しかし、筆者は、そうした根元的な部分での議論をさらに突き詰めてゆく必要がある一方で、人的資源管理という世界から一旦、視線を離して、さらに大きく視野を広げて鳥瞰してみることも大切ではないかと最近感じることが多い。

それは、福利厚生制度、ひいては企業を取り巻いている社会・経済環境の変化が激しいものだからである。

しかもそれは、景気変動への対応といったサイクリカル（循環的）なものだけではなく、社会環

図表6　福利厚生の新たなミッション

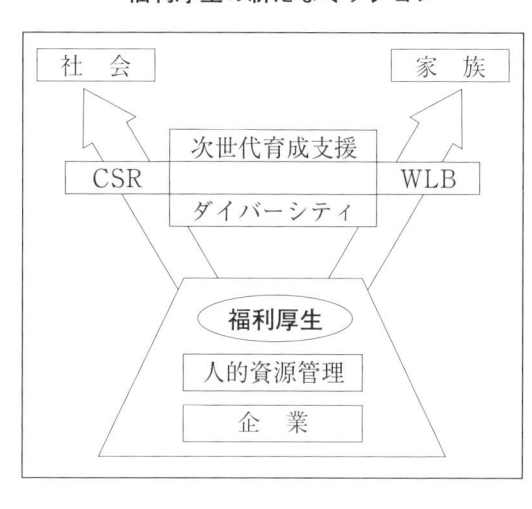

```
┌─────────────────────────────────┐
│   ┌──社　会──┐      ┌─家　族─┐   │
│              ↖    ↗              │
│          次世代育成支援           │
│   ┌ CSR ┐          ┌ WLB ┐      │
│          ダイバーシティ          │
│                                 │
│        ┌──福利厚生──┐           │
│        │人的資源管理│            │
│        └──企　業──┘            │
└─────────────────────────────────┘
```

注：筆者による

境が企業に対して求める役割や使命が刻々と変化し、追加されてゆくという非連続的で、未経験な動きが数多くあらわれてきているからである。

以下では、そうした気になる動きを、福利厚生との関連の中で少し乱暴だが、順不同で列挙して考えてみたいと思う。

後手に回った少子化対策　まず、これからの企業が明確に主体性を発揮しながら福利厚生制度の展開を考えなければならない重要なテーマとして「人口減少社会への対応」あるいは「次世代育成支援」という国家的な要請に対していかに応えてゆくか、というミッションがあるのではないだろうか（図表6）。

わが国はかつて経験のない人口減少に直面している。労働力が減少し、消費市場（内需）が縮小を始める。

地方社会にあっては2030年頃には現在から4割近い人口減少を余儀なくされるところもある。社会に大きな変質と深刻な打撃をもたらすことが危惧されている。

わが国は、イタリア、ドイツ、スペインなどと並ん

— 169 —

第6章 福利厚生の新たなミッションを考える

で大戦中の露骨な人口施策を経験した社会的アレルギーによってか、効果的な少子化対策を取ることにおいて完全に後手に回ってしまった。

このことは、フランス、デンマーク、スウェーデンなどが国家的課題として大胆な出生政策を取り、少子化に取り組んだことで出生率のリバウンド（再上昇）あるいは維持に成功したことと全く対照的である。

企業の主体的取り組みの必要性　しかし、もはやこの問題を政府任せにして傍観することはできないのではないだろうか。ウェルフェア・ミクス（Welfare Mix）の一翼として、自分たちの組織とマーケットを守るためにも、企業自らがより主体的に、歯止めのかからない出生率の低下、つまり人口減少社会への対抗策として、大胆な働き方の改善、職場環境の整備に取り組む必要があるように思える。

このときに福利厚生制度の役割は重要なものとなろう。

例えば、よりよきWLB（Work Life Balance）を確立するために、福利厚生制度が様々な可能性を持っていることはいうまでもない。

2003年7月に成立・公布された次世代育成支援対策推進法での一般事業主行動計画の策定に対して福利厚生制度をいかに活用すべきか、国家的課題の解決に対して少しでも貢献すべく、知恵を絞らなければならないのではないだろうか。

2　CSR（企業の社会的責任）の拡がり

福利厚生の重要課題に　また、この次世代育成支援とも関係の深い領域であり、今後、多くの企

— 170 —

第6章 福利厚生の新たなミッションを考える

業が否応なく対応を迫られる領域が今や明確な世界的潮流となり始めた感のあるCSR（Corporate Social Responsibility：企業の社会的責任）の拡がりであり、高まりである。

この方向性は、これからの福利厚生制度の展開において中心的な課題のひとつとなる可能性を秘めていると考えられる。

CSRに関しては、OECD、国際標準化機構（ISO）、国際的レベルでの経営者団体、各国の行政当局などが広範囲に強制力を持った対応促進行動を取り始めている。わが国でも、経済同友会、日本経団連などが推進役となって対応を促している。

これまで、わが国のCSRに関する議論と行動は、地球環境問題に偏っていた傾向が強かった。

しかし、近年の米国や欧州などのCSR先進国での動きをみていると「雇用・労働・従業員生活」「ダイバーシティ（多様性への対応）」といった領域の活動が進んできており、CSRについての社会の関心がより総合的なものとなり、結果、労働面でのCSRの重要性への認識が深まり始めている。

こうした流れの中で、従業員に対して人間としてふさわしい快適な職場環境や個性を伸ばせる働き方を提供することが企業の重要な社会的責任である、との認識が日本でも急速に広まる可能性が高いのではないだろうか。

なぜ企業評価の中心軸になったか

その動きに連動する形で厚生労働省が2004年6月に『労働におけるCSRのあり方に関する研究会中間報告書』を発表した。中間報告書では「従業員の働き方等に十分な考慮を行い、かけがえのない個性や能力を活かせるようにしていくことは社会の公器としての企業にとって本来的な責務である」としている。この基本的な方向性の中において福利厚生が貢献できる局面は幅広いだろう。

第6章 福利厚生の新たなミッションを考える

それにしてもなぜ、先進的な対応をみせている企業行動の背景には明らかにSRI（社会的責任投資）の存在がある。

近年、わが国でも、環境だけのエコファンドではなく、従業員対応なども含めた総合的なCSRファンドが設定され始めてきている。CSRに積極的に対応する企業に優先的に投資しようとする市場の動きは、企業価値（株価時価総額）を直接的に左右することにもなるわけで、看過できる話ではなくなってきたのである。

また、労働市場から優秀な従業員を求めようとするときに、CSRに対して無関心ではその目的を果たせなくなる可能性が高くなるかもしれない。欧州などでの調査によれば、応募者の企業選択において優秀な人材ほどCSRへの対応行動を重視する傾向が出てきたことも報告され始めている。

「選ばれる企業」へ　ずいぶん拡散した議論になってしまったが、少子化抑制への貢献、次世代育成、ダイバーシティ、そしてCSRなど、一見、福利厚生とは縁遠い印象を与えるものもあるが、福利厚生のこれからのあり方を展望するときに、いずれも欠くことのできない動きといえるのではないだろうか。

今、米国企業などを中心に今後目指すべき企業像として「Employer of Choice（選ばれる企業）」という表現がある。

社会に貢献し、社会から求められた様々な使命を全うすることで尊敬される企業だけが、消費者から、従業員から、投資家から、さらには取引先からも選択され、勝者となる時代になりつつあるのかもしれない。

— 172 —

第6章　福利厚生の新たなミッションを考える

真に「選ばれる企業」を目指すことを決断した企業において、福利厚生が果たすことのできる役割は、新たな発想や視点を加えてゆくことで、より多面的なものとなり得るだろう。

二 新たな使命に連動した福利厚生の形成

1 「人を中心とした経営」への回帰

高いロイヤルティが強み 最近、ちょっと目にとまった出来事をひとつ紹介したい。2005年2月14日に世界情報通信サミット（主催・日本経済新聞社）が開催された。このとき、各国の経営トップを前にして東芝の岡村正社長が講演し、デジタル製品のネットワーク化を担うビジネスでは「日本企業が絶対のチャンスをつかみつつある」と、珍しく強気の発言をした。

彼の主張は、文字と音声のデータをパソコン間でやり取りする時代は「マイクロソフトとインテルが世界を牛耳った」とし、しかし「映像もやり取りする革新的なネットワーク時代の口火を切ったのは日本企業」だとし、現況、大いに優勢であると結論づけ、日本の技術開発力の高さを誇った。

そして、その結論を導くことができた最大の要因として、（1）消費者の高い感度、（2）均一な高いレベルの労働力、（3）従業員の企業への高いロイヤルティ（忠誠心）の3点をあげたのである。

情報通信ビジネスの世界は周知のとおり、熾烈なグローバル競争の最前線である。このような厳しい経営環境を乗り切り、勝利するための要素として人的資源に着目し、質の高い労働力、そして

第6章　福利厚生の新たなミッションを考える

従業員の企業へのロイヤルティを確立することの重要性をトップに明確に認識していることに、筆者はやや驚きながらも、ようやく風の方向が大きく変わり始めたような感触を覚えた。

つまり、わが国のグローバル企業が苛烈な市場競争に勝ち残り、持続的な競争優位を築くための最も基本的な要素として、人的資源の質や企業に対する従業員のロイヤルティを取り上げ、世界のトップ層に向けて発言したことが、近年、グローバル・スタンダードに振り回されて、ともすれば忘れそうになっていた「人を中心とした経営」への回帰を示していると思えたからである。

求められる発想の転換

ところで、本章では、福利厚生が対応すべき新たなミッションは何か、という問題について考えている。今、筆者が考えようとしているのは、企業としてなすべき社会的使命への福利厚生側からの連動という方向であり、さらにはその実現に貢献することが可能ではないか、という問題である。今、わが国の企業には、次世代育成支援、ダイバーシティ、そしてCSRと様々な「近くて遠い」、しかし、重大な課題やテーマへの対応が求められているものと考えられる。

このような社会性を強く含んだテーマ、言い換えれば、一見、企業経営とは直接的に結びつきにくいとみなされるテーマを福利厚生が新たに取り組むべきテーマとするためには、発想の転換が必要となってくる。

仮に先の「人を中心とした経営」への回帰が事実であるとすれば、そこに社会性を織り込んだ拡張された概念としての「人を中心とした経営」を定置できる可能性があると考えられる。

簡単にいうと、企業が今、社会から求められている様々な社会的責任を積極的に果たすことと同時並行的に、そうした社会的行動を従業員のロイヤルティ、コミットメントを高める方向に結合させることで、より企業価値を高め、持続的な競走優位を確立できるという道筋があるのではないだろうか。「人を中心とした経営」と「企業の社会的責任」との相乗性を経営の中にビルト・インで

2 重要性が高まったCSRへの取り組み

求められる持続性 社会性と経営との相乗性ということは議論としては簡単にできるのだが、実際にはかなり難易度は高い。特に、企業の社会的行動への継続的な動機づけが難しい。その例として、バブル景気真っ盛りの1980年代の終盤に、企業の社会的責任行動のひとつの方式として「パーセント・クラブ」というものが注目されたことはまだ読者の記憶にあるだろうか。

わが国では、この動きに対して経団連（当時）が音頭を取って1986年、89年の2回にわたって欧米に社会貢献調査ミッションを派遣して現地の「パーセント・クラブ」を視察した。そして、まず89年に個人会員を対象とする「1%クラブ」が設立され、翌90年には176社の法人会員を含む「1%クラブ」が設立された。システムとしては米国と同様、経常利益の1%以上（法人会員）、可処分所得の1%以上（個人会員）を、社会貢献活動のために拠出し、企業や個人を支援するというものである。

既に17年も前の話であるが、これだけの時間が経過したにもかかわらず、現在（2006年）の法人会員数は271社、個人会員約1026名にとどまっている。被災者支援など様々な有意義な活動は続けられているが、現在の日本経団連の加盟企業数などを勘案すると、この「パーセント・クラブ」は結果的に、大きな広がりとはなり得なかったといわざるを得ない。

なぜ、このような、良くいえば、純粋な企業による社会貢献活動がなかなか幅広く浸透し、大きなうねりとなり得ないのか。バブルがはじけて景気後退が始まるとともに話題にものぼらなくなっ

てしまった。つまりは、懐勘定が苦しくなり、リストラに迫られるようになると、なかなか、「世のため、（従業員以外の）人のため」といった活動がやりづらくなるのである。そのため、雇用調整等に直面せざるを得なくなった企業が数多くあった中で、このような状況を一概に責めることはできないだろう。

ともかく、敢えて断定的にいえば、財政的な余裕のあることが社会貢献活動の前提条件であって、それが失われれば後退もやむなし、というのがこれまでの多くのパターンだったのである。では、やはり企業の新たなテーマと目される次世代育成支援、ダイバーシティ、CSRなどについても長期的な対応行動として企業経営の中に根づかせることは不可能なのだろうか。

高まった福利厚生の役割

筆者は、もう一工夫、必要だったのだと思う。1980年代の「パーセント・クラブ」に代表される活動がなかなか企業社会の中に浸透し得なかった原因は、偏に「社会性と経営との相乗性」の追求、あるいはそのための舞台装置の設定が不十分だった点にある。

要するに、社会的行動が明確に経営に貢献し、企業価値を高めるものだという確信を企業に持たせることができなかった。悪くいえば、「綺麗ごと」すぎたのかもしれないし、参画の必然性を認識させる仕組みに乏しかったともいえる。

しかし、幸いなこと、あるいは厄介なことか、現在のCSRの急速な拡がりなどの中には、SRIを筆頭に、各種の表彰制度やNPOの監視など、企業が真剣に取り組めば十分な経営的効果を期待できる半面、無視すればそれなりの代償（ペナルティ）を支払わなければならないという社会的メカニズムが整備されつつある。

特に、CSRから目が離せない大きな理由として、サプライ・チェーンを通じた強制力を持った

第6章 福利厚生の新たなミッションを考える

ネットワーク的な拡がりが見え始めている点もある。これは、CSRに対して先進的な取り組みを行う企業が自社の取引企業に対しても同等の取り組みを求め、この求めに応じることのできない企業を排除しようという動きである。

わが国でも流通業大手のイオンが「イオン・サプライヤー・コード・オブ・コンダクト」を制定し、プライベート・ブランドの製造委託先を対象としてCSRへの同調を求めた。ここでは、当然、労働環境整備に関する項目（児童労働、強制労働の禁止、安全で健康な職場の提供など）も取り上げられている。小売業で世界のトップ10入りを目指す同社は、CSRの面において世界市場で先行する競合企業に対してベンチマークを行っている。

こうした動きは製造業ではさらに進んでいる。CSRは企業の自主的な行動に任せられる、という次元、つまり「綺麗ごと」では済まない時代に確実になりつつある。

だからこそ、つまり社会性と経営との相乗性を否応なく目的化しなければならない。福利厚生がその局面で大きな役割を果たす可能性が高まってきたともいえるのである。

第七章 次世代育成支援と企業経営との接点・効果

第7章　次世代育成支援と企業経営との接点・効果

一　次世代育成支援に果たす福利厚生の役割

1　経験のない人口減少社会に直面

企業に求められる義務としての取り組み　福利厚生制度の新しい役割を考えるとき、CSRと並んで大きなテーマになってくると考えられるのは「次世代育成支援」である。

周知のとおり、2003年7月に次世代育成支援対策推進法が成立・公布され、301人以上の労働者を雇用する事業主には、04年度末までに「一般事業主行動計画」を策定し、05年4月1日以降の提出義務が課せられた。いよいよ、国は企業に対して、この国家的な問題に真剣に取り組むよう求めてきたのである。

次世代育成支援という大きなテーマの背景にあるのは、いうまでもなく深刻な少子化である。わが国は、有史以来、経験のない人口減少社会に直面している。生産年齢人口、労働力が数十年以上にわたって持続的に減少することが確実視されている。また、青少年層での減少と連動しながら、製品・サービス市場の縮小が顕著になり始める。地方社会にあっては2030年頃には現在から4割近い人口減少が余儀なくされるところも出てくる。社会を維持すること自体が難しくなる数値だ。

いずれにしても、進行しつつある少子化がわが国の社会に大きな変質と深刻な打撃をもたらすこ

— 180 —

とが危惧されている。

日本的経営の陰の部分が表出　しかも、どうやら、わが国の場合は、これほど深刻な少子化をもたらした大きな原因として、世界的にみても特徴的な雇用慣行やワークスタイルが作用していることがわかってきた。つまり、日本的経営、日本的雇用慣行をもって高度成長を成し遂げ、世界で高い評価を受けたシステムの「陰」の部分が今頃になって表出してきたとみることもできる。

　次世代育成とは「子供を生み、育てる」という人間にとって最も重要な、価値ある行為であるが、一方で「働く」という生活上、不可欠な活動とのバランスを取ることが難しいものでもある。この点をあまりに軽視してしまったことを反省しなければならないときにきているようである。どのような「働き方」をするか、「働かせ方」によって大きくバランスを失わせることになりやすい。

　わが国は今や、世界でも最低水準の合計特殊出生率にまで達してしまっている。こうした水準から推測すれば「仕事」と「子供を生み、育てる」という両者のバランスが世界で最も崩れてしまった国ともいえなくもない。

2　福利厚生も少子化促進の一要因

仕事時間の確保に貢献　この崩れたバランスに手を貸した部分が福利厚生制度にもある。例えば、今なお法定外福利厚生費の半分程度を占めている「住宅関連費用」の中での社宅・独身寮などの現物給付である。大量の社宅提供の目的のひとつとして事業所と近接する居住場所を提供することによって通勤苦をやわらげると同時に、長時間労働を容易にするという目的があったと考えられ

第7章　次世代育成支援と企業経営との接点・効果

図表7-1　平日の帰宅時間が23時以降翌朝3時までの父親の割合

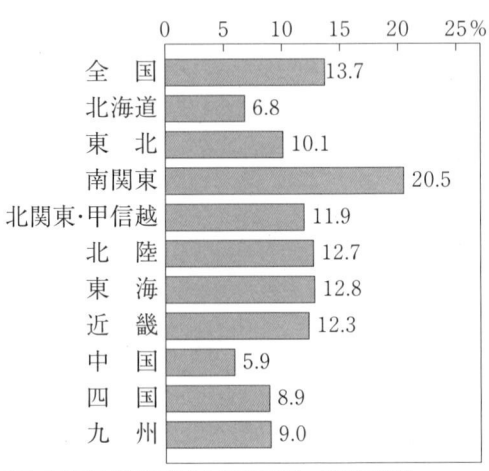

地域	割合(%)
全国	13.7
北海道	6.8
東北	10.1
南関東	20.5
北関東・甲信越	11.9
北陸	12.7
東海	12.8
近畿	12.3
中国	5.9
四国	8.9
九州	9.0

資料出所：UFJ総研「子育て支援対策等に関する調査研究」（03年実施）

る。特に、労働時間が長く、異動転勤の多い金融機関などで家族社宅が充実している背景には、こうした目的意識が確かに強かったように思われる。

最大限に仕事時間を確保し、業務精度を向上させるということが生産性の維持・向上にとって不可欠なことであることは今も間違いない。そのために福利厚生制度も大いに活用されたのである。そのことによって「光」の部分として企業や日本経済の成長が実現され、経済的に豊かな暮らしを手に入れた。しかしまさに、その反動として、「陰」の部分である「仕事と家庭生活のバランス」を失わせることになっていったのである。

このバランスの崩れは今も続いており、実際には回復どころか悪化する気配すらある。

5人に1人が深夜帰宅　例えば、図表7-1は、平日の帰宅時間が23時以降翌朝3時未満の父親の割合を調査した結果である。驚くべきことに南関東では20.5％の父親がこのような深夜の帰宅となっている。実に5人に1人である。全国平均でみても13.7％になる。同様の調査が欧州諸国との比較

— 182 —

によって行われたことがあるが、北欧諸国の多くで父親の帰宅時間が平均で午後5時台であったことを記憶している。子育て環境の違いとしてはあまりに大きい格差である。最近の別の調査では30代前半の育児期にある夫の単身赴任率が上昇している帰宅時間だけではない。いることも報告されている。

ともかく、このような極端に仕事に偏重した生活時間配分を余儀なくされている中で「子供を生み、育てる」という選択を若い夫婦に強く求めることはできないのではないだろうか。

2004年12月24日に政府の少子化社会対策会議で決定された『少子化社会対策大綱に基づく重点施策の具体的実施計画』がある。政府は、焦りが感じられるほど政策に政策を重ねるようにして矢継ぎばやに方針や計画を打ち出してくる。鳴り物入りで始まったエンゼルプラン以来、ほとんど効果らしい効果を出すことができないでいる現状の中で、考えられることは何でも形にしてゆこうというわけだろう。

3 日本の男性の子育て参加は可能か

困難な男性の育休取得率向上 この実施計画の中に「仕事と家庭の両立支援と働き方の見直し」という項目が設けられ、企業が取り組むべき具体的な内容を指針として示した。この具体的施策のひとつに「男性の子育て参加促進に向けた取組の推進」を取り上げ、今後5年間の目標として「次世代育成支援対策推進法に基づく認定企業（男性の育児休業取得実績がある企業）の割合を計画策定企業の20％以上」とした。この目標値は現状（1％未満）からすると飛躍的なものだが、果たして妥当な水準なのか。5年もかけてようやくこの水準にしかできないと判断される現実感を嘆くばかり

— 183 —

なのか、複雑な心境になる。

また、この部分では補足的に「男性の子育て参加を促進するため、企業トップを含めた職場の意識改革」の必要性を訴えている。まさに、経営トップがこの問題をどのように捉えるかに、成否はかかっているだろう。喧しい政府の対応に当たり障りない程度に受動的に対応するのか、トップ自らの陣頭指揮により自社にとっての重要な経営課題と位置づけ、実効性のある制度、職場づくりに知恵を絞り、取り組むのか。

企業に強いられる大きなコスト負担 仮に、後者の対応を取ろうとしたとき、この問題の根が意外に深いことに気づくことになるだろう。それは、単に経営者や管理職の意思決定だけでは恐らく十分な効果があらわれない可能性が高いからである。例えば、男性の性別役割分担意識は未だに伝統的なものが中心となっている。また、どうすれば男性従業員に育児休業を取得させるか、という難問がある。

職場での評価や自らのキャリアの持続性への不安、休業中の経済的基盤の脆弱さ、「公共財としての子供」といった認識が今のところほとんどないと思われるわが国の企業社会で、長期の休暇取得を宣言することには大きな勇気が必要となってしまう。休業中の所得保障率が8割程度確保されたスウェーデンでは賃金の高い正規雇用に就くことに一生懸命努力し、それが実現してから落ち着いて出産するといった生活設計が自然に行われている。何の不安もなく安心して育児休業が取れる職場環境、社会環境が整備されているのである。仮に、それほど恵まれた制度環境を一企業が用意するとなれば大きなコスト負担を強いられることになる。計画と方針ばかりの政策の中で、官と民間が歩調を合わせて環境整備を行うにはまだまだ時間がかかるといわざるを得ない。

4 組織コミットメントと共存できるか

新しいワークスタイルの創造 ここまでは、次世代育成支援という現在の日本社会にとっての最も重大な社会的課題に対して企業が福利厚生制度などを活用しながら、いかに貢献すべきか、また、少子化への対応を迫られる先進国は少なくないが、わが国の場合は企業による職場環境や従業員のワークスタイルなどの面での改善なくしてはこの課題を解決することが難しいという特殊な状況にあることを指摘した。

そういう点では少子化を抑制し、次世代育成を図らねばならないという国家的課題に対する企業の社会的責任意識は、地球環境問題への対応などの他の領域に比べても、相対的に強いものでなければならないということにもなろう。

換言すれば、企業による自発的、慈善的な社会貢献という次元で捉えるべきものではなく、これまでの発想を大きく転換させ、子育てと共存できる日本発の新しいワークスタイルを創造するというほどの強い意思を持って望む必要があるのではないか。

しかし、前項までで述べたとおり、この問題の根は意外に深く、対応は予想以上に難しい。これまで数多くの困難な環境変化を乗り越え、グローバル競争に勝利できる力を身につけるまでの柔軟性を示してきたわが国の企業にとっても、次世代育成というこの新しい課題はかなり厄介なものである。

なぜなら、「長時間労働」「男性中心主義」「家庭より仕事大事」といった組織文化が、日本企業の「強さ」を裏打ちしてきたものだからである。第5章で紹介したとおり、わが国の高度成長を実

― 185 ―

現した最大の原動力が勤勉な従業員の強い組織コミットメントにあったという説には大いに賛成である。たいした地下資源もなく、優れた政治的リーダーシップも期待できなかった中で、これほどの経済的成功を実現できた要因は、日夜、無報酬の小集団改善活動などに励むといった従業員たちの絶え間ないやる気と努力に帰する他ない。

つまり、従業員の高い組織コミットメントが日本企業に比類ない強さをもたらしたわけだが、その強さの裏面には、最近のキーワードでいうところのワーク・ライフ・バランス、ダイバーシティなどが疎外された状態で維持されてきたのである。

二律背反のジレンマ　見方を変えると、次世代育成支援という問題に対して真摯な取り組みをすることは、ひとつ間違うと組織としての強さ、企業としての競走力を後退させることになりかねない。職場での仕事中心主義による緊張感や、従業員同士の横並び的意識に基づく規律や秩序が、例えば、スウェーデンなどの北欧の男性労働者のような長期の育児休業や短時間勤務などが導入されることで損なわれるのではないかと懸念されるからである。

この問題への対処については、こうした経営組織としての「強さ」を維持しながら、従業員に「子育て」という決して負荷の小さくない生活課題を男女ともにキャリアや所得機会を損なうことなくクリアできる環境を用意しなければならないわけである。

これまでの発想だけで臨もうとすれば、この問題は二律背反の難しさを含むため、効果の出ないジレンマに陥ることにもなりかねない。

では、どのような方向に発想を変えてゆく必要があるのだろうか。

5 働き方の見直しで両立を支援

新しい働き方の提供 まず、最も重要な点は、従業員の組織コミットメントの質やその表出の形を変えてゆかなければならないという点だろう。長時間労働やサービス残業を厭わず、家庭サービスを置き去りにして仕事や会社のためにモーレツに頑張るといった、やみくもな時間的貢献を重視した形での従業員のコミットメントの表現を組織側から求めすぎないということである。

IT革命を背景とした知識社会を迎え、知価革命が叫ばれる中で「長時間労働」という貢献のスタイルが、以前ほど企業の競争力に結びつかなくなってきていることは間違いないだろう。豊かな個性から湧出されるアイデアや創造性が企業のコア・コンピテンシーの形成と結びつき始めた今、新しい働き方、充実したライフスタイルを実現できる環境を提供することで、「元気のある企業」「面白い企業」となる可能性が高まるのではないか。

この点については国外でも議論の対象となってきた。米国のフォード財団が1993年から96年にかけて行った研究が参考になる。

米国では、政府や自治体による個人生活への支援、関与は貧困層などの最小限にとどめられる傾向が強い。したがって、子育てを含めた家庭生活と仕事とのバランス（Work and Life Balance）への対応は基本的には個別企業の問題として展開されてきた。この動きの発端となったのは1980年代に女性の社会進出が急速に進み、かつ管理職への登用も盛んに行われるようになって、優秀な女性労働者の確保が重要なテーマとなったことである。しかし、パクジョアン（2002）によれば90年代になるとこうしたファミリ

Ⅰ・フレンドリーな対応が目立った経営的効果をもたらさなかったことから、従業員に対する「福祉的」な対応として受け止められ、企業のコスト負担を高めるものとして敬遠される傾向も出てくるようになる。

この背景には、従業員自身がこれらの制度を利用することによって企業からの評価が下がることを恐れたためとされている。つまり、企業が福祉的に行っている制度を利用する従業員は、企業のコスト負担の足を引っ張る従業員とみなされることになると思ったからである。

私生活の充実と経営効果の向上

こうした状況下において行われたのがフォード財団の大規模な調査研究である。彼らは「どのように仕事のやり方を変えれば、私生活を充実させながら経営的な効果を出せるか」ということをテーマとした。

この研究のユニークなアプローチは、ファミリー・フレンドリー制度そのものの改善を目指すのではなく、これらの制度を利用する従業員たちが考えている理想的な社員像といった既成概念や、従業員の普段の働き方を見直すことに重点を置いたことである。例えば、働き方について取材した結果では、常に残業時間の多い金融部門に勤務する従業員たちに「ムダな時間は何か」と尋ねたところ、「会議の開始時間の遅れだ」と答えた。つまり、社内会議を招集したときには必ず15〜20分程度遅れてやってくるメンバーがおり、みんなが彼らの到着をじっと待っている。こうした社内会議を従業員ひとりで1日当たり平均して3〜5つも抱えていた。遅刻者を待つ時間を集計するとかなりのムダとなることが判明した。そこで、会議参加の時間厳守を徹底すると同時に、遅刻者を待たずに会議を開始するという新しいルールをつくった。2週間後、成果として多くのメンバーの帰宅時間が早くなったのである（at reasonable hours）。

わが国にもありがちな事例ではないか。同量の業務をこなし早い時間に帰宅できた従業員が家族

第 7 章　次世代育成支援と企業経営との接点・効果

との団欒の中でリフレッシュされることで、翌日は活き活きと出社し、ひょっとしたら今までに思いつかなかった面白いアイデアを出すかもしれない。

また、デンマークの企業経営者から、従業員が「子育てを経験することで人材としての価値が高まる」といった発言が報告されている。これも人的資源の価値、すなわち企業としての強さと「子育て」という経験が共存できるひとつの考え方である。

十分な実証研究を経た意見ではないが、コミュニケーション能力や忍耐力を要する子育ては、会社が提供する定型的な研修など以上に従業員を人間的に成長させる可能性が高いかもしれない。これも面白い発想の転換の一例だろう。実証研究による検証の待たれるテーマである。

ともかく、子育て、次世代育成を企業にとってコスト負担だけが発生すると考えるのではなく、従業員の成長や健全な組織コミットメントを引き出すことによって、企業に新しい「強さ」をもたらし得るものと捉えてゆくことが、この問題の突破口となるのではないだろうか。

— 189 —

二 次世代育成支援の論点をみる

1 主役を国家とする立場からの主張

まず、批判的な立場を代表する意見を総括すると「少子化対策は本来、国家がやるべきもので、企業ではない」というものがある。

欧州諸国の対応 福利厚生の新たなテーマとして次世代育成支援を取り上げ、検討を加えてきたが、この日本にとっての重大な課題を、企業経営の現場からどのように捉え、理解してゆくべきなのかを整理しておきたいと思う。

フランス、デンマーク、スウェーデンなど過去に出生率の急速な低下に直面した欧州諸国では、政府が強いイニシャティブを発揮して効果的な政策を次々と投入することで少子化に歯止めをかけた。その代表的対応が、普遍主義に基づき所得制限を加えなかった手厚い「児童手当」であり、男女ともに取得が容易な長期の「育児休業」であった。

厚遇された環境を用意 これらの重点的政策は、今の日本で「生み損」といわれる環境とは正反対の「生み得」ともいえるほど厚遇された環境を用意するためのものであった。政策は効果をあらわし、見事に出生率をリ・バウンドさせた。彼らの成功に倣うならば「政府がしっかりやればよい」と思うのは自然であろう。

第7章 次世代育成支援と企業経営との接点・効果

2 経営的効果に疑心を持つ立場からの主張

見えない経営的効果 もうひとつ、企業が次世代育成支援に取り組むことに対して、批判的な立場があるとすれば、経営的効果に対する疑心ではないだろうか。

次世代育成支援がわが国にとって看過できない重大な課題であることは理解しており、人口減少が企業経営にとっての大きな脅威であることも認識している。

しかし、かといって経営的なメリットがよく見えない中で、多額の投資を躊躇するのは経営者としては当然の意識であろう。

本音は「それどころではない」 次世代育成支援を通じたダイバーシティ（特に性的多様性）の実現、人的資源そのものの活性化（例えば、子育ての実体験を通じた社員の人間的成長など）などの効果が存在する可能性を紹介してきたが、そうした人的資源管理上の効果、換言すれば、人的資源の高度化、活性化による企業競争力の向上が、全ての企業、全ての対応局面で遍く実現されるという保証はない。副次的効果としては確かにあるのだが…。

このあたりは、研究界の今後の課題ということにもなるのだが、企業経営上の判断としては「効果はそれほど期待できない」とするものが大勢ではなかろうか。間違ってはいないだろう。特に、中小企業などでは、わが国の少子化対策に手を貸すことで自社が強くなるという発想は全体としては持ちづらいようである。というか、厳しい経営環境にあって「それどころではない」というのが本音であろう。

「企業本来の役割ではない」という役割論、「頑張っても経営にとって大したメリットはないの

— 191 —

第7章　次世代育成支援と企業経営との接点・効果

では」とする効果論が、今現在、わが国企業の腰が引けている原因ではないかと考えられる。

これらの批判的立場と対置する賛成論、必要論を整理すると次のようになる。

3　責任は企業にあるとする立場からの主張

説明しきれない「豊かさの反動」　まずは、役割論からみたときに「企業こそがこの問題の第一の当事者である」という主張がある。

これは、わが国の現在の急速な少子化をもたらした根源的要因が、いわゆる日本的経営と呼ばれた特殊な経営のあり方にあり、したがって世界で最低ともいえる出生率の回復に対して企業自身が責任を取るべきだという立場である。

確かに、近年、わが国の少子化に関する実態調査や実証研究が進んでくる中で、急速な少子化が世界共通にみられる「豊かさの反動」だけでは説明しきれないものであることが明らかになってきている。「豊かさの反動」とは、貧しいアフリカやアジア諸国では未だに高い出生率であるが、いずれ経済成長によって貧困脱却が図られれば自然と出生率は低下することである。これは世界共通の経験則である。

わが国も1951年まで、合計特殊出生率は3・26と3・00台を維持していた。要するに、豊かになり、避妊も容易となり、夫婦が生活を楽しもうとするようになると多産社会ではなくなるのである。

しかし、この大原則だけが、わが国を世界最低水準の出生率国に導いたわけではない。それは、世界一豊かな米国が2・05（2004年時点）という人口維持水準に近い状況にあることがひとつ

— 192 —

の証左となる。しかも、米国政府はほとんどみるべき出生政策をこれまでも取らなかったのである。もちろん、わが国に比べ多産の移民の存在が米国の出生率を支えていることも事実なのだが、それを割り引いても、わが国に比べ子供の生める社会であることは間違いない。

少子化は雇用問題　わが国が、ここまで厳しい少子水準に陥ったのには、企業経営の責任を問わざるを得ないのではないか、というのが必要論者の主張である。確かに、わが国の先にも述べた少子化は、雇用問題といっても過言ではない側面が強い。依然として改善されない長労働時間、特に男性（夫）の遅い帰宅時間と彼らの驚くような低い育児休業取得率が示唆する職場の雰囲気という か、出産・子育てに冷たい企業文化。さらには、頻繁な転居を迫る異動人事制度等々。女性の高学歴化、社会進出が叫ばれてかなりの時間が経過しているにもかかわらず、その受け皿としての職場は、残念だが、出産・子育てを楽しめるものとはほど遠いままである。

だからこそ「企業が変わらなければ少子化はとまらない」という「企業原因論」の主張が信憑性を帯びてくる。

4　企業に効果をもたらすとする立場からの主張

人材確保に不可欠　次に「効果論」の立場からは、直接と間接の二面が論じられている。前者は文字どおり、出産・子育てがリスクではない優れた職場環境をつくることで優秀な人材、特に女性人材を惹きつけ、かつキャリアの継続を通じて彼女たちの貢献を最大化できるという主張である。

早くから「両立」をテーマに次世代育成支援に取り組む資生堂では、2005年4月採用の応募状況が例年の倍近い約4万人に達したそうである。「学生は働きやすい職場に敏感だ。優秀な人材

第7章　次世代育成支援と企業経営との接点・効果

確保に両立支援は欠かせない」と担当者が発言するとおりである。先進的な何社かが、効果への期待を見事に実現していることで、理想的な目標モデルとして注目されることになる。

そして、皮肉なことに、少子化によって人口減少、労働力減少に直面することとなったわが国の企業が、女性という人材市場に依存せざるを得なくなっていることも、前向きな「効果論」を後押しすることとなっている。

市場規模の縮小　後者の間接的なそれは、消費者、市場規模としての側面である。これ以上、少子化が進めば、まずは幼児市場、子供市場を皮切りに、若者市場いずれは中年市場といった具合に市場規模の縮小が次々と始まる。既に定員割れの大学、高校が頻出しており、玩具市場なども顕著な縮小を始めているのである。

したがって、日本企業、特に国内市場を生存圏とする企業では、少子化はもはや他人事ではない。だからこそ、まずは自社から次世代育成支援に乗り出そうではないかと考えても不思議はないはずである。

企業経営の長期的な生き残り戦略として少子化対応がもっと論じられてもいいはずである。ともあれ、人材確保としての直接的効果、市場維持の問題としての間接的効果、いずれの「効果論」も徐々にではあるが説得力を増しつつある。

先行者利得の可能性　さて、このように、総論として、企業にとっての次世代育成支援の是非を整理してみたが、現実の企業経営者、担当者はどのような認識にあるのだろうか。恐らく「役割論」だけではなかなか動けないものであり、切実な当事者意識を持つことは難しいのだろう。

筆者は「効果論」を中長期的な視点から見極める議論を勧めたい。恐らく企業にとっての長期的な投資問題として捉えたときに突破口がみえ、コンセンサスができるのではないかと思われる。

そして、この問題は「First Mover Advantage（先行者利得）」が大きく作用する可能性が高い企業

戦略上の重要なポイントだということである。
　「遅ればせながら」のエクスキューズを付帯せざるを得ない段階で対応を始めるときには、ずいぶんと投資効果は奪われてしまっているものと考えられよう。早く始めた企業が好ましい評価や優秀な人材確保などの多くの効果を手にすることになるのである。

三　次世代育成支援と組織としての強さの相乗

1　職場風土や従業員気質を捉えた対応を

従来の組織文化との矛盾　さて、前節では、少子化への対応、次世代育成支援という現在の日本の国家的課題の解決において、わが国の特殊事情ともいえる企業社会での意識の転換、そして職場環境の改善が不可欠な要素となっていること。すなわち「長時間労働」や「家庭より仕事優先」といった従業員に強い組織コミットメントを求め、それを高く評価するという組織的体質が結果的に出生率を引き下げる方向に作用しており、政策効果を薄め、急速な少子化からの脱却を妨げている可能性が高いことなどについて述べた。

また、同時に、企業が福利厚生制度などを活用しながら次世代育成に対応しようとすることが、これまでの日本企業の経営組織としての「強さ」を裏打ちしてきた次世代育成に対応にある種のコンフリクトや矛盾を生じる可能性があること。そして、そのことが企業側の思い切った対応を抑制しているとも考えられる点などを指摘した。

本節でも、この「次世代育成支援」と「経営組織としての強さ」との相克、ジレンマをいかに捉え直し、解消するか、できれば両者の関係がシナジック（相乗的）なものとなり得ないのか、という点について検討を続けてみたい。

ソニーの完全在宅勤務制度　まず、最近報道されたわが国の企業の次世代育成支援への対応につ

図表 7 - 2　　　　　　　男性の育児休業の取得率

(%)

ノルウェー	82.0
スウェーデン	64.0
アメリカ	13.9
イギリス	12.0（男女とも）
ドイツ	2.4
日本	0.33

注：佐藤・武石（04年）

　ソニーは、育児をする社員を対象に完全な在宅勤務制度を2005年4月から開始した。この制度は従来のものから一歩進んだもので、次世代育成支援を強く意識した仕組みとなっている。女性社員だけではなく男性も制度を利用できるものであり、社内の全職種を対象としている。子供が満1歳を迎えた後の4月頃まで利用できる。保育施設への入所のタイミングを考慮した設定である。

　ただし、全員が申請すれば即座に認められるのではなく、在宅で仕事を処理することでも支障なく適正な業務ができると判断されてはじめて適用を受けられる。在宅勤務の適用期間や1日当たりの勤務時間、仕事の内容などは、社員と所属長が個別に相談して決めることになる。同社の「育児休職制度」の女性社員の利用率は100％となっており、男性社員も03年には5人が取得したとのことだ。他社に比較すると進んでいるといえよう。

　しかし、社内では、育児休職として完全に休んでしまうと「休職中の職場の様子がわからない」「今後のキャリアへの悪影響」などの不安が強いことがわかった。そこで、この在宅勤務方式を追加的に導入したのである。在宅勤務ならば職場から完全に切り離されるわけではなく、不安も薄らぐ。同時に育児が一段落した後での職場復帰もスムーズにゆくと考えられる。

第7章　次世代育成支援と企業経営との接点・効果

このソニーの対応は、わが国の職場風土や従業員気質を的確に捉えたものといえるだろう。また、企業と従業員の双方にとって受け入れやすく、実効性の高い最適解であろう。

先のジレンマは企業だけが「強さ」を失いたくない、ということで生じているのではなく、従業員自らのキャリアへの不安心理や横並びからの逸脱を懸念する者からの反発なども大きな障害となっている。したがって、この従業員心理をよく理解し、緩和させるものでなければ、現在の多くの育児休業制度のように「制度は導入したが、誰も利用しない」といった、かえって従業員のフラストレーションを高めるような状態となる（図表7-2）。この点では、ソニーの制度からは、実効性のある次世代育成支援をやろうという「本気」が伝わってくる。

2005年4月から施行された次世代育成支援対策推進法での「行動計画」の中に、ソニーは前述の制度導入を盛り込むとのことである。いずれにしてもソニーのこの「本気」を労働市場が高く評価することになるのではないだろうか（基準適合一般事業主認定を取得）。

2　ビジネスに直結するメリット

優秀な人材の確保

もうひとつこの問題への取り組みにおいて先進的な企業のケースをみてみよう。

2004年10月に開催された『少子化時代の企業の在り方を考えるシンポジウム』の基調講演でベネッセコーポレーション取締役の金代健次郎氏が「次世代育成支援と企業の役割」という題目で語った。この中で、企業が次世代育成支援策に取り組むことの経営上のメリットを5点に整理している（図表7-3）。

第7章　次世代育成支援と企業経営との接点・効果

図表7-3　　　　次世代育成支援の経営上のメリット

①優秀な人材の確保
　能力，経験，意欲のある社員が働き続けられる

②新卒大学生採用での企業イメージのアップ
　学制から見た企業イメージ「親しみ」「社会貢献」「宣伝上手」「女性が働きやすい職場」としてのイメージの定着

③育児・介護経験を生かした商品・サービスの開発
　こどもちゃれんじ，たまごクラブ・ひよこクラブ，こども英語教室，介護事業などでの業務／社員モニター制度

④ブランドイメージへ貢献
　中学生以下の子供を持つ母親層にロイヤリティの高い顧客層が存在

⑤個人株主の好感度アップ
　業績好調，新規事業の成長性，積極的な社内改革の取組みを象徴的に示す

注：ベネッセ・コーポレーション金代健次郎取締役作成資料による、一部筆者加筆・修正

1番目の「優秀人材の確保」はまさに狙うべき直接的な効果であろう。今田（2004）の報告のとおり、女性従業員の多くが出産・育児によって職場を去らざるを得ない状況に追い込まれているのが現状である。出産・育児をキャリア継続上のリスクとしない体制を整備することは、労働力の絶対数が減少過程に入った今、益々重要性を増しているはずである。

2番目の新卒採用市場での優位性についても同様である。同社は女性の学生の就職人気ランキング上位の常連となっているように、この点で特に大きな成果を得ており、持続的な企業成長の原動力となっていると筆者も評価している。

企業戦略上の効果　3番目についてもこれからは是非、注目してもらいたい効果である。企業の戦略、ここでは新事業開発戦略において効果を発揮したことを述べているわけだが、人的資源への対応が企業戦略の実現と成功に直接的に貢献するという方向を多くの企業が模索すべきである。最近、ある自動車メーカーの次世代育成支援の担当

責任者が「この問題に積極的に対応し、社会にアピールすること、良き企業イメージを持ってもらうことで、それまで芳しくなかった女性購買者の評価を改善し、女性市場での競争優位の獲得に役立てたい」と述べていた。筆者はこれで良いのだと思う。社会的責任といった側面だけではなくて、具体的な自社のビジネスに直接的に貢献するという発想は大事である。なぜなら、そのことで企業が「本気」になるからである。実効性まで意識した対応を望むならば、この点を忘れてはならないだろう。

4番目、5番目の効果も同様である。次世代育成支援が実に幅広いステークホルダーに対して良き影響をもたらす可能性があること。視野を拡げることでこの対応の事業的な価値を再認識できるのではないだろうか。

いずれにしても、これまでこの次世代育成支援も含め、女性にとって働きやすい職場づくりに関し先進的な取り組みを進めてきた同社の発言だけに信憑性は高い。

「次世代育成」と「組織としての強さ」とのジレンマを乗り越え、両者を相乗的関係へと発展させるには、視野を拡げて様々な経営的効果の存在を確認すること。同時に「本気」で実効性を考えて自社の従業員特性や従業員心理を十分に把握した上での創意工夫、カスタマイズを重ねることが大切のようである。次世代育成支援対策推進法が施行され、経営的な効果を見据えた中長期的に持続される、実効性を伴ったプランが提示されることを期待したい。

3 「使いたいが提供されていない」「あるが使わない」制度とは

女性ニーズとのミスマッチ さて、次世代育成支援という新しいテーマに対して福利厚生が何を

第7章　次世代育成支援と企業経営との接点・効果

図表7-4　「使いたいが提供されていない」制度と「あるが使わない」制度

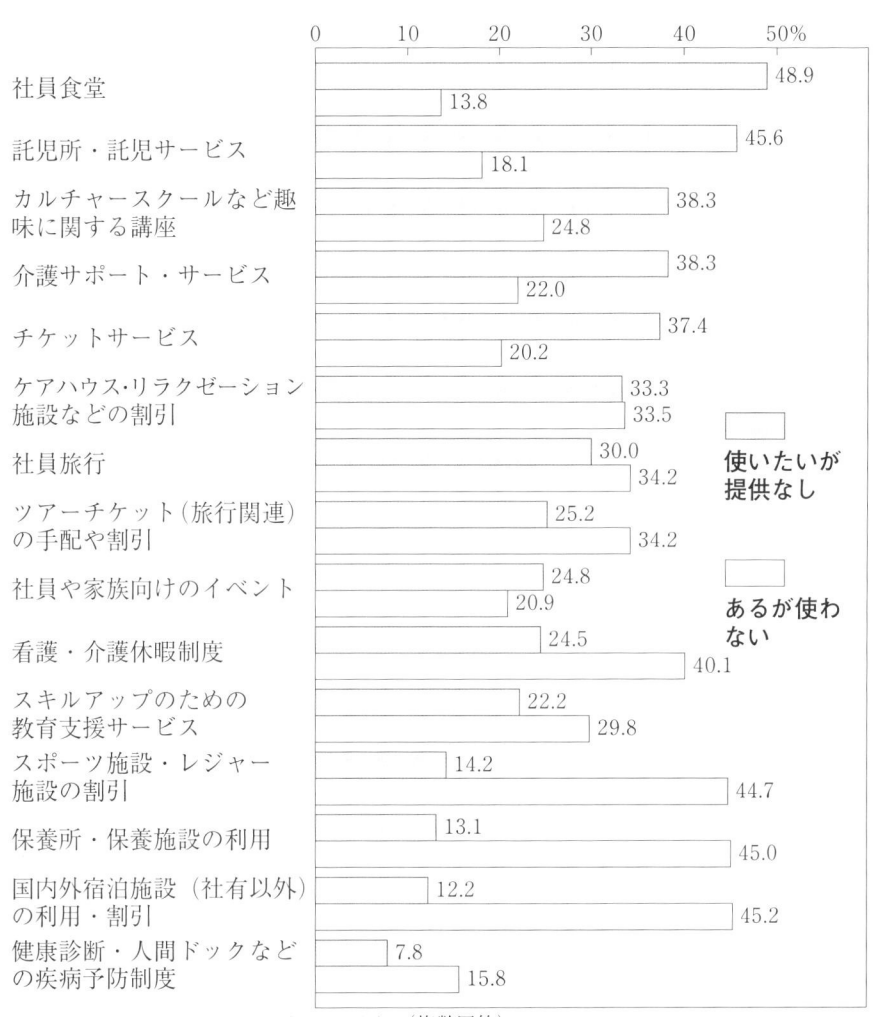

制度	使いたいが提供なし	あるが使わない
社員食堂	48.9	13.8
託児所・託児サービス	45.6	18.1
カルチャースクールなど趣味に関する講座	38.3	24.8
介護サポート・サービス	38.3	22.0
チケットサービス	37.4	20.2
ケアハウス・リラクゼーション施設などの割引	33.3	33.5
社員旅行	30.0	34.2
ツアーチケット（旅行関連）の手配や割引	25.2	34.2
社員や家族向けのイベント	24.8	20.9
看護・介護休暇制度	24.5	40.1
スキルアップのための教育支援サービス	22.2	29.8
スポーツ施設・レジャー施設の割引	14.2	44.7
保養所・保養施設の利用	13.1	45.0
国内外宿泊施設（社有以外）の利用・割引	12.2	45.2
健康診断・人間ドックなどの疾病予防制度	7.8	15.8

資料出所：イ・ウーマン調べ（04年3月実施）（複数回答）

なすべきか、何ができるのか、ということを考えてきているわけだが、現在の制度のあり方は果してこの問題に対して十分に適応できているのだろうか。

この点について、2004年3月に女性にターゲットを絞った情報支援サイトの「イ・ウーマン（http://www.ewoman.co.jp/）」が登録メンバー（ewomanリーダーズ）を対象に行ったインターネット調査（有効回答数：636名）に興味深い結果が出ているので紹介したいと思う。

いくつかの質問を行っているが、注目したい項目は「使いたいが提供されていない」制度は何か、「あるが使わない」制度は何かという2つの質問である。いずれも女性の福利厚生に対するニーズとのミスマッチを示すものといえるだろう。

まず、「使いたいが提供されていない」制度の上位には「社員食堂」「託児所・託児サービス」「カルチャースクールなど趣味に関する講座」「介護サポート・サービス」などがあげられている。一方、「あるが使わない」制度としては「スポーツ施設・レジャー施設の割引」「保養所・保養施設の利用」「国内外宿泊施設（社有以外）の利用・割引」「看護・介護休暇制度」などが高い回答率となっている（図表7-4）。

託児施設に強いニーズ

公表されている調査結果（asahi.comにて2005年4月7日の今月のテーマ：『女性が望む福利厚生』として紹介されている）には、標本属性が明らかにされていないため解釈の難しい部分もあるが、敢えて筆者の独断で解釈するならば、女性の現在のワークスタイルの中では、このミスマッチ反応は確かによくわかるような気がする。

出産・育児段階にある女性にとって、わが国の公共保育政策での現状を勘案すると、企業が提供する「託児所・託児サービス」に対して強いニーズがあることは間違いない。未だに待機児童が放置されている中で、職場に近接する託児施設が提供されることは、彼女たちの精神的・肉体的負荷

の軽減に決定的な解決策となるだろう。

もちろん、こうした施設型の福利厚生制度、いわゆる「ハコもの」に対して、わが国の多くの企業が否定的であることも一方の事実としてある。まして、どの程度の稼働率が確保できるか、初期投資コストが高く、同時にランニング・コストもばかにできない。だから、女性従業員のニーズが強いからといって簡単に導入できるものではないだろう。しかし、ニーズが確実に存在し、それが次世代育成支援という点で決定的なものであるとするなら、複数の企業による共同利用方式の施設が少しずつできていることやアウトソーシングの利用など様々な知恵の発揮を期待したいところである。

「社員食堂」についてニーズが明確であることもやや意外であったが、確かに「安く、早く」済ませるという点では家計と仕事の両面で役立つということなのだろうか。この社員食堂は「あるが使わない」という回答率も低いことからすると、女性従業員からは重宝なものと評価されているのだろう。

「あるが使わない」制度とは

次に「あるが使わない」制度は何かという質問に対して「保養所・保養施設の利用」「国内外宿泊施設(社有以外)の利用・割引」などの宿泊系の制度が上位にきているのは、既婚で子供を持つ女性従業員などにとっては、なかなか使えないものとなるのだろうか。あるいは老朽化した社有施設などは「安く泊まって酒が飲めればいい」というわれらおじさん族と違って、お洒落感覚の発達した彼女たちにとっては受け入れ難いということかもしれない。このあたりの想像力の乏しい筆者としては未知の世界でもあり、この辺で。

4 女性にとって働きやすく快適な職場とは

福利厚生へのフラストレーション ともかく、このアンケート調査の質問自体が面白いと思う。「使いたいが提供なし」「あるが使わない」とは、まさに現在の女性従業員が自社の福利厚生制度に対して持っているフラストレーションを採取するには格好の設問である。

また、確かにこの調査が示しているとおり、現在の標準的な福利厚生制度の編成内容が、次世代育成を中心的に担っている女性にとって「使いたいが提供なし」「あるが使わない（使えない？）」という評価となってしまうものかもしれない。この点は反省しなければならないし、次世代育成支援というテーマに貢献するためには大胆に見直すことも必要であろう。

これまで何度か指摘されてきたとおり、福利厚生制度は、男性・正社員のニーズ、夫就業・妻専業主婦というモデル家族形態を念頭に置いてニーズを想定して永年、蓄積してきたものである。出産・育児を担う女性にとって、働きやすい職場、快適な職場とはどういうものなのかを、こうした調査なども参考としながら早急に考えてゆく必要がある。この見直しは、恐らく出産期の配偶者や子育て期の子供を持つ男性従業員にとっても快適な職場環境となるはずである。

次世代育成支援へのシフト 制度のポートフォリオ全体を思い切って「次世代育成支援」を十分に考慮したものへとシフトすべき時期であろう。これまでは、こうした全体的な制度編成が行われることはあまりなかったのではないだろうか。個々の制度・施設の新規導入や廃止・縮小について熱心に議論することはしばしばあったとしても、全体的なウェイトづけ、方向づけをどうするかという検討はなかなかできないものである。このような状態は、コスト全体が縮小し続けている今な

第7章 次世代育成支援と企業経営との接点・効果

「住宅」関連コストが法定外福利厚生費の過半を占めていることからも容易に想像がつく。福利厚生制度に対するマネジメントでは「スクラップ・アンド・ビルドができない」とこれまでもいわれてきた。その原因が企業側の既得権に固執する従業員や労働組合の抵抗であったり、明確な将来ビジョンを持たないというこの分野に対する無関心さであったりした。

思い切った支援策こそが効果的 いつまでたっても更新されない陳腐化した福利厚生制度では魅力を感じなくなる従業員が確実に増えてゆくことにもなろう。抵抗勢力や無関心層も巻き込んで「次世代育成支援」という新たなテーマのもとでの活発な改革議論が求められている。同時に、この議論ができて改革に着手することで実現された新しい制度編成においては、大きなサプライズを是非、期待したいと思う。

「1.57ショック」以降、1990年代からの政府の次世代育成支援政策の推移をみると、児童手当、育児休業など、きわめて漸進的、逐次的、弥縫的なもので、およそ「サプライズ」とはほど遠いものである。要するに「本気で子育てを支援するぞ」との強い意図は伝わってこない。子育てを考えている若い世代を仰天させるほどの思い切ったものでなければ、効果は期待できないのである。ある大学教授が次世代育成支援のシンポジウムで、政府の少子化政策は「ガダルカナル戦のようだ」と発言し、批判したことが記憶に残っている。要するに戦力の逐次投入では勝てないのが少子化という厄介な敵なのである。サプライズ、そうサプライズを企業労使に期待したいのである。

四 両立支援に対する認識ギャップ

1 企業側と従業員側の認識ギャップ

ニーズに対するギャップ 前節では女性にターゲットを絞った情報支援サイトの「イ・ウーマン」が行った調査について紹介した。そこでは、現在の企業の福利厚生制度が働く女性たちの望んでいるものとはかなり格差があるもので「あっても使わない/使えない」「あれば使いたいのになぃ」といったものが少なくないことが示されていた。

こうしたミスマッチは、次世代育成支援という新しいミッションを遂行するためには解消しなければならないものであることは間違いないのだが、単純にそうした調査結果をもとに女性ニーズと支援策を完全に合致させればよい、というものではない。なかなか話は簡単にゆかないところがある。

それは、ニーズの認知やニーズそのものについての様々な非対称性、つまりギャップが存在するからである。

まずは、その様々なギャップの存在について確認したい。

拡充意向にも労使のギャップ 図表7－5は、（財）生命保険文化センターが2002年に実施した『企業の福利厚生制度に関する調査』において、ファミリー・フレンドリー制度について、企

図表7-5　ファミリー・フレンドリー制度の企業における現在の導入状況と今後の導入予定及び従業員側の導入・拡充希望

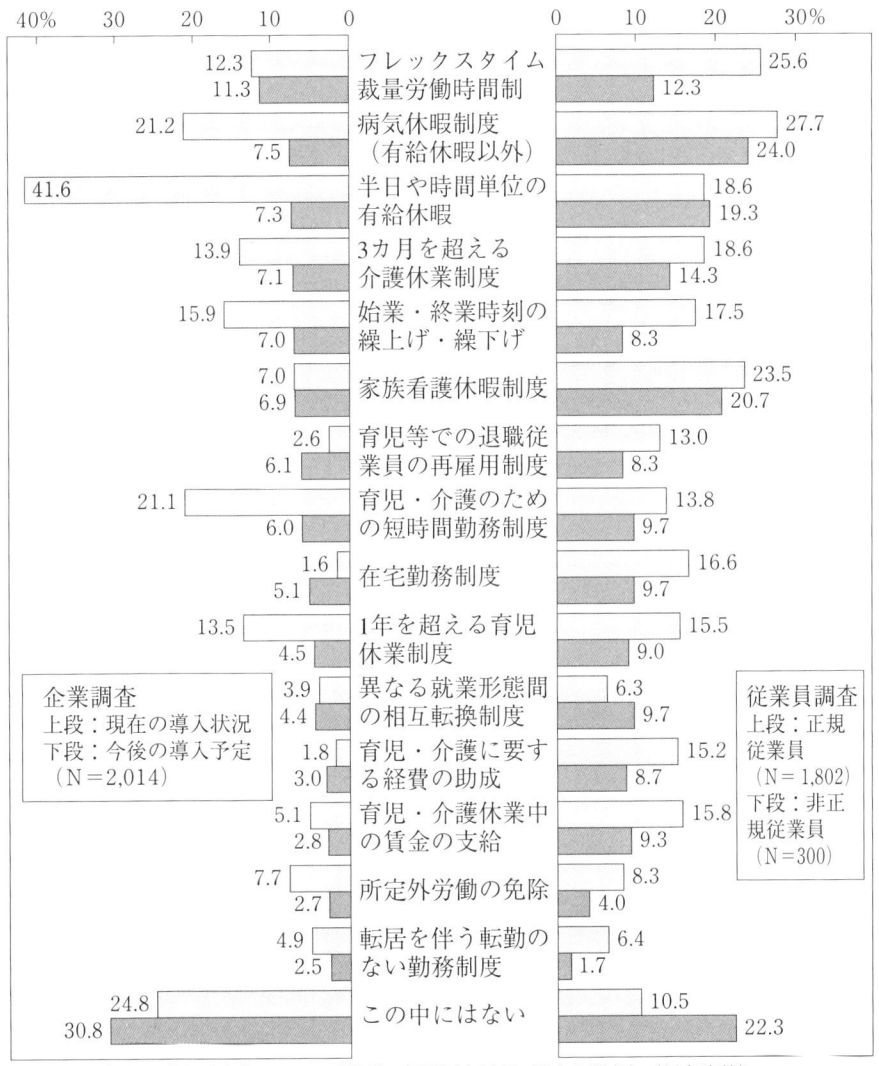

企業調査 現在の導入状況	企業調査 今後の導入予定	制度	従業員調査 正規従業員	従業員調査 非正規従業員
12.3	11.3	フレックスタイム	25.6	12.3
21.2	7.5	裁量労働時間制	—	—
—	—	病気休暇制度（有給休暇以外）	27.7	24.0
41.6	7.3	半日や時間単位の有給休暇	18.6	19.3
13.9	7.1	3カ月を超える介護休業制度	18.6	14.3
15.9	7.0	始業・終業時刻の繰上げ・繰下げ	17.5	8.3
7.0	6.9	家族看護休暇制度	23.5	20.7
2.6	6.1	育児等での退職従業員の再雇用制度	13.0	8.3
21.1	6.0	育児・介護のための短時間勤務制度	13.8	9.7
1.6	5.1	在宅勤務制度	16.6	9.7
13.5	4.5	1年を超える育児休業制度	15.5	9.0
3.9	4.4	異なる就業形態間の相互転換制度	6.3	9.7
1.8	3.0	育児・介護に要する経費の助成	15.2	8.7
5.1	2.8	育児・介護休業中の賃金の支給	15.8	9.3
7.7	2.7	所定外労働の免除	8.3	4.0
4.9	2.5	転居を伴う転勤のない勤務制度	6.4	1.7
24.8	30.8	この中にはない	10.5	22.3

企業調査　上段：現在の導入状況　下段：今後の導入予定（N=2,014）

従業員調査　上段：正規従業員（N=1,802）　下段：非正規従業員（N=300）

資料出所：（財）生命保険文化センター「企業の福利厚生制度に関する調査」（02年実施）

第7章　次世代育成支援と企業経営との接点・効果

業側（担当者）と従業員側（正規と非正規従業員の双方）に、同様の制度・施策に関して、企業側に対しては、現在の導入制度と今後導入予定の制度について、従業員側には、今後、導入・拡充してもらいたい制度について尋ねた結果である。この調査は、ファミリー・フレンドリーというテーマであったため、介護支援関連の制度も取り上げられている。次世代だけでなく旧世代もということである。

まず、企業側の導入済みの制度及び今後、新規導入・拡充予定の制度と、従業員側、特に正規従業員が「今後、導入・拡充してもらいたい」と期待している制度についての認識にギャップの存在が確認できる。例えば「在宅勤務制度」や「育児等で退職した従業員の再雇用制度」「育児・介護に要する経費の助成」などにおいて格差が大きい。

企業側の人事政策としての方向性が従業員側のニーズと完全に一致する必要は必ずしもないのだが、一方で、実効性という点で、従業員側のニーズへの対応如何は重要な問題となる。「イ・ウーマン」の女性調査で指摘されていたように「あっても使わない／使えない」ものをいくら揃えてみたところであまり効果はないからである。

2　従業員間の認識ギャップ

ワーク・スタイルのギャップ　また、従業員側をみてみると、正規従業員と非正規従業員との間にもニーズ・ギャップのあることがわかる。ワーク・スタイルの異なるこの2つの従業員層では、必要性を実感する制度が当然、違ってくることになる。

これまで、わが国の福利厚生制度は正規従業員に焦点を合わせて制度編成を行ってきたわけだ

が、次世代育成支援という点では女性、特に出産・育児期にある女性従業員が多いことから、非正規従業員に注目せざるを得ない。

既に全従業員の4分の3、あるいは5分の4程度を非正規従業員が占めている流通・サービス業などでは、中核従業員層としての非正規層の働きやすさを追求し、優秀な人材の獲得と定着性を実現することの必然性が高まってきている。

また、以上の2つの格差以外にも、もうひとつ重要な格差がある。

男女の立場によるギャップ 図表7－6に示したものがそれである。すなわち、同じ正規従業員の中でも、男性と女性とではニーズに差が出てくるのである。この図は男女の回答率の差を算出したものを「ギャップ」として表現している。

例えば「育児・介護のための短時間勤務制度」「1年を超える育児休業制度」などは女性の多くが望んでいるが、男性はそれほどではない。これは、まさに出産・育児の当事者となっている女性従業員と、今のところ多くが支援者、補助者でしかない男性従業員との立場の違いを反映したものであろう。このギャップは、次世代育成支援への制度シフトを考えるときに重要な視点となる。

多くの企業で多数派を占める男性正規従業員に対する支援に重点を置くべきか、少数派だが当事者となって大きな負荷に苦しめられる可能性が高い女性従業員にまず手を差し伸べるべきか、という選択の問題に直面する。

このときの最適解の選択は、制度・施策の利用率、稼働率、実績などを予測すると意外に難しいものである。先進的な取り組み例としてしばしば紹介されるベネッセコーポレーションなどでは「女性が多数派」を占めているという点で実は簡単な選択であったともいえる。だからこそ、次世

— 209 —

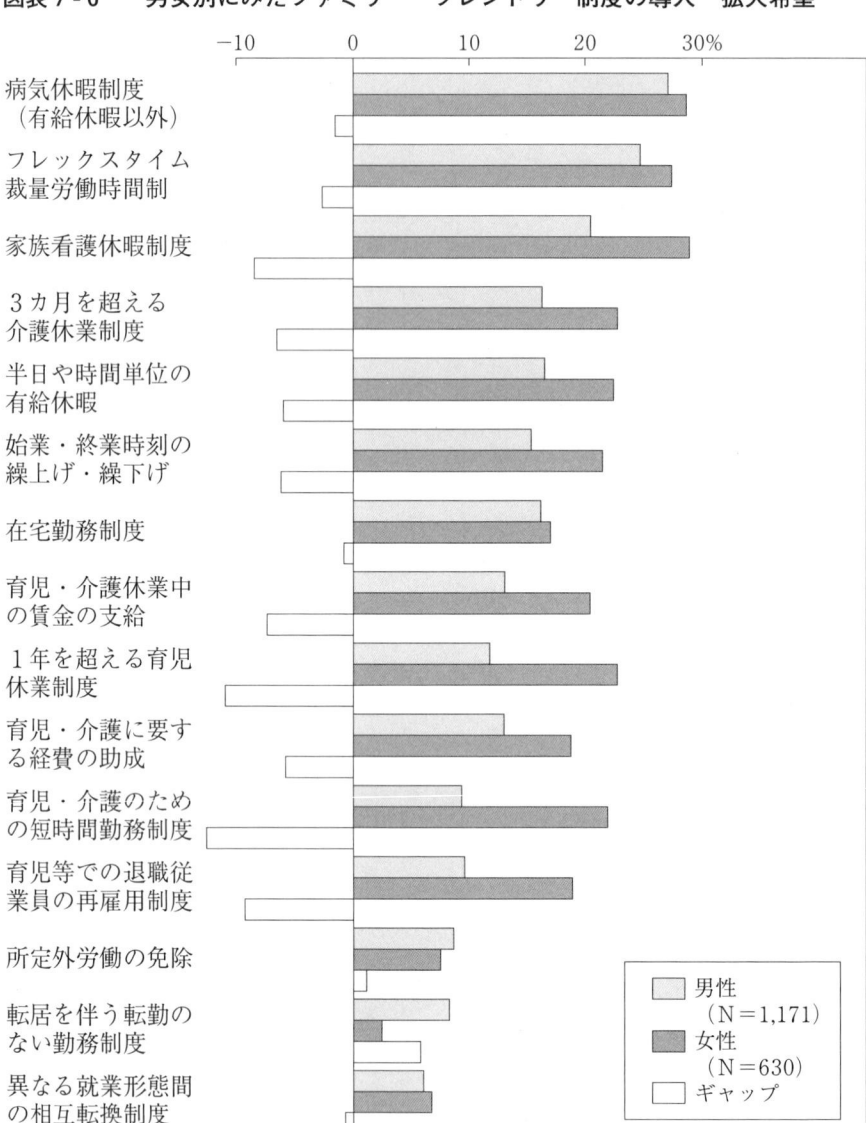

第7章 次世代育成支援と企業経営との接点・効果

図表7-6 男女別にみたファミリー・フレンドリー制度の導入・拡大希望

制度	男性 (N=1,171)	女性 (N=630)	ギャップ
病気休暇制度（有給休暇以外）			
フレックスタイム裁量労働時間制			
家族看護休暇制度			
3カ月を超える介護休業制度			
半日や時間単位の有給休暇			
始業・終業時刻の繰上げ・繰下げ			
在宅勤務制度			
育児・介護休業中の賃金の支給			
1年を超える育児休業制度			
育児・介護に要する経費の助成			
育児・介護のための短時間勤務制度			
育児等での退職従業員の再雇用制度			
所定外労働の免除			
転居を伴う転勤のない勤務制度			
異なる就業形態間の相互転換制度			

資料出所：図表7-5に同じ、正規従業員対象

第7章 次世代育成支援と企業経営との接点・効果

代育成支援というテーマにおいてあれほど先進的たり得たともいえるのだろう。

さて、このようにみてくると、次世代育成支援という新たな重要テーマに人事労務制度や福利厚生制度を無駄なく、効果的にシフトさせてゆこうとするとき「誰のために」「まず何から」「何を実現目的にして」などの具体策の決定には、よくよく考えなければならない点が多くあることがわかる。

現時点においては「次世代育成支援」という新しいテーマに対する共通認識が十分にできていないといえる。また、様々な個々の対応制度についても、どの程度の効果があるものか、その実効性についても検証されていない。

最小のコストで、最大の効果を得るためには、自社の事業特性や従業員特性などとの適性も考えながら、最適なパターンを模索しなければならないのである。

五 格差を生み出す背景は何か

1 事業主行動計画も格差を助長

子育て環境の規模格差が拡大 企業に対して計画的な子育て支援を求める次世代育成支援対策推進法が2003年7月に成立・公布され、従業員301人以上の大企業には、仕事と家庭の両立推進のための「一般事業主行動計画（以下「行動計画」）」の策定が義務づけられた。04年度末までに行動計画を策定し、05年4月1日以降、速やかに届け出なければならないとし、雇用する従業員が300人以下の事業主には、同様の努力義務があると定めた。

厚生労働省によると、2006年3月時点に行動計画の策定を届け出た企業は1万4383社で、このうち策定義務がある従業員301人以上の大企業は1万2726社だった。これは対象として想定された大企業層全体の99・1％であったという。一方で、努力義務レベルの中小企業で届け出を行ったのは1657社だった。中小企業の場合は分母が百万単位になる話だから提出率を計算するまでもなく、ごく少数であることは明らかである。

もとより、福利厚生制度や退職給付制度などでの企業規模間格差が著しいことは知られている。以前にも指摘したことがあるが、制度環境が見劣りする中小企業に対して次世代育成支援対策推進法において行動計画の策定を努力義務とすることで、中小企業従業員と大企業従業員との職場での

子育て環境の格差を拡大させてしまうことが懸念される。単に育児休業の取得だけでなく、様々な福利厚生制度としての支援制度の整備・導入が遅れる方向に作用すると考えられるからである。行動計画の提出状況をみる限りでは、残念だが予想は当たっているということになろう。

低い認定マーク申請予定率 また、もう一点注目しておきたいところは、2006年3月末時点での届出企業のうち、認定マーク申請の「予定がある」と回答している企業数は、301人以上企業で2530社（届出企業の19・9％）となり、300人以下企業では459社（届出企業の27・7％）となっていることである。(注)

届出企業の5社に1社、4社に1社程度しか認定を目指していないということになる。この現状をどうみるかだが、筆者はあまり好ましい状況ではないと考える。

認定を得るためには7つある認定基準の全てに該当しなければならない。すなわち、①雇用環境の整備について、行動計画策定指針に照らし適切な行動計画を策定、②計画期間が2年以上5年以下、③定めた目標を達成、④計画期間内に男性の育児休業等取得者がおり、かつ女性の育児休業等取得率が70％以上、⑤3歳から小学校に入学するまでの子を持つ労働者を対象とする「育児休業の制度または勤務時間短縮等の措置に準ずる措置」を講じる、⑥次のA～Cのいずれかを実施（A＝年次有給休暇の取得促進のための措置、B＝その他働き方の見直しに資する多様な労働条件の整備のための措置、C＝所定外労働の削減のための措置）、⑦法に基づく命令その他関係法令に違反する重大な事実がない、である。

これらの認定基準を全て充たすことは、もちろん容易なことではない。ハードルは決して低くないのである。特に、③④⑤については運用成果として実現しなければならないものであり、単なる計画策定だけでは済まないわけである。計画の実効性を問われることになる。

2　育児休業取得率の男女格差が意味するもの

規模格差と男女格差のねじれ　こうした筆者の疑念を裏付けるデータのひとつが図表7－7であ

この認定対応で苦労している担当者の話などでは「達成可能な目標を設定したい」、ということだ。つまり、あまり高い目標設定は回避したいというのが本音なのである。しかし、それでも、真剣に考えずにタテマエ的な高い目標が掲げられ、実現されずに放置されるよりも、認定を目指す企業において調整された目標であっても、確実に実現される方がよいに決まっている。

この認定では、義務化されていない300人以下の中小企業の方が、認定マークなどの積極的な活用を考えていることが示されている。届出企業の28％を占める459社は相当にやる気があるようだ。中小企業の対応にユニークで活力あふれるものが多いことからすると、楽しみなところである。ここでも「やる気のある企業」と「それほどやる気のない企業」との格差があらわれているということであろう。

大企業にも懸念材料　一方、この結果を捉えて「やはり大企業は対応が早い」「すぐにも職場環境が改善される」と早合点してもいけない。確かに、提出義務が明記されたために行動計画を策定する努力をしたことは確かなのであろう。その短期間での努力は認めることとしよう。

しかし、今後の実効性という点では、失礼だが、なかなか評価が難しいのである。

つまり、法的、制度的な対応、事務的な対応という点では迅速であるが、実際に職場で次世代育成支援が実効性のある形で運用されるか、つまり、従業員が十分に利用できるようになるかということになると、話はずいぶんと変わってくる。

第7章 次世代育成支援と企業経営との接点・効果

図表7-7　　　　　　事業所規模別にみた育児休業取得率

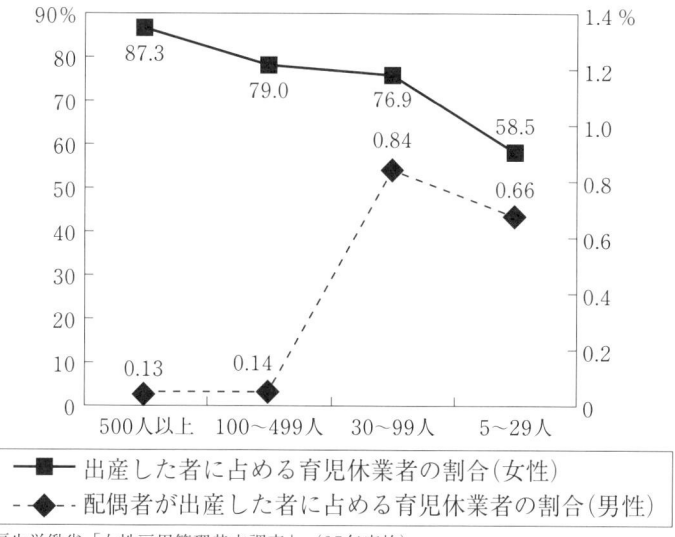

- 出産した者に占める育児休業者の割合（女性）
- 配偶者が出産した者に占める育児休業者の割合（男性）

事業所規模	女性(%)	男性(%)
500人以上	87.3	0.13
100〜499人	79.0	0.14
30〜99人	76.9	0.84
5〜29人	58.5	0.66

資料出所：厚生労働省「女性雇用管理基本調査」（05年実施）

　このデータをご存知の方も多いと思うが、厚生労働省の『女性雇用管理基本調査』の中の育児休業取得率の実績を事業所規模別にみたものである。ここには、前節で色々な側面を検討したギャップが複合化されている。

　ひとつは規模間のギャップであり、もうひとつが男女間のギャップである。

　規模別にみると女性（出産者）の取得率は500人以上の大企業層では87・3％と最も高いが、5〜29人の小企業層では58・5％と最も低い。30ポイント近い格差がある。

　ところが、男性（配偶者が出産した者）でみると、この傾向は逆転する。まず、グラフの左右で縮尺の単位が違うことを確認した上で規模間での大きな格差をみていただきたい。30〜99人の小企業層では0・84％の男性で育児休業の取得があった。ほぼ120人に1人という勘定になる。しかし、500人以上の大企業層では0・13％、つまり770人に1人という話に

― 215 ―

なる。取得率で両者の格差は実に6・5倍にもなる。

大企業の就労価値観を反映 規模間格差と男女格差がねじれた形で発生しているといってよいのだが、この状況は実は重要な意味を含んでいる。

まず、周知のとおり、政府が掲げる育児休業取得率の目標値は、女性80％、男性10％である。女性はあと少しの努力でなんとか達成できそうな印象だが、男性の方はあまりにもかけ離れている。取得率で20倍近い飛躍が必要となる。また、特に大企業層で男性への対応が極端に遅れていることが示されており、この問題が伝統的な労働慣行やわが国の労働者において支配的な就労価値観、そして大企業経営者の意識などと強く結びついたものであることが示唆されている。

次世代育成支援において育児休業取得率は、国際比較などが盛んに紹介されることもあってか、象徴的な指標としての意味あいが強い。確かに、この指標によって企業の体質が見事に浮き彫りにされているといってよいのだろう。

3 男性をターゲットとした制度導入の必要性

子育て環境が劣悪な男性従業員 さらに、この育児休業取得率の結果と照らし合わせてみたい図表7-8のようなデータもある。

これは、総務省『労働力調査』からみた男女別の就業時間別の労働力総数である。35時間以上の就労時間の労働力は4711万人おり、男性が67・5％、女性が32・5％となる。図表7-8では就労時間が長くなるほど男性比率が高いことが示されている。例えば60時間以上では84・0％が男性となる。このデータから結論的にいえることは、男性の方が女性以上に子育て環境とし

— 216 —

図表 7-8　週間就業時間別の性別就業者比率と総数

(%)

区　分	35時間以上	35〜48時間	49〜59時間	60時間以上
男　性	67.5%	60.5%	77.0	84.0%
女　性	32.5	39.5	23.0	16.0
総　数	4,711万人	3,013万人	972万人	725万人

資料出所：総務省「労働力調査」（06年実施）より作成

ては劣悪な状態に置かれているということである。先の育児休業取得率とも表裏の関係にあるといってよい。

男性は本当に変われるか　前節でファミリー・フレンドリー制度へのニーズにおいて男女間のギャップが存在することを紹介した。そして、男性と女性の双方にいかに制度展開の力点を配分すべきか、という点を慎重に検討する必要があることについても述べた。客観的にみて、男女間の格差は大きく、また近年の政策効果研究などの成果からも、わが国における次世代育成における実効性を考える上での課題が「男性」であることは間違いないのである。つまり、男性をターゲットして様々な制度・施策を導入しながら、職場での実質的な意識改革、発想の転換を迫ることが重要と考えられる。

さもないと、大企業層では一見、制度的には充実しながらも「仏（行動計画）つくって魂入れず」ということにもなりかねない。次世代育成支援対策推進法では「男性の育児休業取得者が1人以上いる」などの条件をクリアした企業には「認定マーク」の利用が許され、企業は自社の広告活動などに利用できる。このオプションが大いに企業を動機づけていることは確かである。

これも、1人だけが「人柱」にされるようなことではなくて、選択容易なキャリアコースのひとつとして職場で認知されて、いつま

でも継続できる代替要員補充の仕組みなどが整備されることを望みたいものである。

しかし、ここが実に難しいところではある。今の日本の男性サラリーマンと彼を取り巻く職場環境、その戦場的な雰囲気の中で「よし、子育てのために育児休業を取ろう」と仕事をおっぽり出すことができるか、そして許されるのか。かつては企業戦士とさえ呼ばれた人々が本当にすぐに変わるのであろうか。

(注) 2007年9月末現在で認定申請企業393社、うち認定企業366社、審査中企業16社となっている。

第八章 新たなミッションとしてのCSR

一 福利厚生はCSRとどう関わるか

1 新しい使命となる可能性が高いCSR

福利厚生の新しい使命の核に これからの時代における福利厚生の新しい使命は何か、このことを考えるとき、これまで検討してきたわが国の国家的課題ともいえる「次世代育成支援」と並んで、もうひとつ、より大きな柱となり得るものが「CSR（Corporate Social Responsibility：企業の社会的責任）」であろう。

CSRは福利厚生にとって今は「遠くて、遠い」、遙か彼方の世界のようだが、今後それほど遠くない時期に否応なく、このCSRの強い流れが日本企業に押し寄せてくることによる影響を受け止めなければならないだろうと筆者は考えている。いや、むしろ福利厚生の新しい使命の核となり得るものとして積極的、能動的に対応を考えてゆくことが大切ではないか、戦略的にみて将来性のある議論になり得ると思っている。

これまで検討してきた次世代育成支援なども、このCSRという大きな枠組みに包含されるものとして認識されつつあり、捉えどころのない概念的な拡がりを持ちながらも、そのことが「これがわが社のCSRだ！」と宣言してしまえば、先進的な取り組みとして認知されてしまうという自由度の高さを持っているという点での面白さもある。

第8章　新たなミッションとしてのCSR

ともかく、CSRとは、一体何なのか、今、どのような世界的な潮流があり、わが国の企業にどれほどのインパクトを与えるものなのか、どのような接点を持ち得るのか、といった点をよい機会なのでじっくり考えてみたい。そして、福利厚生の世界とどのような接点を持ち得るのか、それが新しい使命のひとつに位置づけられるほどのものかどうかを見極めてゆきたい。

CSRの定義

それではまずは、CSRと何なのか、というあたりから議論を進めてゆきたいと思う。

CSRという言葉について世界的に共有されているコンクリートな定義は未だにない。代表的なものを紹介すると。

最も進んでいると思われる欧州では『EU MULTI STAKEHOLDER FORUM ON CSR（2004年）』の最終報告書に掲載されている「企業が社会問題と環境問題を企業の責務として利害関係者とのやり取りの中に自主的に組み込むこと」というものが一番新しいコンセンサスではないだろうか。

一方、米国では、この手の活動は常にNPO・NGO（非営利団体）がイニシャティブを取るのだが、その中でも有力なCSR推進企業団体であるBusiness for Social Responsibilityが行った定義がある。それは「法的、倫理的、商業的、その他社会が企業に対して抱く期待に対して照準を合わせ、全ての鍵となる利害関係者の要求をうまくバランスさせるように意思決定を行うこと」（2004　足達・金井）とされている。

わが国の比較的新しい定義としては、当分野の第一人者である一橋大の谷本寛治教授が作成した「企業活動のプロセスに社会的公正性や環境への配慮などを組み込み、ステークホルダー（株主、従業員、環境、コミュニティなど）に対しアカウンタビリティを果たしていくこと。その結果、経済的・

第8章　新たなミッションとしてのCSR

社会的・環境的パフォーマンスの向上を目指すこと（2004）」というものがある。われわれには欧米のものよりは、わかりやすいものといえるだろうか。

三者ともに微妙にニュアンスが異なるのだが、これらの定義に共通する点のひとつは、対象領域の幅広さを訴えていることであろう。

まずは、問題解決に当たるべき場として「社会問題と環境問題」「経済的・社会的・環境的」といった言葉が共有されている。また、この問題への関与者（ステークホルダー）として、株主、従業員、環境、コミュニティ（住民）などを幅広く想定している。このあたりの広がり具合が企業にとっては「誰を相手に、何をやったらいいのかわからん」といった戸惑いを与える原因になっていることも事実であろう。筆者は先にも述べたように、何をやるかは自由であると考えればよいと思っている。つまり、「わが社のCSRはこれだ」という動きが集積されることで、その結果として、日本型CSRのあり方がみえてくることになると考えている。マネジメントの世界でいうならば、欧米で始まった「品質管理（Quality Control）」が、わが国に持ち込まれて鍛えられることで「カイゼン（KAIZEN）」という世界モデルになったようにである。

また、もうひとつの共通点は、企業の自主性、裁量性を尊重していることである。「自主的に取り込む」「意思決定を行う」「向上を目指す」といった語尾に反映されるとおりである。要するに、企業にとっては強制されるものではないのである。

2　労働面のCSRへの関心の高まり

遅れた日本の取り組み　現在のわが国企業のCSR活動は、製造業を中心に展開されていること

— 222 —

第8章 新たなミッションとしてのCSR

もあってか「地球環境問題」に大きくシフトしたものとなっている。「環境」は欧州や米国の企業にも全くひけをとらないレベルである。地球環境対応技術はハイブリッドなども含めて、わが国の貴重な競争力となっていることと繋がっている話である。これには、わが国が水俣病など深刻な公害問題を経てきたという歴史的トラウマ的な影響もあり、また得意な技術分野であることなども手伝った結果であろう。この方向は今後、さらに強化され、世界的なリーダーシップを取ることが望まれる。

しかし、である。「地球環境問題」だけでよいのか、という疑問も湧いてくる。もちろん、昼休みにオフィスの電気を消して回ること、再生紙しか使わないこと、クールビズに賛同することなど、やれることはたくさんある。それなりの経営的効果もあるのだが、どうしても、CSRというにはスケールが小さい印象が否めない。

だが、現在のCSRの世界的な要請、つまり社会的責任の発揮として求められるものが環境保全だけで済まないことは明白である。定義にもみるとおり、「環境」だけでなく、近年は社会的側面、特に労働的側面が注目されている。途上国の貧困や人種差別といった問題、先進諸国を含めた人々の人間的側面にまで確実に拡がり、ダイバーシティ、WLBといった領域、さらにわが国のような次世代育成支援にまで守備範囲が拡大している。こうした広がりの中で、わが国は遅れを取ってきた。環境面が先行したためかもしれないが、それ以外に問題がないわけでは決してないのだ。

わが国では、世界的な潮流となりつつあるCSRの胎動の中において、主に地球環境面での対応に先進的な位置を占めるに至っており、そのことが日本企業の競争力の形成にも一定の貢献をしている。

— 223 —

同時に、CSRが企業という社会的存在に対して非常に幅広い領域での責任意識の知覚と行動を求めるものであることからすると、地球環境面以外の様々な領域においてもバランスの取れた対応が必要となっている。

それはCSRが、企業と社会との包括的な関係を改めて問うている概念であり、企業の持続的発展（sustainability）のためには、財務面での成果（売上高、利益の確保等）に加えて、地球環境面の成果、社会面の成果（従業員や地域社会との関係等）、という3つの成果を同時に総合的に高めてゆくことが必要であるという、トリプル・ボトムラインの考え方がその根底にあるからである。

わが国のケースでは、このことは地球環境面への注力の反動として、今度は、労働・雇用面での社会的責任への対応が多くの日本企業にとっての取り組み課題として浮上してきているとみることができる。

事実、国際比較をみても、わが国は、長時間労働やサービス残業の放置、少子化の原因となっているWLBやダイバーシティへの実効性のある対応への遅れのほか、過労死や過労自殺などの発生率も高い水準にある。先進国の中では、地球環境での好評価とは対照的に遅れている分野といってよいだろう。

このわが国のCSRにおける弱点ともいうべきアンバランスは、労働組合からも注目されてきており、新聞・雑誌の報道などでは「CSRはまさに組合運動強化のテコだ」といった発言も出てきている。

筆者のみる限りでは、わが国の経営者団体が主導するCSRにおいても地球環境面には積極的な対応を取ろうとしているが、労働・雇用という側面ではやや腰が退けている印象を拭えない。労使関係、労働コストに直結する問題だからであろう。

図表 8 - 1　　　　CSRの対象となる労働・雇用の分野

○ILOの中核的労働基準の遵守 ○ワークルールの遵守 ○従業員の雇用確保,「良質な雇用」「永続的な雇用」の創出 ○生きがいを持って働ける職場,ファミリーフレンドリーな職場の形成 ○安全衛生対策,人間関係も含めた良質な職場環境の確保 ○メンタルヘルスを含めた従業員の健康の確保 ○セクシャル・ハラスメント,パワー・ハラスメント,いじめなどの厳禁 ○適正な賃金・労働条件の確保,適正な成果配分 ○労働時間管理の徹底,超過労働時間の縮減,年次有給休暇の完全取得	○適正な採用と昇進,評価制度 ○従業員のプライバシー保護 ○男女共同参画,次世代育成や介護の推進,仕事と私生活との両立 ○障害者雇用の拡大 ○高齢者雇用の確保 ○マイノリティの雇用確保 ○労働組合・従業員への情報開示 ○労働組合・従業員代表の経営参加 ○従業員のキャリア開発・能力開発の促進・支援 ○従業員のボランティア支援 ○失業者や職業訓練の必要な勤労者に対する支援 ○求職者への適切な配慮 ○官僚出身者の受け入れに関する留意など

資料出所：全日本金属産業労働組合協議会（04年3月発表）

労働・雇用面にも拡大

労働面での働きはようやく始まったばかりといえよう。労働組合が先行する形で、全日本金属産業労働組合協議会から『CSR推進における労働組合の役割に関する提言』（2004年3月、05年8月に改訂版）が発表された（図表8-1）。続いて6月には、労働におけるCSRのあり方に関する研究会（座長：谷本一橋大学大学院教授）の『中間報告書』が厚生労働省から出されている。

これらの検討の場では、取り組むべき意義やその背景、そして対象とすべき問題が列挙されており、まずはCSRと労働問題との接点を整理しようという段階である。ようやく動き始めたというところなのである。

ともあれ、「地球環境」だけから「社会・倫理（労働、雇用を含む）」を含めて、という流れの広がりは、わが国だけのものではない。例えば、米国におけるエンロン社などの企業不祥事、ナイキ社の児童労働問題などが話題となり注目されることで、企業の社会面、労働倫理面

3 「国連グローバル・コンパクト」への参加

世界3000社以上が参加

様々な動きをみせているCSRだが、一方でその行動主体たる企業を取り巻く周辺では、実質的対応とその情報開示に対する要請が様々な次元から強まってきている。世界的な動きのうちの代表的なものをいくつか紹介しておきたい。

まずは「国連グローバル・コンパクト」。これは、グローバリゼーションに起因する様々な課題に対処するための初めての世界的なフォーラム（意見交換と実践の場）として急速に発展し、既に世界各国から3000の企業が参加している（2007年1月現在）。これは1999年1月、スイスのダボスで開かれた世界経済フォーラムの席上、アナン国連事務総長（当時）が提唱し、翌年00年7月にニューヨークの国連本部で正式に発足した。

「国連グローバル・コンパクト」は、このプロジェクトに参加する世界各国の企業に対して、人権、労働基準、環境の3分野について合わせて9つの普遍的な原則を支持し、実践するよう強く要請した。

各企業は、国連と国連人権高等弁務官事務所（OHCHR）、国連環境計画（UNEP）、国際労働機関（ILO）、国連開発計画（UNDP）、さらに非政府組織（NGO）、労働団体など、様々な組織と連携しながら、活動に参加することになる。

「国連グローバル・コンパクト」に参加する企業は多様で、様々な業種、様々な地域を代表して

いる。わが国でも2001年2月に第1号となったキッコーマンから07年7月に参加を表明した二コンまで、53社が参加している。いずれも各業界を代表する企業といってよい。

3分野に10原則

現在は10原則となっているものを示しておこう。

人権

原則1　企業はその影響の及ぶ範囲内で国際的に宣言されている人権の擁護を支持し、尊重する。

原則2　人権侵害に加担しない。

労働

原則3　組合結成の自由と団体交渉の権利を実効あるものにする。

原則4　あらゆる形態の強制労働を排除する。

原則5　児童労働を実効的に廃止する。

原則6　雇用と職業に関する差別を撤廃する。

環境

原則7　環境問題の予防的なアプローチを支持する。

原則8　環境に関して一層の責任を担うためのイニシャティブを取る。

原則9　環境にやさしい技術の開発と普及を促進する。

腐敗防止

原則10　強要と賄賂を含むあらゆる形態の腐敗を防止するために取り組む。

4 日本企業もSA8000の認証を取得

人権保護を定めた国際規格 一方、国連グローバル・コンパクトの10原則がトップ企業が持つべき理念的な行動指針であるとすれば、「SA8000」は、より現実的に労働条件・労働実態を改善・維持するための基準であり、認証のシステムである。

SA8000とは「Social Accountability＝会社説明責任8000」の略で、1997年に策定された基本的な労働者の人権の保護を定めた国際規格である。SA8000の策定・運用を行っているのは、米国で96年に設立された人権問題を専門にする非営利団体の Social Accountability International（SAI）である。SAIは、労働者、労働組合、企業、行政、NPO、投資家、消費者からなる民間組織で、人権に配慮した労働のマネジメント基準（SA8000）を策定し、自ら監査活動を行うことでSA8000の認証を与える独立機関となっている。05年3月末現在、世界44カ国655カ所の事業所がSA8000の認証を取得している。わが国では04年11月にイオンのプライベートブランド「トップバリュー」のサプライヤー管理とイオンの本社業務において国内初のSA8000認証を取得している（07年5月現在2社）。

労働面にもCSR圧力 SA8000では、次の9つ領域を監査対象としている。特に、評価が高い点は「労働時間の管理」の部分で、他のCSR認証基準より一歩踏み込んだものとなっている。

・児童労働の撤廃
・強制労働の撤廃
・労働者の健康と安全

第8章　新たなミッションとしてのCSR

- 結社の自由と団体交渉の権利
- 差別の撤廃
- 肉体的な懲罰等の撤廃
- 労働時間の管理
- 基本的な生活を満たす報酬
- マネジメントシステム

このように、労働面でのCSRの進展を求める動きも国際的なものとなりつつあり、その取り組みと成果が企業に対する新しい評価基準のひとつとなり始めている。地球環境への対応においては業種によってそのビジネスモデルの違い（直接的な環境負荷の違い）から強弱がみられたし、それがある程度認められた。つまり、土壌汚染や水質汚濁の可能性のある企業では、否応なく本格的に取り組まざるを得なかったわけだが、一方で、サービス業などでは資源の節約といった次元での取り組み程度しか求められなかったわけである。

しかし、労働面となると、全ての企業・団体に共通する課題・テーマとなる。バランスの取れたCSRによって社会から高い評価を得ようとするときに、この分野への注力と実質的な効果を得ることは避けて通れないものになると考えられる。

— 229 —

二　CSRへの取り組みはどこまで進んだか

1　CSRへの対応は国際的潮流

何もしないことの不利益感　ここまで、CSRがこれからの福利厚生が貢献すべき領域、あるいは理念的な存立基盤となり得るかについて検討してきた。確かに、CSRが以前のような単なる慈善的な社会貢献といった性格ではなく、社会や市場での企業自身の存在価値を左右しようとしているものであること、つまり、本質的な経営問題としての認識へと広がっていることは重要である。

同時に自発的行動とされながらも様々な評価機関や認証機関、表彰制度などが登場してくる中で「何もしないことの不利益感」、わかりやすくいえば「バスへの乗り遅れ感」もわが国の企業風土の中で、ことCSRに関しては、徐々に出てきているように思える。良くも悪くも未だに「横並び意識」の強い要因にもなろうと考えられる。

また、忘れてならないことは、現在のCSRの動きが間違いなく国際的な大きな潮流であることから、グローバルな事業展開を行っているビッグビジネスであるほど、競争上の看過できない条件のひとつとして対応せざるを得ないという状況に直面している。地球環境問題などは重要な競争条件、さらには市場への参加キップともなりつつあるのだ。

第8章 新たなミッションとしてのCSR

背景としては強固なものが築かれつつあるのだが、一方であまりの領域の広さから前向きな対応をしようと決断できたとしても「いざ、何をどうやるのか」という具体的な行動に移そうとする段階で、立ち竦んでしまう傾向もあるようだ。

後ほど紹介するが、こうした問題をクリアするためか、経営者団体では基本マニュアル的なものまで提供し始めており、CSRと福利厚生との接点もここで明確なものとして示されてきている。

大企業の75％がCSRを意識

『CSR（企業の社会的責任）に関するアンケート調査』を2005年10月に日本経団連が会員企業の1324社に対して行い、572社（回答率：43.2％）のデータを得た。

この調査ではまず「CSRを意識して活動しているか」という問いかけを行っているが、この質問に対して実に75.2％が肯定する結果となった（図表8-2）。

大企業層ではもはや多数派となりつつあることを示している。表現的には「意識して行動」という微妙な文学的クエッションネア（質問表現）が実態とどう関連しているかは必ずしも定かではないが、最低限、先の「バスへの乗り遅れ」の焦燥感くらいは相当にあるということなのだろう。それでもよいのである。

また、この調査でも示されているように、どうやら今のわが国のCSRが現在のところトップ主導だという点にも注目しておきたい（図表8-3）。この手の性格の問題やテーマはトップ層がかなり強く、しかも繰り返し号令をかけてゆかないと中間管理職たちは身動きが取れないものである。

トップの「本気度」、特に持続的本気度が示されれば、わが国の優秀な経営組織はかなり自律的に問題処理を行えることは実証済みである。ともかく、期待したい流れになっているようには思える。

— 231 —

第8章　新たなミッションとしてのCSR

図表8-2　　　CSRを意識して活動している企業の割合

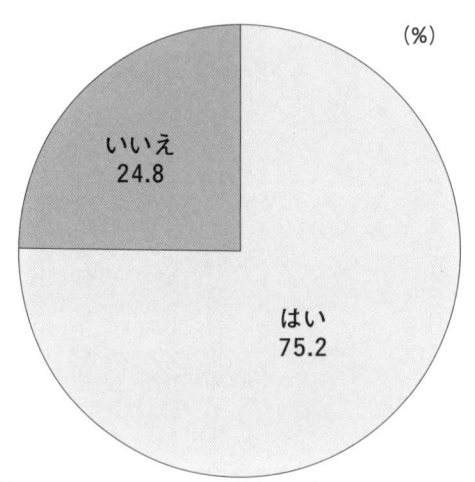

(%)

いいえ 24.8

はい 75.2

資料出所：日本経団連「CSRに関するアンケート調査」（05年10月実施，N＝572社）

図表8-3　　　CSRはどのように実施されているか

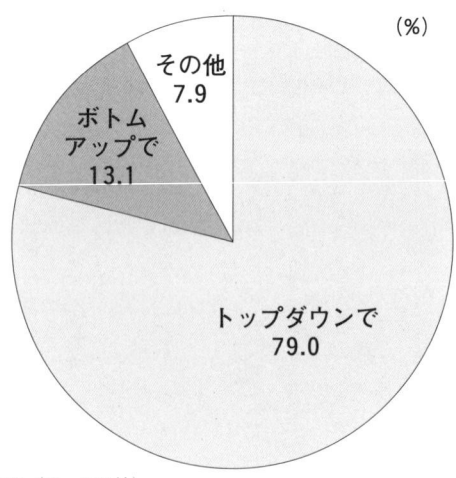

(%)

その他 7.9

ボトムアップで 13.1

トップダウンで 79.0

資料出所：図表8-2に同じ（N＝429社）

第8章 新たなミッションとしてのCSR

さて、これでようやく「どうやるか」「何をやるか」問題に、やっとたどり着けたとしよう。この段階で必要となるのが先に触れた基本マニュアルとなる。

2 日本経団連の「CSR推進ツール」

自主的な取り組みを強調

日本経団連は2005年10月に『CSR推進ツール』を発表し、会員企業での活用を促している。これが現在の時点では、国内的対応においては最も基本的なマニュアルとなるものだろう。

このツールは「規模・業種を問わず日本のあらゆる企業が、企業の社会的責任を視野に入れた活動を行うため、参考にする資料」として位置づけられている。また加えて「企業に自主的な取り組みを求めるものであり、各企業の理念、組織、風土、経営環境、事業戦略などに応じて、項目の選択や重点化を行うもので、全ての項目が同時に取り組まれることを示唆するものではない」というご丁寧なただし書までつけられている。第三者認定など、外部強制力、標準化を嫌う経営者団体の考え方があらわれている。確かに彼らの主張はもっともであり、CSRがあまりに規制的なものになってしまい、減点主義的な評価軸が蔓延してしまうことは、経営の自由度を縛りすぎてしまうだろう。バスの乗り遅れ感くらいでちょうどよいのである。

内容のうち福利厚生にとって重要な部分だけを取り出してごく簡単に紹介しておこう。

福利厚生と関連が深い「人権・労働」項目

CSR推進ツールではCSRの領域を大きく、Ⅰコンプラ・企業倫理、Ⅱ情報、Ⅲ安全と品質、Ⅳ人権・労働、Ⅴ環境、Ⅵ社会貢献の6つに分類している。

— 233 —

第8章 新たなミッションとしてのCSR

福利厚生と関連性が最も深いのは「Ⅳ人権・労働」である。ここでは2つの基本原則を示している。「企業の活動によって影響を受ける人々の人権を尊重する」と「従業員を尊重する」である。その上でステークホルダー別に「消費者・顧客」「取引先」「社員」「従業員」の順に整理している。その「社員」の中をみると、さらに8分類かつ14の主要項目をCSR活動でのアクション・プランの骨格として提示している。また、この14項目毎に先進的な取り組み事例も示されており、使いやすい形となっている。

以下がその8分類、14項目である。

1　多様な人材が能力を発揮できる人事処遇制度
　① 男女共同参画を推進する。
　② 若年者・高齢者・障害者を活用する。
2　雇用差別の禁止と機会均等
　③ 国籍、性別、信条または社会的身分等を理由に雇用管理や処遇で差別的取扱いを行わない。
3　職場の安全衛生、従業員の健康管理の充実
　④ 心とからだの健康づくりを推進する。
4　従業員の能力・キャリア開発の支援
　⑤ 従業員に多様な能力開発機会を提供する。
　⑥ 社内公募制度を実施する。
5　従業員との誠実な対話・協議
　⑦ 能力・キャリア開発に関して、従業員と対話の機会を持つ。
　⑧ 労使関係について、従業員と誠実に対話する。

第8章 新たなミッションとしてのCSR

⑨ 労使間の直接対話を公開する。
⑩ 児童労働、強制労働の禁止
⑪ 児童労働・強制労働は行わないという姿勢を、従業員に徹底させる。
7 人権配慮
⑫ 人権への配慮を従業員に徹底させる。
8 従業員の仕事と家庭の両立支援
⑬ 支援制度の整備に取り組む。
⑭ 各種支援制度の利用促進を図る。
⑮ 労働時間・就労条件・休暇などについて多様な選択肢を用意する。

この中で、福利厚生制度としての直接的な対応が可能と考えられる部分としては、主に④⑤⑫⑬などであろう。

「従業員を尊重する」という基本原則はまさに福利厚生の理念と相通じるものである。福利厚生側からみると、CSRを実現する具体的な行動として、これまでの蓄積を活かしながら企業経営に貢献できる可能性が改めて示されたものと受け取るべきであろう。つまり、福利厚生をCSRの一翼を担う機能としてリ・ポジショニング（再定位）することが戦略的対応として求められているのである。

— 235 —

三 CSRは福利厚生に何をもたらすか

1 企業にとってCSRの本質的意義とは何か

企業の生存戦略に　これからの企業経営と福利厚生との効果的な融合を考える上で、「社会」との関係性を重視することも見逃せない。この動きについては、ファミリー・フレンドリー・ファンド（従業員・家族に配慮した対応を行う企業を中心とした投資ファンド）なども含めて既に紹介したが、改めてこの外部環境要素を福利厚生制度の展開という観点からどのように位置づけるべきなのか、論点を整理しておきたい。

近年、企業社会の中での大きなうねりとなった「企業の社会的責任（CSR）」の本質的意義は、企業にとっての外部環境となる一般社会との良好な関係性の維持を通じて、企業自身の「存続及び成長」を図ろうとするところにある。つまり、それまでの慈善活動やボランティア活動などの社会貢献活動において重視された「慈善」「感謝」「好意」などのニュアンスの強い「事業成果の還元」としての色彩から、企業の長期的な「生存戦略」としての意味あいが明確化されてきたものと捉える必要がある。

その点では、今回の動きにSRI（社会的責任投資、次節参照）が付帯されていることは、企業の資本市場からの評価という形で、生存確率を少しでも高めようとする優れた補強装置としての意味あいを持つことになる。

第8章　新たなミッションとしてのCSR

従業員との関係も視野に

　この考え方の根底にある視点として「マルチ・ステークホルダー・エコノミー」がある。これは、株主、顧客、取引先、住民、投資家、金融機関、政府、従業員など、企業が関係する全ての関与者との関係性が企業の生存に深くかかわっているとする経済社会観を意味する。

　この文脈の中で、従来の社会貢献の世界では、ほとんど論じられてこなかった「従業員」との関係のあり方が、社会的側面から取り上げられることになったわけである。

　日本経団連が2004年に示した企業行動憲章の中では、「従業員との関係のあり方について「従業員の多様性、人格、個性を尊重するとともに、安全で働きやすい環境を確保し、ゆとりと豊かさを実現する」とする宣言文を、消費者、政治・行政、株主に次いで4番目の項目として位置づけている。

　人事労務の研究者としては、企業の生存戦略において人的資源を1番目に置いて貰いたかったのでやや不満ではある。世の流れなので、消費者や株主に遅れを取るのはやむを得なかろうが、政治家やお役人よりも後とは残念ではある。

　ともあれ、慈善的ニュアンスの強かった以前の段階では、どうしても、対応行動が各企業の業績動向に左右されがちであり、持続性に問題があったといわざるを得ないだろう。それは「事業成果の還元」というものが、原資の存在と切り離しては考えられないからである。

　しかし、企業の長期的な生存戦略ということになれば、話は違ってきてもよいし、成果還元だからなんでもよいというわけにはゆかない。当然、長期的な経営的効果の獲得が意図されたものであることが必要となってくる。この文脈を忘れないで、重要な経営資源であり、同時に社会的存在である「従業員」に対して、福利厚生の世界から何ができるのか、何をなすべきなのかを戦略的に考

第8章　新たなミッションとしてのCSR

えなければならない。

このような企業の生存戦略としてのCSRという理解は、中小企業などを含めてあまり広がっていないのではないかと感じることが多い。「うちは、本業が大変でそれどころではない」といった無関心な経営者も依然として少なくない。いや多数派といってよいであろう。この現状にはいくつか原因があると考えられる。

どうも、色々な表現も含めて「綺麗ごと」的な印象が拭えないことも大きいような気がするが、何より大きな原因は「何をやればよいのやら」という戸惑いではないか。専門部門まで設けて対応する一部の大企業ならいざ知らず、平均的な企業にとっては、取り組みづらいテーマではある。もちろん、ここでの対応が、本業のように、不採算となれば即座に撤退といった場当たり対応が取りづらいことも行動を慎重にさせる原因のひとつである。かえって社会的批判を招きかねないからである。

2　福利厚生からCSRに何ができるか

CSRと福利厚生との結合　ならば、日本企業の得意な領域であり、手慣れた福利厚生制度に引き寄せて、このテーマに真剣に取り組んではどうだろうか。長期的な人的資源戦略として位置づけるのである。

2004年6月に日本経団連から示された『企業行動憲章』実行の手引き』の中では6項目が取り上げられているが、福利厚生制度との関連性を見い出すことが比較的容易と思われるものが3つほどある（07年4月改訂第5版では10項目）。

— 238 —

例えば「雇用における差別を行わず、機会の均等を図る」という項では、セクハラ対応や両立支援・子育て支援のための諸制度での対応などが例示されているが、まだまだ色々な観点があるだろう。活躍するパートさんたちへの生活支援などの対応は必要であり、経営的効果としても有望なものであろう。

「安全と健康のため、快適な職場環境を実現する」という点では、まさに福利厚生制度の出番といってよい。今、注目されている生活習慣病対応をはじめ、メンタルヘルスなどすぐにでも始められるものが多い。

「従業員の個性を尊重し、従業員のキャリア形成や能力開発を支援する」という部分でも、能力開発については従業員側のニーズ、企業側のニーズともに強く、労使が合致しているところであり、自己投資ベースでの環境整備と従業員インタフェイスの改善は急がれてよい。

福利厚生への期待と効果

CSRとしての側面から福利厚生制度に何を期待し、どのような効果を求めるか。企業の長期的な生存のための投資として何が最適か。つまり、投資と効果の双方の時間軸を見極めながらの計画化が必要となる。同時に、通常の人事労務としての対応と大きく異なる点は、対外的なアピールを前提にするという観点である。

従業員を対象とすることは間違いないのだが、CSRが社会との良好な接点形成にその本質があることからすると、従業員への良き対応を公然とアピールすることが、不可欠な部分でもあり、ある意味で「受け狙い」の部分を戦略的に考えることが、長期的な「生存戦略」による比較的短期に得られる果実のひとつと捉えるべきだろう。この効果は、不確実性は高いのだが、範囲が広いことに特徴がある。

自社製品への消費者の好感を狙った製品市場からの反応だけでなく、CSRには優秀な人材も敏感に反応するという点も、未だ十分に検証はされていないが、報告されており、労働市場にも少なからず好影響を与えることになる。

当然、前述のような有り難いSRIファンドも増えてきており、直接的な企業価値に貢献できる可能性もある。このあたりについては既に述べたとおりである。

もちろん、相応のコストがかかることになるわけだが、社宅などの住宅政策にかけてきた多大な費用に比肩するようなものにはならないのではないか。これまでの福利厚生制度の思い切った見直しができれば、新しい投資への余力を得られる可能性が十分にある。

CSRといった人事労務の世界から縁遠くみえた課題への適応を考えることは、不慣れなこともあって難しいと思われがちだ。しかし、福利厚生制度が伝統的に取り組んできたことの心理的、対外的位置づけを少し変更することで、意外と実効性のあることができるように思える。

四 SRIはCSRにどう関わっているか

1 SRI（社会的責任投資）とは何か

CSRは戦略的な投資 近年のCSRの動きがバブルの頃に賑わった企業メセナ活動などの社会貢献運動と一線を画するものと断言できる重要な背景として忘れてならないものが「SRI（社会的責任投資：Socially Responsible Investment）」の台頭である。簡単にいうと、SRIとは個々の企業が実践するCSRに対して資本市場からの評価を与えようという枠組みであり、同時に、評価者としての投資家にその選択に対する恩恵を配分しようという社会的装置でもある。

そして結果的には、CSRの成否によって企業価値が左右されるという構図ができあがりつつある。この構図は、それまでの企業の社会貢献が、主に余剰的な利益の分配として慈善的、あるいは芸術文化などに対する庇護精神によって行われてきたものとは全く性格を異にする。

つまり、現在のCSRとは、利益の「分配」ではなく、企業価値の維持・向上を目指すための戦略的な「投資」だということである。

この概念的な峻別ができていないと、今のCSRが拡大する動きの本質を見誤り、後手に回ってしまうことになる。だから「儲かったからCSRでもやろうか」という発想ではなく、「安定的に儲ける（企業としての競争優位を確立する）ためにCSRに取り組もう」という考え方の方が正確だということになる。そうでなければ、また好業績のときだけの一過性のブームに終わってしまうこと

にもなり、福利厚生の新しい使命を果たす領域という本章での中長期的な位置づけも成立しなくなってしまうのである。

だからこそ、SRIの動きには注目しなければならないのである。

株価、企業価値に大きく影響 人事労務の分野の方にはまだあまりなじみのないSRIだろうが、世界的にみてその歴史は古い。その理念的発端としては、16世紀に清教徒（ピューリタン）の一派で、徹底的な平和主義、非常に厳格な教義にのっとって生活する宗派で知られるクウェーカー教徒が、地域社会の発展や弱者救済のために投資基金を設けたことに始まるとされる説がある。

しかし、現在のSRIの原形といえるのは米国における1920年代のキリスト教会の寄付金の資産運用手法であろう。教徒からの寄付によって成り立つ教会資産を運用するに当たって、教義に反するとみられるタバコ、アルコール、ギャンブルなどに関連する企業への投資を宗教上の倫理観に基づき排除した。これが現在のSRIにおいても中心的手法のひとつとなっている「ネガティブ・スクリーニング」と呼ばれる手法である。

実際、この教会の保有する資産は大きなものであったため、当時の株式市場と、そこでの株価、つまり企業価値に少なからぬ影響を与えることとなった。SRIの基本的な仕組みとしては、このクウェーカー教徒たちが当時採ったものが現在も続いているといってよい。ただし、その手法や価値基準は拡張され、より精緻なものとなっている。もちろん、莫大な規模の資産が集積されつつあり、市場への影響力としてもはや到底、無視できるものではなくなっている。

2 SRIは全米運用資産総額の12〜14％に

資産の急速な伸び SRIに関する最大の調査機関である米国のSIF（Social Investment Forum）の最新の調査によれば、2005年時点で米国においてSRI関連の投資資産残高は2兆2900億ドルに達しており、全米の運用資産に占める割合は12〜14％に達するものと推定されている。わが国の公的年金資産の2倍をはるかに上回るスケールである。米国では90年代半ばあたりからSRI資産が急速に伸びた。

これは、喫煙と健康問題に対する社会的な関心の高まりから、タバコ関連企業を投資対策から排除する投資ファンドが支持されたことや、確定拠出型年金401kプランの選択メニューにSRI型の投資ファンドが積極的に導入され始めたからと説明されている（注）。

ちなみに、SRI型の投資商品が組み込まれている401kプランの比率は、1996年には16％にすぎなかったが、99年には35％に拡大したという調査（SIF）もある。

米国のスクリーン基準 こうした米国でのSRIの急速な拡大の中で、どのようなスクリーン基準（企業の選択・排除）が採用されているかをみたものが図表8—4である。通常は2〜5程度の複数のスクリーン基準が設定される投資ファンドが多いが、トップにはなんといってもタバコ、続いてアルコール、ギャンブルなどがあり、労働関係では、Labor Relation（従業員関係）、Equal Employment（雇用の平等）などが上位にきている。

まさに規模が規模だけに、上場している企業にとっては株価への直接的な影響要因となることは間違いない。タバコ産業やアルコール産業、兵器産業などには気の毒だが、本業への選別であれば、もはやむを得ない評価と諦めざるを得ないが、地球環境（Environment）への対応や労働関係

— 243 —

第8章 新たなミッションとしてのCSR

図表8-4　米国SRIのスクリーン基準

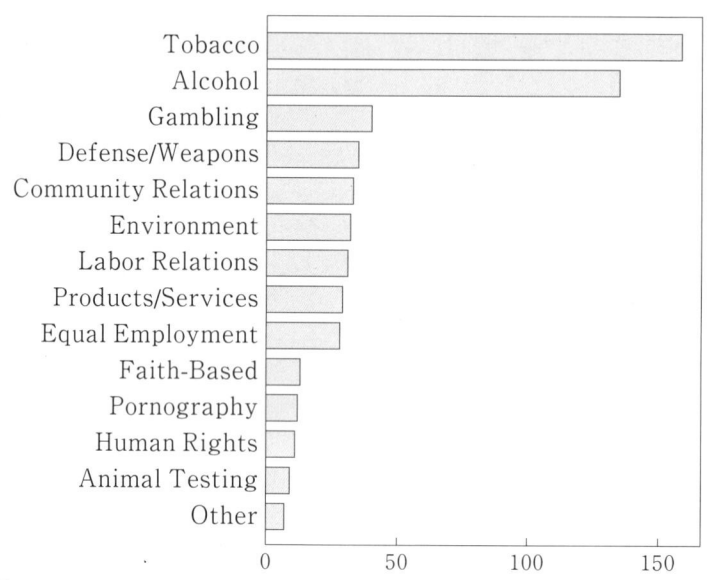

基準	Total Net Assets ($Billions)
Tobacco	~160
Alcohol	~135
Gambling	~40
Defense/Weapons	~35
Community Relations	~35
Environment	~30
Labor Relations	~30
Products/Services	~30
Equal Employment	~25
Faith-Based	~15
Pornography	~15
Human Rights	~12
Animal Testing	~10
Other	~5

資料出所：SOURCE：Social Investment Forum Foundation　Total Net Assets($Billions)

などは十分に努力の余地があるという点で、企業行動を喚起する影響を持つものと考えられる。

もちろん、これらの莫大な投資資産が、既にわが国の企業をも投資対象としていることを忘れてはいけない。各業界で先進的取り組みを行っている数十社がポジティブ・スクリーンに基づく選択の栄誉に浴している。

欧州の増加傾向は米国以上　欧州でもSRIは活発化している。米国に比べると資産規模は2003年時点で3482億ユーロと見劣りはするが、近年の増加傾向は米国以上である。オランダ、英国で特に資産規模が大きく、両国でEU全体の9割以上を占めている。

特に注目すべきは英国で、2000年7月に施行した改正年金法により、年金運用受託者（機関投資家など）には投資原則ステートメントにおいて、環境面・社会面・倫

— 244 —

第8章　新たなミッションとしてのCSR

理面の考慮に関する情報開示等が義務づけられた。この改正年金法の意義は大きく、他の欧州諸国にも波及しつつある。

フランスでは2001年5月の会社法改正の中で「新経済規制法」を成立させ、上場企業に対して自らの企業活動の社会的・環境的影響に関する年次報告の作成・公開を義務づけた。この報告の中には、労働・雇用、報酬、機会均等、教育訓練、安全・衛生などの内容を盛り込まなければならない。

こうした法制化を伴ったCSRの社会的推進は、あくまで民間主導の米国とは対比的なものといえる。しかし、英国での急速なSRI資産の増加をみる限りでは、このアプローチの効果、影響力は大きいといわざるを得ない。

このような米国、欧州での近年のSRIに対する急ぎ足の社会的動きの背景にあるものは、一体何なのか。直接的にはエンロン社、ワールドコム社などの企業不祥事への反応であるが、その本質は、より高い倫理性を持つ組織としての企業となることを、世界中の人々が期待しているということだ。

それは、投資家であり、消費者であり、ひとりの市民からの切なる願いといってよい。このことは、収益、利益至上主義の時代が変わろうとする大きな社会的変化であり、進化ともいえるだろう。

（注）SRI型の投資商品の制度導入が収益性以外の要素となるため受託者責任に反するとの懸念があったが、1998年に米国労働省がERISA法（従業員退職所得保障法）上、問題がないという見解を出したことによる影響が大きい。

— 245 —

第8章　新たなミッションとしてのCSR

五　SRIファンド進展の意味

1　エコ・ファンドの登場

ファンドは約2740億円に成長　前節では、CSRを世界的に推進させている強力な市場メカニズムとしてのSRIについて、先行する米国、欧州での状況を紹介した。本節では、わが国のSRIについてみてみたい。

わが国のSRIファンドは2007年6月時点で40本ある。残高は約2740億円程度にまで成長している。米国（2兆2900億ドル、05年時点）、欧州（3482億ユーロ、03年時点）に比べると見劣りする状況であるが、ここ2、3年で急速に伸びてきていることも事実である。

SRIファンドの第1号は、ご記憶にある方も多いと思われるが、1999年に日興證券（当時）が設立した「日興エコファンド」である。名称の示すとおり、地球環境問題をテーマとし、すなわちポジティブ・スクリーン基準を採用した投資ファンドである。当時はずいぶんと話題を集めたもので、バブル崩壊後の証券不祥事などで失墜した企業イメージの回復に大いに役立ったとの評価が今も高い。

エコ・ファンド偏重の背景　以前にも述べたが、わが国のCSRは当初より「地球環境問題」偏重の傾向が強かった。これは、製造業が先行者として取り組んできたこと、わが国の製造業が持つ世界的にみても高い環境対応技術を発揮できる場として格好の機会を提供するものであり、それを企業の国際競争力に結びつけてゆこうという産官学の戦略的なコンセンサスが形成されていたため

第8章 新たなミッションとしてのCSR

である。事実、米国、欧州にも数多くのエコ・ファンドが存在し、わが国の主要企業がその投資対象として選ばれている。金融・保険業界にあっても損害保険業界がいち早く、このテーマに着目した。土壌汚染などに対する損害賠償保険がビジネスとして有望視されたからである。

そうした出発点からの流れから、「日興エコファンド」以降に設定されたSRIファンドには、「エコ」とか「グリーン」といった愛称がつけられたもの、つまり地球環境問題をスクリーン基準としたものばかりとなった。

2 ファミリー・フレンドリー・ファンドの登場

雇用・労働面を評価して投資 しかし、2002年後半あたりから、環境偏重の動きが変わり、社会面、労働面といったCSRの他の側面に着目するファンドが徐々に設立され始める。これは、CSRの世界的潮流を反映したともいえるもので、より広範囲のCSRとして推進してゆこうという動きである。

最近設定されているファンドの愛称をみると、「ファミリー・フレンドリー」「絆（きずな）」「誠実の杜」「つながり」「未来のちから」といった具合であり、雰囲気がずいぶんと変わってきた。例えば、わが国最大のメガバンク・グループが2004年12月に設定した「ファミリー・フレンドリー」という愛称がつけられたファンドでは「ファミリー・フレンドリー企業として高く評価され、かつ株価が本来あるべき価格（理論株価）に対して割安と判断される銘柄に投資します」と明確に謳っている。そして、その定義についても「ファミリー・フレンドリー企業とは仕事と生活を両立でき、多様で柔軟な働き方を提供している企業」としている。

設定以来、資産額は順調に伸びており、また直近1年間（2005年）のパフォーマンスが37.8％となっていることからすると、多くの個人投資家からの支持を集めたといってよいのだろう。わが国においても、ファミリー・フレンドリーという側面での企業価値に対して、投資家が一定の評価を与えたことになる。

ファミリー・フレンドリーやダイバーシティといった雇用・労働の側面での優良企業が財務的業績も好調となる傾向があるといった研究成果も徐々に紹介されてきている。

確かに地球環境への対応に優れた企業が国際的競争力が強く、将来性があるという投資ロジックと同様に、新しい人的資源管理戦略をいち早く採用し、そのことの持つ労働市場へのアナウンス効果によってより優秀な人材を他社以上に獲得できるチャンスを得ること。さらに、女性、子育て期の従業員、高齢者などの人的多様性を許容し、活用できる柔軟な経営組織とマネジメントを確立できた企業が中長期的な競争優位を得るというシナリオも大いに首肯できるものである。

いずれにしても、市場が一企業の内部的な人的資源管理のあり方を直接評価し、そのことが企業価値を左右する時代となったわけである。

人的資源管理が企業内での閉じられたシステムとしてのみならず、その最適化を考えればよい時代ではなくなり、労働市場に対してより開かれたものとならねばならず、同時に資本市場においてCSRという価値観からの評価にも耐えられるシステムとして最適化できるかが問われている、という捉え方ができる。

したがって、福利厚生制度にもこうした人的資源管理システムにおいてどのような役割を果たし、貢献するのかが問われているのである。

モーニング・スター社の選別基準　もう一点、わが国のSRIの今後の進展を考える上で注目し

第8章 新たなミッションとしてのCSR

図表8-5　　　　SRI株価指標（MS-SRI）の動き

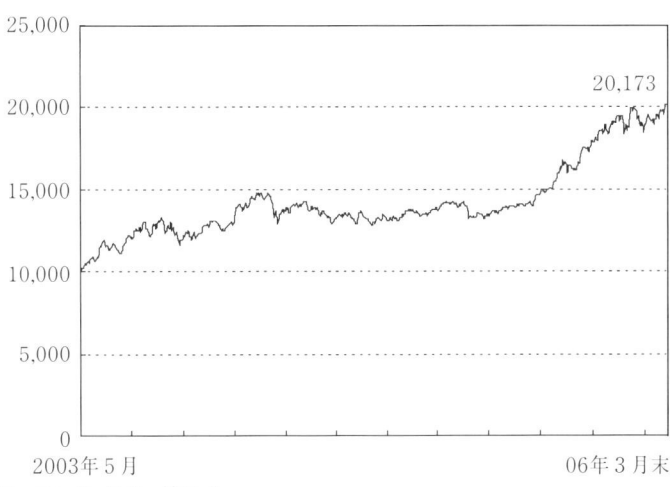

資料出所：モーニング・スター社調べ

ておきたい動きがある。

投資情報企業モーニング・スター（M・S）社が開発したSRI株価指標「MS-SRI」である。これは、上場企業約3600社へのアンケート調査をもとに組み入れ対象候補企業群を選別し、SRIインデックスを構成する株式銘柄を決定し、株価変動の指標化を行うものである。選別基準としては、①ガバナンス／アカウンタビリティ、②マーケット（消費／顧客対応、調達先対応）、③雇用、④社会貢献、⑤環境が設定されている。

現在は150社が対象となっている。2003年5月から06年3月末時点までの「MS-SRI」の推移は図表8-5のとおり、順調なパフォーマンスを示している。

また、この指標では随時、不祥事を起こした企業の排除なども検討・実施されており、例えば、近年の例では橋梁工事に関する入札談合事件に関与した4企業が候補企業群から除外された。上記の5つの基準に照らしてふさわしくない企業は

― 249 ―

3 世界的な進展みせるSRI

倫理的、社会的選択基準へ さて、今、世界でみられているSRIの進展をどのように捉えるべきなのか。

現在はCSRへの企業の対応行動が、それまでの社会貢献活動のように、経営者の自己満足や小さな企業社会の中でのより良き評判（reputation）だけで完結するものではなくなったことを意味している。世界の投資家が一企業のCSR行動を評価し、その会社の株式を直接的、間接的に売買しようという市場ができあがったということだ。その選択基準が財務的基準ではなく、倫理的、社会的なそれで行われているという点で、従来の株式市場での単面的な論理とは異なるものとなる。

平均点以上の対応が不可欠 利益を出せば、何をしてもよい、といったアンバランスな企業行動では先のネガティブ・スクリーニングによって瞬時に排除されてしまう。

SRI関連資産が世界市場でのプレゼンスを益々高めている中で、こうした排除がなされるということは、現代の競争市場においては大きなディス・アドバンテージとなることは明白である。

いずれの企業にとっても、持続的な競争優位を確立するためには、CSRへの平均点以上の対応は冷静な戦略検討において不可欠なものとなりつつあるといえるのではないだろうか。

第九章 21世紀型福利厚生システムの展望

一 21世紀型福利厚生システムに求められるもの

1 21世紀型福利厚生システムの課題

新しいテーマの意味 21世紀における福利厚生の新しい役割は何か、使命は何だろうか、という視点で幅広く議論を展開してきた。次世代育成支援、WLB、CSRなど、これまではどちらかというと福利厚生の守備範囲から離れたものとして位置づけられてきた問題について、やや強引であったかもしれないが、敢えてそれらとの接点を探ってきた。

ここまでの議論を通じての筆者の実感としては、これらの目新しいテーマはいずれも今後の福利厚生のあり方に影響を及ぼすものであり、同時に、臆病に受動的に捉えるのではなく、積極果敢にそれらのテーマや問題に貢献しようとすることで、福利厚生の新しい存在意義が確立されるのではないかとの期待感を持っている。

しかし、これらのテーマや課題が多くの日本企業にとって未知の領域であり、確実な方法論も未だわからず、従業員の反応、経営的効果、社会的効果なども予想できない状態といってよい。つまり「やるべきだ」と合意できたとしても「どうやるか」「どう効果を出すか」という点ではまだまだハードルが高い。他社の先行事例を学びながら「わが社の新しい福利厚生ヴィジョン」として徐々に方向性を見定めてゆくしかないのだろう。

もちろん、新たなテーマや課題が加わろうとする一方で、伝統的な人的資源管理としての福利厚生のあり方にも、様々な改革と進化の要請がある。これらの点は既に検討したとおりである。非正規雇用者の拡大、定年延長の義務化に伴う高齢労働者の増加など、労働市場の変質にどう対応してゆくべきかなどは、その中でも喫緊の重要テーマであろう。

知的生産性への貢献

また、人事労務の世界における根源的な変化としての「工業社会から知識社会(≠知価社会)への移行」が急速に進む中で、製品の生産が1時間に何個、という形で測定できた「工場生産性」から、創造性や問題解決性などの捉えどころの難しい「知的生産性」に対して、福利厚生制度がつくり出す職場環境、労使関係、従業員生活がいかに貢献できるのかが問われている。

ちなみに、2006年7月に開催された日本労務学会第36回全国大会の統一論題のメインテーマは『ポスト工業化と人事労務の変革』だった。この問題意識について、プログラム委員長の太田肇氏は「産業構造の高度化に伴い企業数、労働者数のいずれにおいてもサービス業や商業など第3次産業の比率が高まり、製造業でもハード面よりソフト面が付加価値の大きな比重を占めるようになっています。さらにIT化などにより、仕事内容も労働環境もここのところ急速に変化している」と、変化の重大性を指摘した。

こうした労働市場の変化や求めるべき生産性そのものの変質にいかに適応するのか。これまで福利厚生制度が果たしてきた中核的な機能や役割にも歴史的な変革が求められている。

システムの枠組み

未知の世界からの新たなテーマ、そして労働市場の変化や生産性という目的変数の変質など、いずれも難易度の高い問題が目白押しである。21世紀の福利厚生ヴィジョンをつくろう、と先に書いてはみたがどうやら容易なことではないようだ。

第9章 21世紀型福利厚生システムの展望

図表9-1　　　21世紀型福利厚生システムの枠組み

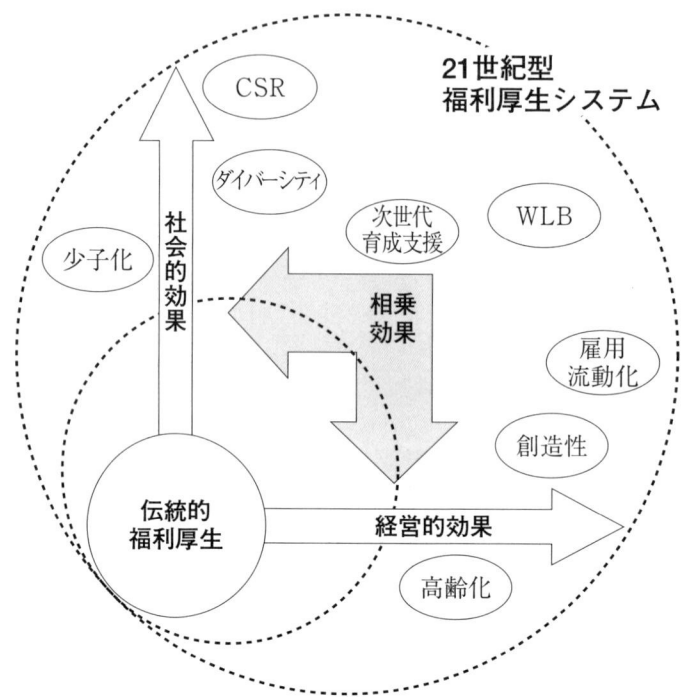

（図：21世紀型福利厚生システム。CSR、ダイバーシティ、少子化、次世代育成支援、WLB、雇用流動化、創造性、高齢化、伝統的福利厚生を含み、社会的効果・経営的効果・相乗効果を示す）

注：筆者による

ただし、いくつかヒントというか、漠然とした整理の枠組みは見え始めてきている。

まずは、次世代育成支援、WLB、CSRなどの社会的要請、社会的局面の重要性が高まってきていること。また、知識社会を基盤とする市場での高い生産性に裏打ちされた持続的な競争優位を勝ち取るための人的資源管理システムの一翼として貢献するという経営的な要請、経営的効果の追求という、2つの異質な、ときとして対立的な局面が存在することを明確に認識することである。

その上で、2つの局面での相互作用をヴィジョンの骨格として取り入れることが求められる。言い換えれば、社会的要請に対する効果と経営的効果とのシナジー

— 254 —

第9章　21世紀型福利厚生システムの展望

（相乗効果）を意図的に狙うことで、福利厚生という仕組みの存在価値を広げ、成長と進化を実現しようというアイデアである（図表9－1）。

2　社会的効果と経営的効果の相乗性

相乗性の最大化

これまで述べてきたとおり、社会的局面と経営的局面は、指向する方向性がそれぞれ違う。

一方は、社会的責任や義務を果たすことで外部的な企業評価を高めようというものであり、もうひとつは、人的資源の活性化を通して直接的に競争優位を得ようというものである。しかし、次世代育成支援、WLB、CSRなど、社会的指向性を持つ対応であっても、そこから得られる効果は優秀な人材の獲得機会の拡大、女性従業員の活用、採用力の強化など、経営的に貴重なものとなるケースが大半であること。また、女性従業員の活用、採用力の強化など、経営的な効果を意図して始めた努力が、最終的に高い社会的評価を得るというケースも少なくないことは実例が証明している。つまり、「一兎を追うものが、二兎を得た」という有り難い相乗性を含んでいることを大いに活用すべきなのである。

「失われた10年」という長い景気後退を経験した今、景気が回復したといってもバブルまでの頃のような潤沢な予算配分が復活するともなかなか考えづらい。したがって、常に効果的な予算配分を考えることは、今後も福利厚生制度の展開においては不可欠なマネジメントとなる。次世代育成支援がいかに国家的課題であったとしても、一企業が経営的効果も社会的効果も十分に得られぬままコストを無視した対応を続けることは難しいのである。ましてや社会的局面での対応は、一旦、始めるとある程度、長期間継続することが大前提となる。出したり、引っ込めたりでは反って社会

— 255 —

第9章　21世紀型福利厚生システムの展望

的信用を失ってしまうからである。この点からは、CSRなどへの対応についても、結果的な相乗性だけでなく、自社の事業特性との相性や同業他社の動向なども十分に調査した上での慎重な戦略的決定が必要となる。CSRなどの社会的対応の推進においてはトップのリーダーシップが非常に大切であることが、各所で指摘されるところであるが、一方で従業員のニーズや人材調達でターゲットとする人材層の期待などにもよく耳を傾けた上で、具体的な方法や計画を策定することが望まれる。

そうした十分な配慮が、その後の相乗性の大きさを決定することになると考えられるからである。ある米国企業のCSR活動では、徹底した多様性（性別、肌の色、民族、宗教、地域等々）の追求が行われて、福利厚生制度などもずいぶんと動員されて高い社会的評価を得たが、そのことが多国籍展開を行っている本業と実にうまくマッチし、進出国において常に優秀な人材の調達と多様な消費者からの支持を集める原動力になったと評価されている。

CSRには、どのような「企業の顔」をつくるのか、という色彩が強いが、できれば従業員や消費者、さらには投資家から歓迎される顔をつくる方が得策であることはいうまでもない。相乗性は結果的に生まれるものではなく、恐らく事前の入念な調査や研究によって戦略的に最大化されるものなのである。

新たな福利厚生ヴィジョンの策定が求められている今、戦略的価値の高い優れた枠組みを労使で知恵を出し合ってつくるしかない。

新たな視点への適応　これからの福利厚生の新しい役割は何か、使命は何か、そしてそれをどう実現するか。

この自問自答を盛り込んだ新たなヴィジョンを策定する上で、欠かせない視点は、他の役割主体

— 256 —

第9章　21世紀型福利厚生システムの展望

との関連性であり、適応である。歴史的にみて福利厚生制度には他の3つの役割主体との間に同時的な適応関係を構築することが求められてきた。

すなわち、第1に福利厚生制度は「企業経営」への適応、つまり、企業の戦略の成功や事業遂行に少しでも貢献するために、他の人的資源管理制度との役割を調整しながら最適な構造と機能を模索してきた。

第2に福利厚生制度は、国際比較の視点からみて明らかに一国の社会保障制度、社会福祉制度、住宅政策などの公的給付・支援制度との間に役割分担、相互補完の関係を築いてきた。それは、意図的であるか、結果的なものであるかは必ずしも明確ではないが、ある時点での両者の実態をみると明白である。

そして、第3に従業員個人の生活との関係性である。これは、受益者である従業員のニーズに対する適応といえるもので、時代とともに変化するニーズに応えてきたことは間違いない。

これら3つの視点が、ひとつの企業の中での最適な福利厚生制度を構想する上で欠かせない観点であり、いうなれば、この3元連立方程式を解くことに努力を続けてきたといってよい。

このアプローチは、恐らくこれからも続く。バランスの取れた福利厚生制度を構築するためには常に、企業経営、公的給付・支援制度、従業員生活の三者を視野に入れて置かなければならない。そして、そのときに重要な感覚としては、適応すべき三者もまた常に変化しているという点で、動態的なバランス感覚が求められる。つまり、企業経営のあり方も経営環境の激しい変化の中で常に変化することは当然であり、また、一国の社会保障制度や公的支援制度も、高齢化や財政状態、政府の方針によって大きく変化してゆく。さらに、従業員生活もライフスタイルや価値観の多様化、近年では「格差」の拡大など、適応対象としては難しい変化をみせている。

第9章 21世紀型福利厚生システムの展望

労使にとって有効なヴィジョンは、これらの中長期的な変化をある程度予測した中で形成される必要があることはいうまでもない。

3 「解」が確信できていた時代の福利厚生

適応関係は比較的安定

1990年代初頭までのわが国の福利厚生制度では、高度成長期から成熟期までの比較的安定的な時期に上記の三者が形成されたとみることができる。

企業経営という点ではまさに「日本的経営」が形成され、発展し、終焉するまでの40年近い時期であった。社会保障制度も、比較的緩やかな段階での高齢化水準と経済成長の果実としての財政力を背景に、近年のような急速な後退（負担増と給付抑制）を余儀なくされる時期ではなかった。従業員生活も、少なくとも大企業層では、年功的処遇と長期雇用慣行を前提条件とすることが可能であったし、また何よりも所得水準の上昇が幅広い層で長く続いた幸福な時期でもあった。そして、家族のあり方も、核家族化は進行しつつも、子供2人、妻・専業主婦といった典型的なモデル家族を想定してもそれほど問題が生じることもない時代であっただろう。

振り返ってみると、1960年代から90年代初頭頃までの福利厚生制度は、適応関係を築くべき三者がいずれも比較的安定的であり、発展的な時期にあったとみることができるのではないだろうか。

結果、時間的に長い適応過程を確保できたという点からも、「最適な」福利厚生制度となり得たのかもしれない。同時に、適応しなければならない外部環境としての三者が、全ての企業に共有されるものであったということから、各企業、各労使が形づくった福利厚生制度のヴィジョンと体

— 258 —

第9章 21世紀型福利厚生システムの展望

系、機能が非常に同質的であり、相似的なものとなった。このことは、企業間での相互学習を可能とし、有効であったことを意味し、後年、環境が変化し始めたときに「横並びすぎる」と批判されることになるが、この時期においては大きな問題ではなく、むしろ必然的な結果ともいえたのである。

「解」を予め確信できた時代 また、安定的な存在であることができたもう一つの側面は、現在との「負荷」の違いである。この時期はいわゆる社会保障によるナショナル・ミニマムが概ね拡充されてゆく時期であったことから、最も基本的な生活リスクに関しては公的主体に一定の役割を任せることができた。つまり、福利厚生制度に対する負荷、加重が軽減されてゆく時代であったといえるだろう。その結果、福利厚生制度は従業員生活を「より豊かに」し、そして比較的発生頻度の低いリスク分担に専念することができたのである。

また、企業経営、人的資源管理においても、年功賃金と終身雇用という2つの柱が確立されており、当時は「企業戦士」「会社人間」などと呼ばれた、高関与で高いモチベーションを持った従業員層を確保することができており、福利厚生制度は彼らの「戦士の休息」と「銃後の不安の解消」という役割を担っておればよかった。

従業員生活にあっても、経済的な部分では、賃金による所得水準の持続的な上昇の恩恵を受けて安定的な雇用の確保と併せてそれほど深刻なリスクに直面した時期でなかった。唯一、問題となっていたのが住宅の確保であり、そのコストの高騰であった。政府が有効な住宅政策を示し得なかったために地価が高騰し、都市部を中心に住宅コストの負担が従業員家計にとって相当に厳しいものとなった。ここで福利厚生制度は大きな役割を果たした。社宅・独身寮の建設、住宅手当の新設・拡充、持家支援などを通じて従業員生活を支えた。その結果が今日の法定外福利厚生費の構造とな

— 259 —

図表9-2　新時代の福利厚生の4元連立方程式の概念

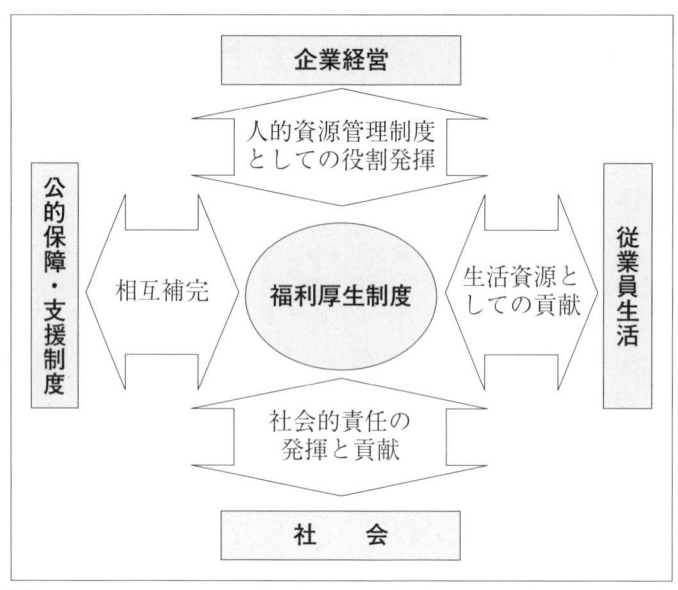

```
                    ┌──────────────┐
                    │  企業経営    │
                    └──────────────┘
                    人的資源管理制度
                    としての役割発揮

┌──────┐                              ┌──────┐
│公的  │                              │従業  │
│保障・│  相互補完  福利厚生制度  生活資源  │員生  │
│支援  │                  と しての貢献  │活    │
│制度  │                              │      │
└──────┘                              └──────┘

                    社会的責任の
                    発揮と貢献
                    ┌──────────────┐
                    │  社　　会    │
                    └──────────────┘
```

注：筆者による

こうして概観すると、福利厚生制度は今日、これから求められる役割や機能に比較して、これまでは比較的軽い負荷環境の中で、わかりやすい役割を果たすことが許されたのではなかろうか。

要するに、比較的簡単な、3元連立方程式を出題された時期であり、多くの企業が正解を出せたのである。いや何よりも幸福であったのは「解」が存在することを予め確信できた時代だったのである。

増加した変数　では、これからの対応をどう考えるべきなのか。恐らく、次の認識が欠かせないのだろう。

まず第1は、いうまでもなく、適応すべき三者の変化が激しいものだということである。企業経営、公的保障・支援制度、そして従業員生活がともに大きく、変化し続けており、安易な予測を許さない状況にある。

— 260 —

第 9 章　21世紀型福利厚生システムの展望

方程式論でいうと、ひとつの方程式の中での変数の数が増えており、またそれぞれの変数の動きが複雑化、確率化している。この点は、これまで議論してきたとおりである。

そして第2に、方程式そのものがもうひとつ増えたと認識する必要がある。それは、これまでは社会保障などの公的な支援制度との補完関係という点で「社会」への適応関係が位置づけられていたが、現在はもうひとつ次元の異なる「社会」との共生も求められ始めた。第8章で議論したCSRをキーテーマとする対応である。

この問題は、全く新しい価値観や技術が求められるという点からも、新しいもうひとつの方程式として捉えて、先の3つの方程式と連立させて解く必要がある。

今度は4つの方程式となったのである〈図表9-2〉。果たして解けるものなのか。

— 261 —

二 福利厚生費管理に求められるもの

1 2025年度までの福利厚生費の予測

法定福利厚生費の急増 福利厚生制度の中長期的な視点からの最適化を考えるときに、4つの外部環境要素を制度理念や編成を考えるときにどう位置づけ、どう理解すればよいのか。

4つの要素についてひとつずつ整理してみよう。

まず、第1に直接的な相互補完関係にある「公的保障・支援制度」について検討してみる。公的保障・支援制度の中で、特に重要なものは当然、社会保障制度となるわけだが、福利厚生制度との相互関係を考えるには2つの次元に分ける必要がある。ひとつは「給付」であり、もうひとつが「負担」である。

まずは「負担」についてみてゆきたいが、図表9─3は筆者らが行った法定福利厚生費と法定外福利厚生費の2025年度までの予測である。この推計は、日本経団連の『福利厚生費調査』をもとに本書272頁の脚注のような前提条件を置いて計算されたものである。

この推計結果では、対現金給与比で法定福利厚生費をみたときに2004年度時点で12・82％であったものが、25年には19・30％まで上昇する。現金給与のほぼ2割の企業負担である。この間の

第9章　21世紀型福利厚生システムの展望

図表9-3　　　　　　福利厚生費の2025年度までの推計値

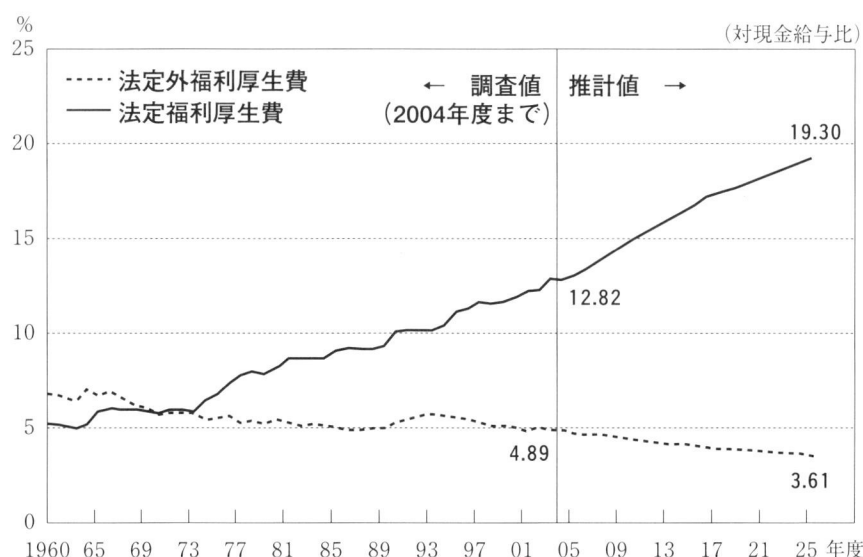

```
………… 法定外福利厚生費       ← 調査値　推計値 →
───── 法定福利厚生費         （2004年度まで）
```

（対現金給与比）

19.30
12.82
4.89
3.61

1960　65　69　73　77　81　85　89　93　97　01　05　09　13　17　21　25 年度

注：筆者による（長井、永野（2000）を元に松浦（2006）が一部修正更新した方式をさらに基礎数値とモデル推定の更新を行った）※推計条件は271頁参照

上昇幅は6・48ポイントとなるが、04年度の法定外福利厚生費の比率が4・89％であるから、上昇分だけでこれより多いということになる。つまり、法定外部分をゼロとしても法定部分の上昇分を吸収できないということになる。この推計を将来の現金給与額を固定して計算してみると、25年度の法定福利厚生費は11万1575円（従業員1人当たり月額）となる。

このような社会保障制度に対する企業の拠出額の継続的上昇は、これからの福利厚生制度（法定外）の設計・運営を考える上で重要な前提となる。

社会保険料の事業主負担は賃金ベースで行われるため、当期利益をベースに負担が求められる法人税とは異なり、負担が固定化され、赤字決算を余儀なくされるような経営不振時でも否応なく支払いを求められる。

当然、確実に労働単価を引き上げること

にもなり、グローバル競争の勝敗にも関係してくる。企業にとっては厄介な法的負担なのである。

また、今回の景気後退期に非正規労働者比率が急速に上昇した背景としても説明される。

モデル化し、そこに推計された法定予測値を代入して法定外福利厚生費の関係をみた。すると25年度時点で3・61％にまで低下するという結果が出てくる。04年度から1・28ポイント減少することで、実額は25年度で2万851円となる。つまりは、法定負担の上昇が任意の法定外支出を圧迫した結果という図式である。

実効性の見極めが必要

今後の日本企業が総額人件費管理の枠組みの中で、こうした福利厚生関連費用に対してどのような調整行動を取るかは必ずしも明らかではないが、法定負担の上昇を前提に法定外への支出を考えなければならないことは間違いなかろう。コスト管理をより厳密にして、常に費用対効果をみてゆかねばならない。

特に、今後は人口減少に伴う若年労働力層の大幅な減少に伴い売り手の強い労働市場が基調となることも予想される。この中で福利厚生制度は人材獲得のための有効な手段のひとつとなろう。例えば、注目される女性労働者層に対して「ワーク・ライフ・バランスに優れた職場」をアピールする上で福利厚生制度が重要な役割を果たすことになろう。こうした場合でも、法定福利厚生費の上昇を前提に実効性のある制度を見極めてゆく必要がある。

また、この社会保険制度における「負担」は、企業だけのものではないことも忘れてはならない。基本的に事業主と従業員との折半負担となっている。年金と医療が法定福利厚生費の9割近くを占めていることからすると、従業員負担の上昇は、企業と同じ条件だということになる。

2　給付レベルの低下をどう補うかが課題

このことは、従業員自身の老後の資産形成や、持家取得、医療や介護等の保障準備などの自助努力余力を直接的に低下させることになる。この点も、これからの福利厚生制度のあり方を考えるときに重要な視点になってくる。

従業員には無駄のない効率的な自助努力をしなければならないのかを伝え、それにマッチできるよう、企業支援の方法も再考される必要があるだろう。

厳しい予測の給付水準　さらには「給付」レベルでの予測がかなり厳しいものであることも周知の事実であり、それを補うために、企業による福利厚生や従業員の自助努力の必要性・重要性が今後、本格的に高まることは間違いない。

例えば、2004年財政再計算で厚生労働省が行った試算では、25年における男性単身者の所得代替率は36.4％となる。これは平均手取り年収（月額換算）に対するモデル年金額の割合だが、現役期の3割程度の年金で、従業員が望む豊かな老後生活を送ることができるかどうかには疑問が残る。医療についても、窓口負担も含めてそれ相応の準備をせねばならないし、介護保障もまた同様である。

給付との補完関係の維持を　公的保障・支援制度と福利厚生は、これまでの歴史をみると、互いに効果的に補完を行い、上手に役割分担を実現してきたといってよかろう。社会保障が未整備の時代には、先進的な事業主によって企業福利厚生が先行し、慈恵的、恩恵的施策によって福祉水準を下支えした。

— 265 —

第9章 21世紀型福利厚生システムの展望

一方で、社会保障制度の整備が進み、年金・医療などの給付水準や質が高まると、政策的な欠落部分ともいえた住宅支援に軸足を移し、大きな配分を行った。また、財形制度や中退共に代表されるとおり、大企業との格差が問題視される中で、中小企業従業員の福利厚生の充実に向けて公と民が歩調を合わせる対応なども行ってきた。

こうした相互補完関係を今後とも維持し、さらにそれぞれの特性を活かして高度なパートナーシップを実現することが大切となる。

3 家計貯蓄率、黒字率が近年顕著に低下

可処分所得の減少

中長期的な視点からの福利厚生制度の最適化を考えるときに、4つの外部環境要素が存在し、それらへの適応が重要となることを検討している。前1～2節では「公的保障・支援制度」を取り上げ、これからの企業負担の動向についての試算結果を示した。すなわち、法定福利厚生費の上昇が長期にわたり継続してゆくことが確実視されたのである。2004年度時点において対現金給与比で12・82％である法定福利厚生費が、25年度には19・30％まで上昇し、現金給与のほぼ2割の企業負担になる。

これは企業負担増であると同時に、費用の大半を占める厚生年金保険と健康保険が労使折半を基本とするため、従業員側の負担上昇であることにも着目する必要がある。

例えば、月額40万円の給与所得者が現在5万1280円の社会保険料負担であるとすれば、20 25年度には7万7200円となり、この間に2万5920円、現金給与比で6・48％の可処分所得が減少するわけである。

— 266 —

このことは結果的に、従業員家計の貯蓄余力を大きく奪うことになる。

総収入から消費支出を差し引いた非消費支出は2006年の『家計調査』では8万4188円だが、このうち公的年金保険料2万7472円、健康保険料1万5364円、介護保険料1352円、これに他の社会保険料2379円で、合わせると4万6567円になる。つまり非消費支出の55・3％が社会保険料なのである。したがって、先に法定福利厚生費負担の今後の上昇予測は、さらに家計での貯蓄、すなわち、従業員家計における自助努力の余地を直接的に奪うことになることを強く示唆している。

社会保障給付の後退や窓口負担の上昇などを前提にすると、従業員が豊かな老後生活を計画する上で、これまで以上に自助努力が欠かせない時代となる。また、不時のケガや病気、介護などのリスクへの保障対応も、安定的な生活を維持する上では欠かせない。今後の福利厚生においても、このことは最も重要なテーマのひとつといってよい。

企業頼りの生活設計ではなく、従業員自身の効率的・効果的な自助努力の場としての環境を整えることが、これからの福利厚生制度のあり方の中で中核的な役割となることは間違いなかろう。

その自助努力の具体的なアクションの代表的なものが、貯蓄や保険・年金への加入となる。

家計貯蓄率の急減 ここで最近の家計レベルでの貯蓄率の動向を紹介しておこう。内閣府の『国民経済計算』でマクロの状況をみると、家計貯蓄率は、1970年代半ば以降、長期的に低下傾向にある。第一次石油危機の73年度には、家計貯蓄率は20・4％（93SNAベース）だったが、05年度には実に3・1％にまで低下している。

このマクロ貯蓄率は、家計可処分所得から家計最終消費支出を差し引き、年金基金準備金の変動を加えたものを、家計可処分所得と年金基金準備金の変動の合計値で割ったものである。

第9章　21世紀型福利厚生システムの展望

また、国民経済計算の可処分所得は、固定資本減耗（生産の過程において生じる建物や機械等の再生産可能な固定資産（有形固定資産、無形固定資産）の減価分を評価した額）を控除しており、貯蓄は純貯蓄である。

国民経済計算では、所得と消費の両方に帰属家賃（実際には家賃の支払いを伴わない持家住宅について通常の借家や借間と同様のサービスが生産され消費されるものと仮定して、それを市場家賃で評価した帰属計算上の家賃）が計上されていること、高齢者を含む無職世帯など勤労者世帯以外も含んでいることなどが、総務省の『家計調査』との違いである。

自助努力行動にも陰り

『家計調査』では、平均貯蓄率と金融資産純増率、黒字率という3つの貯蓄率概念がある。算式は左記のとおりである。

① 平均貯蓄率（％）＝貯蓄純増÷可処分所得×100

② 金融資産純増率（％）＝（貯蓄純増＋有価証券純購入（有価証券購入と売却との差）÷可処分所得）×100

③ 黒字率（％）＝（可処分所得－消費支出）÷可処分所得×100

マクロとの対比で貯蓄率として扱われるケースが多いのは、3番目の黒字率であるが、2005年の勤労者世帯の平均消費性向（可処分所得に対する消費支出の割合）は74・4％となり、01年から4年連続の上昇となっている。したがって、黒字率は25・6％となるが、これも4年連続で減少している。特に04年から05年にかけては6・2％の大きな減少となった。

平均貯蓄率の推移をみると00年以降、18・6％、18・6％、17・6％、16・6％、16・9％、16・3％と減少が続いている。

直近の自助努力行動を最もよく反映したものと考えられるのが、金融資産純増率と思われるのだ

— 268 —

第9章　21世紀型福利厚生システムの展望

が、こちらも00年以降、18・9％、18・9％、17・8％、16・9％、17・2％、16・6％と同様の減少傾向にある（06年は、平均消費性向72・6％、黒字率27・4％、平均貯蓄率18・6％、金融資産純増率18・9％とそれぞれ反転した）。

また、重要な情報として「貯蓄残高ゼロ世帯」が急増していることにも注目する必要がある。金融広報中央委員会が毎年行っている「家計の金融資産に関する世論調査」によると、2006年の調査において「現在貯蓄を保有していない」とする「貯蓄残高ゼロ世帯」の割合は22・9％を占めていることが明らかにされている。80年代頃までは5％前後であった比率が一気に高まっているのである。

4　自助余力の減退にどう対応するか

生活設計に重大な影響

これからの福利厚生制度のあり方を考えるときに、こうした状況を看過することはできない。従業員の老後保障や生活保障を確かなものとし、退職後も含めた安定的な生活を確保する上で大きな障害となっているからである。

繰り返すが、社会保険料は、景気動向との関係性が薄く、少子高齢化の進展に伴って負担、給付ともに厳しいものとなる構造を持つものである。したがって、短期的な景気回復で事態が好転することも望めない。

だからこそ、従業員の長期的な生活設計にとって影響が大きい。少しの景気回復程度では楽観できない制約となる。

回避すべき単純で危険な方向

こうした公的保障制度との関係性の中で企業内での福利厚生の方

向性を見極めることが重要であり、不可欠となる。社会保障制度が中長期的に従業員の自助努力余力を奪い続けるという厳しい環境に対して福利厚生がどう対応すべきなのか。いくつか思いついたものを列挙してみよう。

団体型の廉価な保障サービスを各種購入できる環境の整備、あるいは拠出型年金など、ある程度リスクを取りながら効率的な資産形成ができる制度の導入、カフェテリアプランにおいて実際のコストより有利なサービスポイントを設定したり、ポイント消化時の自己負担から除外するなどの明確な誘導政策、そして何より重要となるのは早い時期、つまり従業員の若い段階からの生活設計への動機づけ、公的年金、健康保険の動向など、必要な情報をわかりやすく提供する情報サービスの整備、特に、若年期からのライフプラン・セミナー、マネープラン・セミナーへの参加を強く促し、「準備開始の早期化」「準備期間の長期化」により、リスク対応力向上の重要性を知らしめる必要がある。

今回の景気後退の中ではグローバリズムが強調され、企業と従業員との間に距離感を置くことが流行ともなった。自立して、自律的な行動を取れる従業員を理想像として、相互依存の象徴であった福利厚生からの撤退を指向した企業も出現した。福利厚生をできるだけ賃金化してしまい、全ての生活設計は個人が受け取る賃金による一般市場での調達を原則とすといった極端な主張もなされた。

しかし、それは今振り返るとあまりに単純で危険な方向性であったのだろう。企業は福利厚生を通じて、従業員がいかに幸福な生涯を実現できるかに積極的に関与し、応援すべきである。適切な情報を繰り返し提供し続け、従業員の気づかないリスクの存在を知らしめることで自律的な自助努力を喚起する必要があるのだ。

第9章 21世紀型福利厚生システムの展望

自立を促す情報と自立的行動を効率化できる環境整備は、福利厚生の重要な役割となるはずである。

(図表 9 — 3 の推計条件)

（1） 厚生年金保険料：04年改革の保険料上限固定を前提とした保険料率。

（2） 健康保険料：05年度までは政府管掌健康保険の保険料率。その後は厚生労働省「社会保障の給付と負担の見通し」（04年5月）の保険料負担の伸び率を反映。

（3） 介護保険料：05年度までは政府管掌健康保険の保険料率。その後は厚生労働省「社会保障の給付と負担の見通し」（04年5月）の保険料率の伸び率を反映。なお、介護保険については40～64歳の保険料率に、正規従業員に占める40～64歳の比率（総務省「就業構造基本調査」02年）を乗じている。

（4） 雇用保険料・労災保険料他：日本経団連「福利厚生費調査結果報告04年度」（06年）における「雇用保険・労災保険」「児童手当拠出金」「その他法定福利費」の合計が現金給与総額に占める割合を使用（将来も固定）。

（5） 法定福利費（理論値）：日本経団連調査の現金給与総額（賞与込み、月当たり、従業員1人当たり）に、推計した料率合計を乗じて算出している。月当たり、従業員1人当たりの法定福利費。

（6） 法定福利費（調整）：04年度は日本経団連調査の数値。05年度の理論値と日本経団連調査の数値の乖離から、調整率1.0106（固定）を算出し、05年度以降は推計値法定福利費（理論値）に調整率を乗じている。月当たり、従業員1人当たりの法定福利費。

（7） 法定外福利費（推計値）：過去の観測された法定福利厚生費との一次線形回帰により推計モデルを算出の上、推計各年毎の理論法定福利厚生費理論値（調整後）を代入して算出。

第十章 福利厚生の再生と進化への道程

第10章　福利厚生の再生と進化への道程

一　福利厚生の新たな使命とは

1　これまでの使命＝日本的経営を支える中核人材を育成

管理システムの柔軟性　福利厚生制度の中長期的な視点からの最適化を考える際に考慮しなければならない4つの外部環境要素の中で、最も変化の速度が速く、多様性を帯びているものが「企業経営」である。

周知のとおり、福利厚生制度は企業内での様々な資源管理システムの中のひとつである人的資源管理の一翼を担う制度として位置づけられる。これらの資源管理システムは、企業を取り巻く経営環境への対応を図ることで、企業の存続と成長を支えることを最終的な目的とする。このため、経営環境の変化やそれへの対応方策として決定される企業戦略の変化に合わせて柔軟に変わることが求められる。

Chandler（1962）が指摘した「組織構造は経営戦略に従う（Structure follows strategy）」の名言のとおりである。つまり、環境→戦略→組織→人的資源管理という方向性の中で最適化が図られるわけである。近年では、これとは逆方向の資源ベース、組織ベースの戦略論なども登場してきており、双方向的になってきているが、基本的には環境の変化や戦略の内容によって管理システムが柔軟に変わることの必然性が否定されるものではない。

— 274 —

第10章　福利厚生の再生と進化への道程

成長期の管理システム

敗戦により経済的に疲弊した状態からの復活とそこからの成長を目指した多くのわが国の企業が採用した人的資源管理システムは、次のようなものだった。すなわち、年功賃金の利点を活かし当時、大量に存在した若年労働力を比較的低コストで調達し、加えて終身雇用の大前提の下で長い時間をかけたローテーション型OJTを基本とする養成システムによって人材育成を行った。その結果、企業特殊熟練をベースとした、柔軟な問題解決能力を持った人材、外部環境から発する多様な課題に対応できる優秀な人材の多層的な内部調達に成功したのである。これは「日本的経営」の核心をなす部分といってよい。

これらの人材は、生産現場では「多能工（multiskilled worker）」とも呼ばれ、わが国企業に組織的柔軟性をもたらす力となり、オイルショックなども見事に切り抜け、持続的な国際的競争力の源泉として世界的に高い評価を受けることになる。

人材ポートフォリオ論の先駆者であるAtkinson（1985）が「中核人材（注）」として分類してみせた層であり、わが国では日本経団連が1995年に発表した『雇用ポートフォリオ』において「長期蓄積能力グループ」に分類した貴重な人材である。

80年代末頃までの人材像

1980年代末頃まで、わが国の福利厚生が制度設計・運営の基本対象としてきた人材像は間違いなく、こうした長期勤続型の内部養成人材であった。学卒入社から定年退職まで、頻繁な内部異動も厭わず勤勉に、協調的に働く従業員である。こうした正規従業員の円滑な採用と定着性を得るために、まずは独身寮を用意することから始め、家族社宅、勤続表彰、財産形成制度、退職金、OB制度など、ライフステージに応じた広範囲の支援策を最大限取り揃えた。

このような日本企業の福利厚生制度に対する蓄積的な投資は、成功した。高い忠誠心を持ち、会

— 275 —

第10章　福利厚生の再生と進化への道程

社のために懸命に働く「企業戦士」とも呼ばれた男性の正規従業員が企業成長をもたらしたからである。

そして、彼ら戦士達の「銃後の守り」ともなったのが、当時の福利厚生制度だった。入社から定年退職、さらには退職後の生活までといったように、家庭生活や将来のための生活設計にまで深く関与した福利厚生制度が、仕事中心の生活を支えることになったのである。

こうして、当時の経営環境下の企業経営に順応する形で伝統的な福利厚生制度が形成されたわけで、福利厚生にとっての外部環境への適応という点でも成功した。

そして、これからも、この「適応」を不断の努力として続けていかなければならないのである。

2　未経験の対応が迫られる労働力供給源の減少

重大な変化としての人口減少　新たな適応すべきテーマはこれまで取り上げてきたように、数多く出現している。

恐らく、今後の福利厚生制度のあり方の基調を決定してゆく最も重大な環境変化は、人口減少であり、それに伴う労働力人口の絶対的な減少であろう。

2004年版の『少子化社会白書（内閣府）』では、労働力人口について、03年の実態から25年の推計値を示しているが、「15～29歳」の若年層で361万人（▲25.0％）、「30～59歳」の中高年層で307万人（▲6.7％）の減少を確実視している。これは、供給要因としての人材調達・保持問題として看過できない大きなテーマとなる。

これまでも、バブル期などを典型例に、人材不足への対応として福利厚生制度に役割期待がなさ

— 276 —

第10章　福利厚生の再生と進化への道程

れたことはあった。豪華な独身寮や保養施設などが採用候補者へのアピール材料に大いに使われたことを記憶している方も多かろう。

しかし、戦後から高度成長期、バブルまでの労働力不足は、需要側の原因で発生したものであって、人口減少といった供給側の要因によって生じたものではなかった。この違いは大きく、未経験の対応を迫られると考えられる。つまり、調達源そのものの多様化と、多様性を前提とした1人当たりの労働生産性の向上などが不可欠となるからである。

前者については、女性、高齢者、外国人からの本格的な調達・活用が必要となろう。「本格的な」という意味は、先のAtkinsonの整理でいうと、これまで、これらの人材は「周辺人材」としての採用が中心で、長期勤続を目指す「コア人材」としての調達・活用が十分になされなかったことからの転換である。近年のワーク・ライフ・バランスへの関心の高まりは、滅私奉公型の企業戦士になれない、いや、なるつもりのない彼らへのインタフェイスを整備しようとする動きとみることもできる。特に、結婚、出産、子育てというキャリア継続上の大きなリスク要因を抱える女性労働者が長期的に活躍できる職場づくりのためには、ワーク・ライフ・バランス、両立支援は不可欠となる。ここに福利厚生制度のこれからの適応課題が浮上している。

ポスト工業化社会への適応
後者の労働生産性の向上も、これからの福利厚生が対応すべき新たな課題だ。

企業はこれまで、事業所と近接させた独身寮、社宅に多大な投資を行ってきたが、これらが、3交代制への対応、通勤時間の短時間化（疲労の最小化も含めて）、古くは舎監制度などでの寮生の生活指導といった様々な経営的効果によって、事業所全体での生産性の維持・向上に貢献してきたことは間違いない。

— 277 —

しかし、情報社会、知価社会を前提としたホワイトカラーの生産性という点では現在の福利厚生制度は十分な適応を果たしているとはいい難い。もちろん、これはポスト工業化社会での人事労務制度の再構築問題として、福利厚生に限った問題ではないが、工業化社会のままの体制ではいずれ存在意義を失ってしまう。

メンタル・ヘルスも含めた総合的な予防的健康管理、高度な専門知識の学習機会を提供するコーポレイト・ユニバーシティへの適応などはその動きとみられるが、まだまだ部分的である。ともかく、知的生産に付随するストレスへの効果的な対策や高付加価値社員や様々な生活背景を持つ社員へのワーク・ライフ・バランスの提示など、この文脈の中で福利厚生が取り組まねばならない課題は少なくない。

このように、総論としてみても、今後の経営環境の変化、企業経営の変化に対する適応課題はすぐに数多く列挙することができる。

これらの変化は総じて速く、非連続的なものが多く、かつ多様だ。従来のような横並び発想だけで適応できる代物ではない。企業経営の変化と連動しながら、恒常的な適応努力を続けてゆくしかないだろう。

（注）彼は「柔軟な企業モデル」（Flexible Firm Model）の中で基幹的な業務を担当し「機能的柔軟性」を発揮する人材を「コア人材」とし、定型的業務を担当し、「数量的柔軟性」「金銭的柔軟性」を期待する人材を「周辺人材」とした。

二 伝統的福利厚生の再評価

1 自社の保養所が醸し出す幸福感

実感した快適性 2006年初秋に、ある自動車メーカーの中禅寺湖畔の保養所にお邪魔させていただいた。

まだ、紅葉の時期には早く、紅葉狩りとはいかなかったが、天候に恵まれたおかげで壮大な戦場ヶ原や静謐な湖の風景に接して、何やら久々に心洗われる気分を味わうことができた。用件は野暮な研究会だったが、翌朝、二日酔いで早く目覚めた布団の中で、うつらうつらと企業保養所、そして福利厚生制度がどういうものなのかを、実感する機会を得ることができた。

結論を先に申し上げれば「いいものだなぁ」ということである。

短絡的だと、お叱りを受けるかもしれないが「この会社の従業員の皆さんは幸せかもしれないなぁ」とも感じた。無責任な感傷かもしれない。前夜から残っていたウイスキーのなせる技なのか。一体、この感情は、この会社の従業員でもない赤の他人である筆者だから感じられたことなのか、あるいは、もし従業員であったならもっと強く感じることができた幸福感なのか…、正直なところ、わからない。しかし、確かに感じた。

筆者は既に10数年来、福利厚生制度の経営的効果について大規模なアンケート調査などを何度も

繰り返し、得られたデータをいじくり回し、こね回すことで、そのことを統計学的に検証しようと試みてきた。幸運にもいくつかの成果を得ることはできたが、なんのことはない、中禅寺湖でのたった一夜で得られた実感を理屈で裏付けようとあがいてきただけなのだ、とも思い知らされてしまい、何やら少しだけ、力が抜けた気もした。

それは説明することが難しい感覚であるのだが、やや過剰に推測、表現するとすれば、これは自社所有の保養所であるからこそその家族的な心地よい帰属感、そして帰属意識が満たされることでの安心感、あるいは、そうしたごく普通の家族的、生活的な体験を共有できたことによる仲間意識の高揚といったものなのか。労務研究、産業心理学などの世界では、これを組織コミットメント（organizational commitment）と呼び、その中でも、最も労務管理的に価値が高いとされる情緒的コミットメント（affective commitment）として分類されるものである。

「ハコものからの脱却」は必然か

バブル崩壊を機に始まった社宅やレク施設などのハコものを中心とした福利厚生制度に対する見直し、縮小・廃止の動きは複数の企業調査データからも確認できる。バブルの傷の深かった金融・保険業界などは最も顕著であって、自前の保養所などはほぼ全廃に近い状況となった。筆者が新入社員の頃に同僚たちと騒いだり、何度も家族と訪れた那須や箱根の保養所などは既に売却され、跡形もなく消えてしまっている。

もちろん、このことについて誰をも責めることはできない。企業経営全体が傾き始めたときに、保養所だ、レクだといった「遊び」にまで気を配る余裕はなかったであろうし、早めに売却して少しでも債務返済などに充てるのが、至極、正当な経営行動である。筆者も「ハコものからの脱却」を繰り返し指摘してきており、それが新しい福利厚生の存在価値をより高めるための必然的な方向であろうと信じてきた。

第10章　福利厚生の再生と進化への道程

しかし、である。何年ぶりかの企業保養所での一夜の体験。飾り気はないが清潔な部屋や風呂などの施設、質素だが心尽くしの垣間見える料理の数々、皆での協力し合っての後片づけ、一室に菓子など持ち込んでの深夜までの飲み会、そして清潔な石鹸の香りのする布団で目覚める朝。そして、美味しい定番の朝定食等々。さて、困ったものである。

前節の結論においても、次のように述べた。すなわち「今後の経営環境の変化、企業経営の変化に対する適応課題はすぐに数多く列挙することができる。これらの変化は総じて速く、非連続的なものが多く、かつ多様だ。従来のような横並び発想だけで適応できる代物ではない。企業経営の変化と連動しながら、恒常的な適応努力を続けてゆくしかない」と、である。ここで、経営環境変化に対する恒常的な適応努力によって、景気後退のため多くの企業が自社保養所を手放し、そのことが結果的に筆者らが実感した、あの感情、感覚を、従業員が得る機会を喪失させたということになる。

果たして、それで良かったのか。

もちろん、アウトソーシング・サービスが発達してきているので、福利厚生の宿泊施設としての共同保養所などもあり、何も保有していないというわけではない。しかし、一緒に湯船につかっている人たちがどこの会社のヒトかもわからず、食堂での協力し合っての後片づけの必要もなく、さっさと個室に帰るだけ。要するに、普通の国内旅行と何も変わらないわけで、快適さでは優れていても、それで会社に対する家族的な帰属感や安心感が得られるはずはない。

2 コミットメントの象徴としての福利厚生施設

共通体験の場としての厚生施設　前にも触れたが、4、5年前のある事例研究会の報告で京都の世界的な精密機械メーカーの福利厚生制度の見直しが報告された際に、よく似た話を聞いたことを思い出す（第5章参照）。報告では、赤字転落を契機として会社創設以来の福利厚生制度の大幅な見直しが行われたが、その中でどうしても社員の抵抗が強くて閉鎖できなかった古い保養所があったそうである。やや記憶が不確かだが、廃止反対の声としては、創業からの長い歴史の中で、その保養所は多くの社員の方が、送別会や歓迎会、仕事の達成を祝う会などの共通体験をしてきた場所であった、ということである。つまり「思い出の場をなくさないで欲しい」という切実な声があがったのである。確か、写真もみせていただいたが、古ぼけたお寺のような和風の建物だった気がする。最近の大手のアウトソーシング・サービスが提供している自慢の絢爛豪華な共同保養所とは大違いなものであった。

しかし、その保養所はきっと従業員のコミットメントが凝集されたシンボリックな存在だったのであろう。結果的に、あまりに従業員の抵抗が強いため、会社所有から健保組合所有に切り替えて存続を図ることになった。

宿泊させていただいた件の保養所もバブル崩壊の波の中では、真剣に売却の必要性が議論されたそうである。それでも、この会社は容易には売却をせずに、頑張って自社保有を続けてきた。そのおかげで、筆者ら、部外者までもがあのような幸福感のおこぼれにあづかることができたわけである。結果論とはいえ、皮肉な話である。

難しい環境適応の判断

環境適応と一言でいうが、難しいものである。変化に合わせていち早く不要だ、価値が低いと判断されるものを切り捨ててゆくことが優れた適応とされる。恐らく、このことに基本的に間違いはないだろう。

しかし、その過程においても、従業員が会社に対して抱く、家族的な帰属感や安心感のような目にみえない経営的効果を大切にすることも忘れてはならないのであろう。

実は、それらの価値は今日、相対的に増してきているともいえる。毎朝のテレビ報道で否応なく知らされるように、社会の荒廃や家族の崩壊が進んできている中で、家族的な帰属感や安心感を得る機会は、希少なものとなりつつあるように思う。その価値ある帰属感や安心感を福利厚生制度を通じて従業員に提供することができれば、素晴らしいことではないか。恐らく、そのことは「Happy Worker is Productive Worker」という真理によって、企業経営に大きな貢献をもたらすことにもなろう。良い製品、良きサービスをつくり出すのは従業員という人間でしかない以上、このテーマから逃げ出すことはできないのである。

どのようなタイミングで環境適応活動をするのか、何を軸として適応行動の判断を下すべきなのか。悩ましいが考え続けるしかないようだ。

三 日中合弁企業にみる福利厚生の原点

1 広州合弁企業のあらまし

　実は、2007年の正月明けすぐに中国の広州にある日中合弁企業の福利厚生制度の取材機会を得ることができた。急なことだったが、4日間ほど滞在して色々と取材させていただいた。

　広州市は北京、上海に次ぐ中国第3の大都市で、昼間人口は1000万人を超える。この市の南部にその事業所がある。日本の大手自動車会社と現地の有限公司との折半出資の合弁企業で、大規模な組立工場と併設するエンジン製造工場を持ち、単一車種ながら月産1万台近い生産を行っている。

　業績は好調で、担当者いわく「つくれば売れる」状況にあるようだ。

　総従業員数は3000人を超えているが、日本人スタッフは40人程度で、残りは広州市及びその周辺から通勤する中国人である。通勤の多くは会社保有のバスによる巡回でのピックアップ方式で、大型バス10台以上がフル稼働していた。

　技術教育訓練の研修工程を併設 2交代制の最終組立ラインについても見学したが、これは以前にみたことのある国内の他社のものとほとんど同様の風景で、整然として着実に生産工程が進行していた。

通勤は社有大型バス10台で

特徴的な点は、中国人ワーカーに対する各種の組立技術を教育訓練するための研修工程が併設されていたことと、もうひとつは生産されているクルマの車体色の大半が「黒」であったことである。

前者は、いうまでもなく合弁企業方式の最大の目的といってよい日本からの技術転移のためのものである。ベテランの日本人技術者が組立工程の細部にわたってその技術やノウハウを伝授しているのであるが、何やら日本の貴重な技術が目前で流出しているような不安な気がしたものである。

また、車体色にほとんど黒色が選ばれるのは中国人の消費者が、高級＝黒という感覚を強く持っているためであった。ここで生産、販売されている車種が30万元前後という販売価格からして、組立ラインのワーカーの年収の2年分近い高級車であることは間違いない。黒いクルマに乗っている人はお金持ちということらしい。それにしても真っ黒な車体だけが次々とラインを流れてゆく様子には異様な迫力があった。

2 「原点」を実感させる福利厚生制度

社員食堂は本人6元負担、会社3元補助　ワーカーたちが毎日、利用する社員食堂も無理をいってみせていただいた。というか、これが今回の最大の目的のひとつであった。ちょうど日勤組が食事を終えて閑散とした時間帯であったので、ゆっくりとみせていただけた。組立工場と併設された建物の2階部分の全てを社員食堂が占めており、1000人がゆうに収容できる広大なスペースを使ったものである。この社員食堂もまさに日本式のもので、セルフサービス方式で、週替わりのメニューが中国食と日本食の2つ用意されていた。そのメニューの自己負担は中国食が6元、日本食

がやや高く9元ということである。会社補助は一律3元とのことだった。1人民元（RMB）が約15円くらいのレートの現在（07年1月）からすると、100円から150円くらいであろうか。平均的なワーカーの1ヵ月の賃金が2000元前後だということからすると、少し高価なランチという印象も持った。

食堂内には一部「貴賓」コーナーが設けられており、訪問客などがきたときに利用するようだが、メニューは一般のワーカーと同じとのことである。日本人スタッフは社長（総経理）も含めて全てこの食堂を利用するとのことで、平等主義のもとで運営されているわけである。残念ながら、日勤組と夜勤組の食事時間帯の狭間であったため、実際に定食メニューを味わせてもらうことはできなかったが、掲示されていたメニューのカラー写真をみる限りでは、4品くらいついたかなり豪華な中華定食という印象であった。

「食在広州（食は広州にあり）」といわれるが、本当に食欲をそそるものだった。そして1週間のメニューが全てカラー写真で一品一品、大きく掲示されていた。

この事業所は南沙地区といわれる特別区の一部で、広大な場所に立地している。広州市街からはクルマで40〜50分くらい離れており、周囲には飲食店などは一切見当たらない。このため、給食施設を会社として用意する他ないのである。

組立ラインに従事するワーカーは平均年齢が20歳前半の若い男女が大半で、旺盛な食欲を満たして業務に励んでもらうために給食施設は必要不可欠な対応となっている。また、夜勤組に対しても夕食を提供しており、給食施設も長時間開場している。

福利厚生の普遍性を実感　また、食堂に併設されている「便利屋」も面白かった。そう、便利＝convenient つまりコンビニである。ここは、菓子類、ドリンク、日用品などが販売されてる「購買

第10章 福利厚生の再生と進化への道程

施設」である。女性のワーカーたちで混雑していたのでゆっくり品揃えをみることはできなかったが、充実していたようだ。

これらは、まさに福利厚生制度の経営上の必然性を示すものであり、世界共通の福利厚生制度の発生メカニズムによるものである。大規模な工場制工業の事業所が遠隔地につくられ、労働者が家庭から遠く離れて通勤し、勤務せざるを得なくなった段階で、家庭での給食サービス等を事業主が代行せざるを得なくなるわけである。福利厚生制度の「原点」といってよい。

最新の技術が導入された自動車組立ラインのすぐ横で、昔からの変わらぬ意味を持つ社員食堂が活況を呈していることを目の当たりにし、また、日本ではなく遠い共産国の事業所であることを思い、福利厚生の普遍性を強く感じた次第である。

間違いなく存在する福利厚生の効果

言葉が不自由なので、若いワーカーの諸君と直接、話をすることができなかったのは残念だったが、訪問客をみて男女いずれも元気そうに笑い合っている表情をみていると、活力のある明るい職場であることがわかる。説明してもらった日本人スタッフの話によれば、この事業所は操業を開始してほぼ2年を経過して、いくつかの問題はあるが本国（日本）とほぼ近い品質のクルマを生産できているとのことである。

長い時間をかけて培われてきた日本の生産技術・ノウハウと、廉価で質の高い労働力と、ほぼ無償に近い形で入手できる立地が結合されることで、国際的な競争力に優れた製品が生み出されつつある。国外への輸出は現在、行われていないとのことだが、世界市場でも十分に通用するものであることは間違いない。世界一の生産システム、10分の1の人件費、無償に近い土地によってつくられているクルマの持つ競争力を上回ることは難しいはずだ。今や「世界の工場」となりつつある中国の力を肌で感じることができた。

同時に、そのグローバルな新しい経営システムの中にあって、福利厚生制度が人的資源の調達、管理、活性化のために不可欠な役割を果たしていることを確認できた。福利厚生制度の経営的効果が間違いなく存在し、それが製品競争力の実現に貢献しているのである。本書ではわが国の企業経営における福利厚生の新しい使命とは何か、ということを模索してきたが、「原点」ともいえる中国での状況をみる限りでは、本来的な機能を忘れてはならないと感じた。

四 福利厚生が進化すべき方向

1 環境変化が福利厚生を直撃

複数の変化が相乗的に作用

本書でテーマとした「再生と進化」という未来的な視点からの包括的な議論が必要だと感じさせた最大の要因は「環境変化」であった。

それは単一の変化ではなく、複数の大きな環境変化が相乗的な作用を生み出しながら、それまで比較的安穏とした時代をすごしてきた福利厚生制度を直撃するものとなっていた。終身雇用を標榜してきた日本企業が、大規模なリストラまで断行せざるを得退。同時に、好むと好まざるにかかわらず急速に巻き込まれてゆくグローバル競争時代の到来。さらには、ずいぶんと以前から予期されていたとはいえ、急速な少子高齢化の中での人口減少、労働力減少という経験知のない社会へと突入し、社会保障制度に対するコスト負担が企業経営や家計に重くのしかかってきた。加えて、悪いタイミングで会計基準が大幅に見直されることで、それまで問題視されていなかった退職給付制度から大きな債務と負担が降りかかってきた。

深刻な不況、経済のグローバル化、少子高齢化・人口減少、そして企業会計基準の変更、これらの環境変化がほぼ同時期に顕在化し、互いに関係を及ぼし合いながら総体として企業経営や社会制度にとって、安易な適応では到底済まされないきわめて困難な変化、すなわち大きな波となって押

し寄せたのである。

これが、1990年代半ばあたりから、うねりを高め、ちょうど世紀の変わり目の前後にひとつのピークを迎えることになった環境変化の姿である。

1997年は福利厚生の転換点

こうした環境変化を時代背景として、福利厚生制度においてもいくつかのトピカルな事件、現象が起こることになる。

1997年にはわが国を代表する大手家電企業が「福利厚生の賃金化」を初めて制度化した。すなわち、福利厚生制度のかなりの部分を拒絶できる選択肢を従業員に与え、その見返りとして現金給付を約束した。当初、この制度が適用された新入社員層のほぼ4割が「福利厚生はいらない」の処遇を選択した。当事者であった労使幹部でさえ予想できなかったこの結果の意外性もあってか、大いに耳目を集めた。

この「賃金化」第1号にやや遅れたが、ほぼ同時期にさらに徹底した「伝統的な福利厚生制度の廃絶と成果賃金化」を決めた企業があらわれた。情報サービス大手のこの企業では、従業員に選択の余地を与えずに全員に強制的に、伝統的な福利厚生制度からの退出を促した。このケースに対しては国営放送が取材したテレビ報道を偶然目にしたが、社宅から追い出される若い男性従業員の戸惑う表情と、社宅退出者1人当たりに給付される手当の多額さに驚いたことが今も記憶に残っている。

このときには、わが国の企業、特に大企業の多くが長らく信奉してきたはずの「手厚い福利厚生」がもはや無用の長物となってしまうのかと感じたものである。

この後「賃金化」や「社宅全廃」といったショッキングな事例がいくつも続くことになる。また、これらの福利厚生制度における「事件」と並行して退職給付制度においても、総合型基金の破

第10章　福利厚生の再生と進化への道程

綻、相次ぐ基金解散、そしてここでも「賃金化（前倒し払い）」の事例が数多く出現することになる。

こうした個別事例を裏付けとしてか、日本経団連の『福利厚生費調査』において、法定外福利厚生費が調査始まって以来の対前年度比較での最大の下げ幅を報告したのが、ちょうど同じ97年度であった。今にして思えば、この97年から本格的に伝統的な福利厚生制度に対して、廃止・縮小という厳しい評価の目が向けられることになる。

2　描けなかったグランド・デザイン

象徴的だった福利厚生「終焉論」

世界的評価からみても明らかに強いものであった「日本的経営モデル」を支えていた「手厚い福利厚生」が、もはや時代遅れの日本ローカルなシステムでしかないのではないかと、多くの労使が見限り始めたのである。時代の関心は、いかにして早く「グローバル・スタンダード（世界標準）」に自らを染め上げようかということに向かい始める。そう、振り子が誰もが予想する以上に大きく振れてゆくのである。

残念なことに、伝統的な福利厚生制度のあり方が様々な具体例によって説得力を持って否定されてゆく一方で、次代の構想を描こうとする動きはほとんどみられなかった。つまり、賃金における「年功主義から成果業績主義へ」、退職給付制度における「確定給付（企業内システム）から確定拠出（市場システム）へ」といった基本的な転換のためのグランド・デザインを、残念だが福利厚生においては誰も提示することができなかったのである。そのためかはわからぬが、福利厚生に対しては、筆者もよく知る高名な経済学者から引導を渡すがごとく「終焉論」まで飛び出してくる。確か

に、これは時機を得た提言であっただろう。旧来のあり方を否定され、新しい存在意義を明確に示せぬとなれば、最後には幕を引くしかない。

グローバル化と少子高齢化
さて、ここまでの流れを改めて概観してみると、大きな時代の波が押し寄せてきたということを改めて強く感じることができる。バブル経済の崩壊を契機として始まったため、当初は繰り返されてきた景気循環のひとつであり、業績悪化も以前のドル・ショック、オイル・ショックのときのようにしばらく我慢しておれば、また元どおりの世界に戻れるのだ、と楽観していた。しかし、やがて人々はこの事態が循環的な環境変化ではなく、不可逆的な環境変化であることに気づくことになる。その時期は、ちょうど1997年に都市銀行や大手証券会社の一角が破綻するという危機的な事態を目の当たりにしたときであろう。

不可逆的な環境変化とは、すなわち先にあげた「グローバル化」であり、「少子高齢化」なのである。特にこの2つの環境変化は、従来からのわが国の経済システム、経営システムに対して構造的な変革によってのみ適応を許すものであって、小手先の対応ではすまされないものであることが明らかになってくる。換言すれば、わが国の経済成長のステージが大きな節目を越えなければならなかったともいえる。すなわち、戦後の復興期から始まった欧米先進国に「追いつき、追い越せ」という国是のもとに頑張ってきたキャッチアップ型のシステムから、追われる立場であり、世界の経済を先導する立場へと変わったシステムへと成熟化、あるいは変異しなければならなかったのである。

この時代観は既に1986年の『前川レポート（国際協調のための経済構造調整研究会報告書）』で予言的に示されていたものであったが、それから10年という時間を経て現実として直面せざるを得なくなったわけである。

3 進化すべき3つの方向性

10年で得た貴重な経験値　さて、このような大きな時代の波の渦の中で、わが国の福利厚生は確かな海図も羅針盤も持たずに、翻弄されてきたといってよかろう。不可逆的な環境変化、構造的な変革を求める厳しい環境変化に対して未だに明確な適応ヴィジョンを確立できずにいる。しかし、ようやく求められている変化の本質部分が何であるか、という点については、波間で揉まれ続けた10年という時間の中で、貴重な経験値を得られたと考えられる。

グローバル競争時代、人口減少・少子高齢社会という2つの基本的な長期的環境条件の中で、わが国の福利厚生が今後、進化すべき方向性には大きく3つがあると考えられる。構造的には3つの異なる機能を持つシステムを内包させ、それらのシステム同士が価値相乗的なダイナミックな関係性を保持したものとなるべきである（図表10）。これが本書の結論である。詳しく説明してゆこう。

創造性支援システムとしての方向性　まず、第1に実現されなければならない福利厚生の進化とは、自らの存在基盤を確保し、強化するという点から最も重要なものといえる。すなわち、担い手たる企業の生存と成長に対して明確な貢献を果たし、その成果として企業の持続的な競争優位性を高めるための進化である。わが国の国内企業は大きな壁という成長制約に直面している。それはグローバル化である。今や世界の工場となった中国をはじめ、インド、ブラジルなどBRICs諸国の追随が今後本格化することは確実である。彼らとの競争においてはもはや労働供給量と労働コストの両面では対抗が難しい。また、人材の平均的な質という点でも「量によって確保される

第10章　福利厚生の再生と進化への道程

図表10　進化すべき福利厚生の3つの方向性

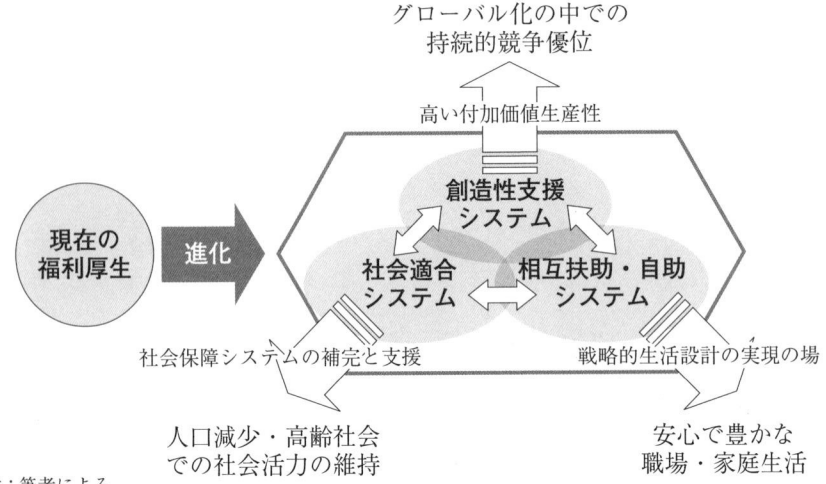

グローバル化の中での持続的競争優位

高い付加価値生産性

現在の福利厚生 → 進化

創造性支援システム
社会適合システム ↔ 相互扶助・自助システム

社会保障システムの補完と支援　　戦略的生活設計の実現の場

人口減少・高齢社会での社会活力の維持　　安心で豊かな職場・家庭生活

注：筆者による

質」と、日本人が忘れてしまったハングリー精神によって、わが国の優位性が続く保証など風前の灯火といってよかろう。

では、めぼしい鉱物資源もなく、政府の戦略性にも大した期待ができない中で、競争優位の源泉をどこに求めることができるのか。答えは初めからひとつしかない。企業自らが国際化しながら、外国人も含めた多様な人的資源によって構築される強力な高付加価値生産システムによって、ビジネス競争に通用する新しい価値を継続的に生み出してゆくことができる、優れた、たくましい創造性が求められているのである。

このような企業の中核的能力となる価値ある創造性を支援するシステムとして福利厚生は独自の役割を担うべきである。組織と個人、仕事と生活という両者の接点に立って他の制度によって換え難い、代償性のない「創造性支援システム」としての機能を果たすことを福利厚生の基本的な使命としなければならない。個々の従業員に対する、メンタルを含めた徹底した健康管理、才能を引き出し、高めてゆく

— 294 —

自己学習環境の提供、近年、阻害されがちな従業員同士の和気藹々としたコミュニケーションの場の提供、バリアフリーで快適な、そして知的刺激にあふれた職場環境の整備等々、人間の持つ創造性を刺激し、潜在能力を高めることで彼らの貢献の最大化（maximizing of contribution）を実現する必要がある。

各企業にとって創造性支援システムを整備することは、人的資源に対する積極的な投資を意味する。自社のビジネスモデル、従業員特性、推進しようとする戦略などに合致したものをつくることが重要であり、投資効率、投資効果を睨んだ機動的な対応が求められる。この進化は企業の生存・成長と深くかかわるものであり、その成否は従業員にとっても雇用機会の確保、維持と直結する。

相互扶助・自助システムとしての方向性　第2の進化の方向性は「相互扶助・自助システム」としての進化である。

従業員、家族の自助努力、そして相互扶助を効率的に実現させる「場としての福利厚生」の機能を高め、環境を整備する方向への進化である。これは伝統的な福利厚生において基本機能として重視されていたものだが、今後は企業の恩恵的なものでもなく、福祉的な色彩のものでもない、職場を共有する全ての従業員が、厳しい少子高齢社会を乗り切るために展開される共同戦線と呼べばよかろう。換言すれば、従業員個人が自立的に、戦略的な生活設計を計画し、実現するためのインフラとなる。

従業員自身の自立的な生活防衛、生活設計を職場という場の特性を最大限に活用することで有利な展開が可能になる。当然、システムとしては、受益者負担を前提としながら従業員、労働組合などの自主性を基本に運営されることとなろう。老後の資産形成、死亡・ケガ・病気などへの備え、子育て、子供の教育、介護などのリスクに対して団体保険的なシステムを活用すればよい。こうし

たシステムが実現され、共有されることで、福利厚生は従業員同士の強い「絆」として機能し得るのではないか。

社会適合システムとしての方向性
第3の進化の方向性は「社会適合システム」と呼びたい。企業と社会との間に長期的で良好な関係性を築く上での役割を福利厚生は担う可能性を持っている。CSR、ダイバーシティ、ファミリー・フレンドリー、次世代育成など、既にいくつかのキーワードで語られてきたように、企業に対して大きな影響力を持つ社会的存在として、社会が抱えている様々な課題や問題点に対する積極的な関与を求めてきている。

また、周知のとおり、歴史的、世界的にみても、福利厚生には一国の社会保障システムとの間にかなり明確な役割分担関係、相互補完関係が期待されている。これは、社会保障システムに変動が予期されれば福利厚生側はそれに備えた動きを考えておかなければならないということだ。現在、年金、医療、介護という基幹的な社会保障システムは、急速な少子高齢社会の中で軋み始めている。懸命に持続可能性を模索しているが、その過程でセイフティ・ネットとしてのパワーを弱めていることは事実であり、恐らく、今後もその動きは避けられないのではないか。従業員が直面する老後、医療、介護などのリスクへの対応の一部を福利厚生が支援的な立場から担わなければならない局面は出てくるだろう。このあたりは先の「相互扶助・自助システム」と連携しながら、何がやれるのか、何をなすべきかを考えてゆく必要がある。これは企業がそのときどきの社会のあり様に適合してゆくということを意味している。

人間重視志向の実現が決め手
以上、3つのシステムは、全体としての福利厚生システムの中に包含されるサブ・システムとして機能するものであるが、これら3つのシステムは、目的、価値観、最適な運営手法が異なるものであるため、分離された管理も必要となる。しかし、一方で、互

いに価値を高めることのできる相互関係も有している。優れた「社会適合システム」や「相互扶助・自助システム」は優秀な外部人材に対する吸引力となろうし、それが「創造性支援システム」と相まって強力なパワーを企業にもたらすこととなるであろう。

「創造性支援システム」は、従業員の職業人としての自己実現欲求を満たす側面を持つものであることからすると、従業員の尊重といった社会的責任を果たすことにもなる。

これらのサブ・システムの特色の共通性はいずれもきわめて「ヒューマン・オリエンティド（人間重視志向）」なものだ、ということである。貴重な人的資源の価値、人間同士の関係性の価値を高めることで、競争優位を、豊かで安全な生活の実現を、そして社会との良好な関係を得ようとしている。

福利厚生は、このような進化が実現されたときに、真に再生されたといえるのではないだろうか。

23 pp.38-47

UFJ総合研究所（2003）『子育て支援策に関する調査研究（厚生労働省委託調査）』

吉原秀樹（h6）『外資系企業』pp.131 同分館

読売新聞（2003年3月25日）記事［シリーズ年金改革］（4）保険料支払い苦しい　中小企業、違法に脱退（連載）

労務研究所（1997）『カフェテリアプラン事例集』労務研究所編

労務研究所（2001）『カフェテリアプラン事例集（改訂増補）』労務研究所編

労務行政研究所（1997）「退職金を給与に上乗せする全額給与支払い型社員制度：松下電器産業」『労政時報』第3313号（97.7.25）労務行政研究所

労働政策研究・研修機構（2005）「少子化問題の現状と政策課題　ワーク・ライフ・バランスの普及拡大に向けて」『JILPT資料シリーズ』No.8

脇坂明（2002）「21世紀日本社会の構造変化と雇用システム　女性労働の観点から」『日本労務学会誌』第4巻第1号　pp.25-34

脇坂明（2002）「育児休業制度が職場で利用されるための条件と課題」『日本労働研究雑誌』No.503/June pp.4-14

研究報告論集』pp.347-362

丸尾直美、桐木逸朗、西原利昭（1984）『日本型企業福祉』三峰書房

前田信彦（2005）「欧州における長期休暇制度　ワーク・ライフ・バランス政策の試み」『日本労働研究雑誌』No.540/July pp.47-54

松川滋（1977）「福利厚生費支出と労働者の定着率との関係について」『経済研究』Vol.29No.2 pp.135-139

松本真作（1999）『雇用管理業務支援のための尺度・チェックリストの開発』日本労働研究開発機構

松尾健司（2003）「福利厚生制度が従業員に与える影響について」『JILI-FORUM』No.12 pp.64-76　生命保険文化センター

舞田竜宣（2003）「人材確保の心理的考察」『変革の視点　人事部の選択』労務行政研究所 pp.80-89

宮坂純一（2002）『企業社会と会社人間』晃洋出版

三浦武盈（1991）『企業福祉論』森山書店

三菱総合研究所（1994）『豊かな勤労者生活を実現するための基礎的条件に関する調査研究（労働省委託）』三菱総合研究所

村上由紀子（2001）「シリコンバレーにおける労働異動と日系企業の人的資源管理」『日本労務学会誌』第3巻第2号 pp.23-33

守島基博（1993）「日本の人的資源管理システムと組織」『組織科学』No.1 pp.26-34

守島基博（1996）「戦略的人的資源管理論のフロンティア」『慶應経営論集』第13巻第3号 pp.103-119

森五郎（1995）『現代日本の人事労務管理』有斐閣

山内直人（1993）「「会社人間」脱出を阻むフリンジ・ベネフィット」『エコノミスト』93.1.12 毎日新聞社

山内直人（1995）「フリンジ・ベネフィット課税の経済分析」『日本労働研究雑誌』No.429 pp.26-37

八代尚弘（1996）『雇用慣行の流動化と国民生活』全国勤労者福祉振興協会

八代尚弘（1998）『人事部はいらない』講談社

八代尚弘、大石亜希子（1995）『経済環境の変化と日本的雇用慣行』『日本労働研究雑誌』No.4

日経ＢＰ社（2002）「「働くな」ということか」『日経ビジネス』
日本経済新聞（2003年2月13日）記事「負担と給付（2）止まらぬ空洞化—年金脱退、8万社を突破」
日本経営者団体連盟（1973－2005）『福利厚生費調査』
日本経営者団体連盟（1995）『新時代の日本的経営』日本経営者団体連盟 pp.30-34
日本経営者団体連盟（2005）『CSR（企業の社会的責任）に関するアンケート調査』
日本職業協会（1995）『中小企業従業者の福利厚生施設についての意識及び中小企業団体の福利厚生施策についての取り組みに関する調査研究』日本職業協会
日本生産性本部（賃金制度専門委員会）(1977)『新環境下の企業福祉　フリンジベネフィットの機能と再編』
日本生命保険相互会社（1986）『総合企業福祉』日本生命保険相互会社
日本労働研究機構（2003）『データブック　国際労働比較2003』
根本孝（1988）「類似した福祉制度」『外資系企業の人的資源管理』pp.123-125　創成社
野村総合研究所研究創発センター（1998）『トータル・コンペイセイション』野村総合研究所
間宏（1989）『日本的経営の系譜』文眞堂
パク・ジョアン・スックチャ（2002）『会社人間が会社をつぶす－ワーク/ライフ・バランスの提案』朝日新聞社
花田光世（1995）「コア人材の機能と条件」『DIAMOND Harvard Business Review』Apr-May 1995 pp.4-13
平尾武久（1995）『アメリカ労務管理の史的構造』千倉書房
藤森進一（2000）『第22回企業福祉海外研修報告書』企業福祉・共済総合研究所
藤田至孝（1986）『激動下の賃金・福祉』泉文堂
藤田至孝（1984）『生涯総合福祉プラン』産業労働調査所
藤田至孝（1985）『生涯総合福祉プランその理論と設計　21世紀の労使関係（改訂新版）』経営書院
藤田至孝・塩野谷祐一（1997）『企業内福祉と社会保障』東京大学出版会
藤田至孝（2003）『職域福利』労働政策研究・研修機構
藤本哲史（1998）「アメリカにおける企業の家族支援制度の展開」『日本労働研究雑誌』No.459 pp.63-72　日本労働研究機構
福地一雄（2003）「福祉経営と創造的人材戦略」『日本労務学会　第33回全国大会（日本大学）

西久保浩二（1995）「転換期を迎える日本型福利厚生」『日本労働研究雑誌』 No.429 pp.14-25

西久保浩二（1996）「雇用流動化と福利厚生」『NIRA政策研究』vol.9 No.7 pp.40-43 総合研究開発機構

西久保浩二（1997）『転換期を迎える日本型福利厚生の課題』全国勤労者福祉振興協会

西久保浩二（1998）「特集 転換期の企業福祉の今後を考える」『月刊企業福祉』 No.463 pp.14-19 産労総合研究所

西久保浩二（1998）「企業福利厚生の有効性と問題点」『変化する企業福祉システム』 pp.62-94 第一書林

西久保浩二（1998）『日本型福利厚生の再構築』社会経済生産性本部

西久保浩二（2001）「ワークスタイルの多様化と変わる報酬制度」『JILI-FORUM』No.10 pp.62-75 生命保険文化センター

西久保浩二（2003）「福利厚生制度は企業経営にとって有効なものか」『JILI-FORUM』 No.12 pp.34-44 生命保険文化センター

西久保浩二（2003）「福利厚生展望 廃止、カフェテリアプラン、それとも」『変革の視点 人事部の選択』労務行政研究所 pp.176-185

西久保浩二（1995）『人的資源の流動性構造に関する研究』

西久保浩二（2000）「法定福利費負担と企業行動－近年のわが国企業のリストラ行動と事業主負担の関連性－」『企業保障と社会保障』 東大出版会

西久保浩二（2004）『戦略的福利厚生』社会経済生産性本部

西久保浩二（2004）「フリンジベネフィットと組織コミットメント形成との因果関係 〜存続的か、情緒的か」『組織学会 研究大会（東京大学）報告論集』

西久保浩二（2006）「WLBの形成要因と従業員態度に及ぼす影響」『日本労務学会 第36回全国大会 論文集』

ニッセイ基礎研究所（1996）『経済社会の構造的な変化に対応した企業内福祉のあり方に関する調査研究（労働省委託）』ニッセイ基礎研究所

ニッセイ基礎研究所（1997）『企業内福祉における税制のあり方に関する研究会報告書（労働省委託）』 ニッセイ基礎研究所

ニッセイ基礎研究所（2003）『企業内福祉のあり方と今後の勤労者財産形成促進制度の課題について（厚生労働省委託）』ニッセイ基礎研究所

田尾雅夫（1997）『「会社人間」の研究 ―組織コミットメントの理論と実際』 初版 京都大学学術出版会

田尾雅夫（1995）「会社人間の心性」『日本労働研究雑誌』No.422 pp.2-10

田尾雅夫（1993）『モチベーション入門』日経文庫 日本経済新聞社

田路博文（2002）「組織コミットメントとキャリア自律性に関する研究」『KOBE UNIVERSITY Current Management Issues』 2002.2

谷本寛治（2004）『ＣＳＲ経営 企業の社会的責任とステイクホルダー』中央経済社

武川正吾（1992）『福祉国家と市民社会 イギリスの高齢者福祉』 法律文化社

角田剛（1995）「モチベーション管理の理論的背景」『日本労働研究雑誌』No.422 pp.34-44

角田豊（1974）『労働者福祉』至誠堂

津田眞澂（1993）『人事労務管理』 ミネルヴァ書房

土屋守章（1979）「企業と社会 いわゆる日本的経営との関わり」『企業と社会』pp.261-293 東京大学出版会

寺畑正英（2002）「企業戦略と人的資源管理システムの相互作用」『東洋大学経営論集』 第57号（2002年11月）

中西武雄（1980）『日本産業福祉論』南窓社

中村艶子（2002）「ファミリーフレンドリー企業 アメリカの企業変遷に見る」『日本労務学会誌』第4巻第1号 pp.64-73

長井毅（2000）「日本の法定福利費の将来推計」『企業保障と社会保障』 東京大学出版会, pp.35-51

長井毅・永野博之（2003）「法定福利費と個人負担の将来推計」『JILI-FORUM』No.12 pp.45-55 生命保険文化センター

西久保浩二（1997）「企業福利厚生の有効性と問題点」『企業福利厚生の新たな展開に関する調査研究』pp.57-84 統計研究会

西久保浩二（1994）「企業福利厚生と所得保障」『ライフサイクルと所得保障』pp.125-149 NTT出版

西久保浩二（1994）「流動化社会の衝撃」『JILI-FORUM』No.4 生命保険文化センター

西久保浩二（1995）「新環境へ個人と企業の新たな挑戦」『JILI-FORUM』No.5 生命保険文化センター

生命保険文化センター（1983-2003）「企業の福利厚生制度に関する調査」生命保険文化センター

生命保険文化センター（1991）『企業の福利厚生に関する従業員の意識調査』生命保険文化センター

千松哲也（1998？）「松下電器産業の人事処遇制度改革の取組み」『ビジネスレビュー』Vol.47, No.1 pp.75-85

全日本金属産業労働組合協議会（2004）『CSR推進における労働組合の役割に関する提言』

園田洋一（1996）『これからのユニオンプラン』社会経済生産性本部

園田洋一（2003）「総合福祉センターの機能と展望」『日本労務学会　第33回全国大会（日本大学）研究報告論集』pp.187-194

ダグラス・マグレガー、高橋達男訳（1966）『企業の人間的側面』産業能率大学出版部

橘木俊詔（1994）『ライフサイクルと所得保障』　NTT出版

橘木俊詔（1996）『企業内での労働政策：賃金支払か非賃金支払か』京都大学経済研究所

橘木俊詔（1997）「定年延長、柔軟な対応を」『経済教室』1997.6.2 日本経済新聞社

橘木俊詔（1998）「転換期の企業福祉の今後を考える」『月刊企業福祉』No.463 pp.30-34 産労総合研究所

橘木俊詔（2001）「福祉における企業の役割」『日米比較　企業行動と労働市場』pp.231.247　日本経済新聞社

橘木俊詔（2005）『企業福祉の終焉』中公新書

桐木逸朗（1994）『共済会運営の理論と実務』pp.14-21 経営書院

桐木逸朗（1998）「新しい供給システムの可能性」『変化する企業福祉システム』pp.141-196　第一書林

高橋俊介（1994）『人材マネジメント革命』プレジデント社

高橋俊介（1995）「自由と自己責任に基づく人事システム」『DIAMOND Harvard Business Review』Apr-May 1995 pp.14-23

高尾尚二郎（1996）「組織コミットメントの多次元性」『慶應経営論集』第13巻第3号 pp.33-52

高木浩人（1998）「雇用構造の変化と組織コミットメント」『日本労働研究雑誌』No.455 pp.2-12

武石恵美子（2004）「男性はなぜ育児休業を取得しないのか」『日本労働研究雑誌』No.525/April pp.54-57

小池和男（1981）「企業福祉の現代的課題」『社会保障講座　第4巻』pp.137-160　総合労働研究所

小池和男（1991）『仕事の経済学』東洋経済新報社

小池和男（1997）『日本企業の人材形成』中公新書

駒村康平（1997）「企業内福祉の社会保障代行、補完機能の日本的特性」『企業内福祉と社会保障』東大出版会 pp.

雇用展望研究会（1989）「産業労働のフレキシブル化と雇用展望」『NIRA研究叢書』No.880027　財団法人雇用開発センター

江春華（2001）「ハイコミットメントモデルの有効性についての考察」『現代社会研究』　No.21 pp.107-124

小林康助（1991）『労務管理の生成と展開』ミネルヴァ書房

国際協調のための経済構造調整研究会（1986）『国際協調のための経済構造調整研究会報告書（前川レポート）』

佐藤博樹・藤村博之・八代充史（1999）『新しい人事労務管理』有斐閣アルマ

産業研究所（1995）『中小企業従業員福祉の向上に関する調査研究』財団法人産業研究所

坂爪洋美（2002）「ファミリー・フレンドリー施策と組織のパフォーマンス」『日本労働研究雑誌』No.503/June pp.29-42

櫻木晃裕（2006）「職務満足概念の構造と機能」『豊橋創造大学紀要』　第10号　2006, No.10, 37-47

蔡仁錫（1998）「人的資源管理理論のフロンティア　戦略人的資源管理理論（SHRM）」『組織科学』Vol.31, No.4 pp.79-92

社会経済国民会議（1992）『生涯総合福祉をめざす企業福祉の課題（福祉政策問題特別委員会報告）』社団法人社会経済国民会議

新カフェテリア・プラン研究会（1995）『実践カフェテリア・プラン』ぎょうせい

島弘（2000）『人的資源管理論』ミネルヴァ書房

鈴木宏昌（1989）『海外の福利厚生は今』労務研究所

関口倫紀（2001）「関係性重視の人的資源管理に向けた理論的考察」『ビジネス・インサイト』第35巻, pp.86-98

関本昌秀（1998）「人的資源活用の新たな課題」『豊橋創造大学紀要』　No.2 pp.47-58

岡田義晴（1990）『ゆとり時代の福利厚生』労務研究所

岡田義晴（1999）『スーパー・カフェテリア・プランのすすめ』労務研究所

岡田正大（2001）「ポーターvsバーニー 論争の構図」『DIAMOND Harvard Business Review』May 2001 pp.88-92

岡本康雄（1982）「日本企業における福利厚生の趨勢的特質と各国企業の付加給付」『経済学論集』p46-78

尾高邦雄（1984）『日本的経営』中央公論社

小野旭（1989）『日本的雇用慣行と労働市場』東洋経済新報社

小野公一（1993）『職務満足感と生活満足感』白桃書房

太田肇（1994）『日本企業と個人　統合のパラダイム転換』白桃書房

加護野忠男、野中郁次郎、榊原清則、奥村昭博（1983）『日米企業の経営比較』日本経済新聞社

加藤俊彦、青島矢一（2000）「競争戦略論（１）」『一橋ビジネスレビュー』 SSUM-AUT 48巻1-2合併号 pp.102-114

金井篤子（2002）「キャリア・ストレスとワーク・ライフ・バランス」『日本労働研究雑誌』 No.503/June pp.54-62

カフェテリア・プラン研究会（1994）『多様化時代の企業厚生』ぎょうせい

上林憲雄（1993）「組織構造の変化と人事管理の新展開」『組織科学』Vol.29, No.3 pp.35-43

北原佳郎（1995）『アメリカ企業の人事戦略』日本経済新聞社

企業厚生研究会（1993）『ヒューマンな企業厚生』ぎょうせい

慶応義塾大学 SFC研究所キャリア・リソース・ラバラトリ（2005）『会社の仕事と生活の両立支援（ワーク・ライフ・バランス）に関する実態についてのアンケート調査結果報告書』

坂爪洋美（2002）「ファミリー・フレンドリー施策と組織のパフォーマンス」『日本労働研究雑誌』No.503/June pp.29-42

玄田有史・神林龍・篠崎武久「成果主義と能力開発：結果としての労働意欲」『組織科学』Vol.34, No.3. 2001年

これからの賃金制度のあり方に関する研究会（1994）『ホワイトカラーの生産性向上と賃金制度』雇用情報センター

厚生労働省（2004）「労働におけるCSRのあり方に関する研究会『労働におけるCSRのあり方に関する研究会中間報告書』」

伊藤邦雄（2001）「インタンジブル経営への挑戦」『DIAMOND Harvard Business Review』July pp.74-85

井潟正彦（2000）「米国大企業におけるトータル・コンペンセーションの運営管理」『金融・資本市場動向レポートNo.00-32』 pp.1-20 野村総合研究所

今井斉（1991）「近代的人事管理の生成」『労務管理の生成と展開』pp.27-38 ミネルヴァ書房

今田幸子、池田心豪（2004）「仕事と育児の両立支援策の拡大に向けて」『JILPT Discussion Paper Series』04-12 2004年9月 独立行政法人 労働政策研究・研修機構

今村肇（1997）「企業内福祉に関する企業行動・家計行動」『企業内福祉と社会保障』東大出版会 pp.

今野浩一郎（1999）「新しい人事管理の潮流」「能力開発主義の再編」『日本労働研究雑誌』 No.426 pp.2-14

石田英夫（1995）「米国の選択的福利厚生制度」『日本労働研究雑誌』No.429 pp.2-13

猪木武徳（1995）「企業内福利厚生の国際比較へ向けて」『日本の雇用システムと労働市場』 pp.101-124 日本経済新聞社

岩出博（1989）『アメリカ労務管理論史』pp.14-21 三嶺書房

岩出博（1991）『英国労務管理 その歴史と現代の課題』pp.7-10 有斐閣

岩出博（2001）「戦略的人的資源理論の発展と人事労務管理地位の向上」『日本労務学会誌』第3巻第2号 pp.2-12

岩出博（2003）『戦略的人的資源管理論の実相』泉分堂

岩澤美帆（1999）「だれが「両立」を断念しているのか 未婚女性によるライフコース予測の分析」『人口問題研究』 55-4 pp.16-37

ウィリアム・マーサー社（2000）『戦略人材マネジメント』東洋経済新報社

ウィリアム・マーサー社（2001）『優秀人材の囲い込み戦略』東洋経済新報社

占部都美（1975）『経営管理論』白桃書房

占部都美（1978）『日本的経営を考える』中央経済社

内野達郎、J.C.アベグレン（1988）『転機に立つ日本型企業経営』中央経済社

岡田寛史（2000）「経営戦略の展開と人的資源管理」『人的資源管理論（島弘編著）』pp.185-214 ミネルヴァ書房

岡田義晴（1982）『変革期の福利厚生とその理論』労務研究所

Markets, 1990, New York: The Free Press.

U. S. Department of Labor, High Performance Work Practices and Firm Performance (1993), Washington, DC: U. S. Government Printing Office.

U.S.Department of Labor Bureau of Labor Statistics (1993) Employee Benefits in Medium and Large Private Establishment

U.S.CHAMBER RESEARCH CENTER (1990,1993) EMPLOYEE BENEFITS U.S.CHAMBER RESEARCH CENTER"

U.S.Chamber of Commerce (1995,1996) EMPLOYEE BENEFITS U.S.Chamber of Commerce"

Ulrich, D.(1991), Using Human Resources for Competitive Advantage in Kilmann, R., I. Kilmann and Associates eds., Making Organizations Competitive, San Francisco, CA: Jossey-Bass, pp. 129-155.

Walton, R. E., From Control to Commitment in the Workplace, *Harvard Business Review,* Mar-Apr, 1985, pp. 77-84.

Wenerfelt, B.(1984), A Resource-Based View of the Firm, *Strategic Management Journal,* vol.5: pp. 171-180.

Wernerfelt, B. & McMahan, G. C., What is an Attractive Industry?, *Management Science,* Vol. 32, 1986, pp. 1223-1230.

Wernerfelt, B. & Montgomery, C. A., A Resource-Based View of the Firm, Strategic Management Journal, Vol. 5, 1984, pp. 171-180.

Zedeck, S. & Cascio, W. F., Psychological Issues in Personnel Decisions, *Annual Review of Psychology,* Vol. 35, 1984, pp. 461-518.

秋谷貴洋 (2003)「経営戦略としての健康支援施策と福利厚生」『JILI-FORUM』No.12 pp.22-33 生命保険文化センター

五十嵐吉郎 (2007)「労働時間の現状と課題 ワーク・ライフ・バランスの実現に向けて」『立法と調査』No.263 pp.122-127

伊丹敬之 (1987)『人本主義企業』筑摩書房

伊丹敬之 (2001)「見えざる資産の競争力」『DIAMOND Harvard Business Review』July pp.62-85

伊藤健市 (1990)『アメリカ企業福祉論』ミネルヴァ書房

伊藤健市 (2000)「企業福祉の再編成とカフェテリアプラン」『新・日本的経営と労務管理（原田實他編著）』ミネルヴァ書房

Results from a National Survey, *Industrial and Labor Relation Review*, Vol. 47. 1994, pp. 173-188.

Perry-Smith, Jill E. and Terry C. Blum (2000), Work-Family Resource Bundles and Perceived Organizational Performance, *Academy of Management Journal*, Vol. 43, No. 6, pp. 1107-1117.

Peteraf, M. A., The Cornerstones of Competitive Advantage: A Resource-Based View, *Strategic Management Journal*, Vol. 14, 1993, pp. 179-191.

Peters T. J. and R. H. Waterman Jr., In Search of Excellence, Harper and Row, 1982. (邦訳『エクセレント・カンパニー：超優良企業の条件』、1983年)

Pfeffer, Jeffrey (1998), The human equation: building profits by putting people first, Harvard Business School Press, Boston (佐藤洋一監訳『人材を生かす企業－経営者はなぜ社員を大事にしないのか？』トッパン、(1998年))

Porter M. E., Competitive Strategy: techniques for analyzing industries and competitors, Free Press, 1980. (邦訳『競争の戦略』ダイヤモンド社、1982年)

Porter, M. E. (1980), Competitive Strategy, New York: Free Press.

Porter, M. E. The Contributions of Industrial Organization to Strategic Management, *Academy of Management Review*, Vol. 6, 1981, pp. 609-620.

Richard Boulton、坂井賢二 (2000)「新しい企業価値の源泉」『一橋ビジネスレビュー』2000年 SSUM-AUT 48巻1-2合併号 pp.74-87

Ronald G.Ross (1992) RESOURCE LIFE CYCLE ANARYSIS DATEBASE RESERCH GROUP, INC.

Rumelt, R. P., How much does Industry Matter? *Strategic Management Journal*, Vol. 12, 1991, pp. 167-185.

Rumelt, R. P., Schendel, D. E. and Teece, D. J., Fundamental Issues in Strategy, 1994, Boston: Harvard Business School Press.

Rumelt, R. P., Towards a Strategic Theory of the Firm, in Lamb, R. B. (ed.), Competitive Strategic Management, 1984, Englewood Cliffs, N. J.: Prentice-Hall, pp. 556-570.

Snell, S. A. and Dean, J. W. Integrated Manufacturing Human Capital Perspective, *Academy of Management Journal*, Vol. 35, 1992. pp. 467-504.

Special Task Force to the Secretary of Health, Education, and Welfare, Work in America, 1973, Cambridge, Mass: M. I. T. Press.

Stalk Jr., G. & Hout, T. M., Competing against Time: How Time-Based Competition is Reshaping Global

Management, *Strategic Management Journal,* Vol. 13, 1992, pp. 363-380.

Mahoney, T. A. & Deckop, J. R., Evolution of Concept and Practice in Personnel Administration/Human Resource Management, *Journal of Management,* Vol. 12, 1986, pp. 223-241.

Mary Jo Brzezinski（1993）Employee Benefit Plans:A Glossary of Terms International Foundation

Mowday, R.T., Steers, R.M., & Porter, L.W.（1979）The measurement of organizational commitment. *Journal of Vocational Behavior*, 14, 224-247.

Mathis R. L. and J. H. Jackson, Human Resource Management, 9th ed., South-Western College Publishing, 2000.

McGregor D., The Human Side of Enterprise, McGraw-Hill, 1960.（邦訳『新版・企業の人間的側面』産業能率短期大学出版部、1970年）

Megginson L. C., Personnel and Human Resources Administration, 3rd ed., Irwin, 1977.

Megginson L. C., Personnel, 1st ed., Irwin, 1967.

Michael E,Porter（2001）Strategy and the Internet *DIAMOND Harvard Business Review* May 2001 pp.53-77（邦訳『戦略の本質は変わらない』）

Miles R. E., Human Relations or Human Resources?, *Harvard Business Review,* July-August, 1965, pp. 148-163.

Miles, R. E. and Snow, C. C. Designing Strategic Human Resources Systems, *Organizational Dynamics,* Summer, 1984. pp. 36-52.

Milgrom, Paul & Roberts, John（1992）, Economics, Organization & Management, Prentice Hall, Inc. （奥野正寛　伊藤秀史　今井晴雄　西村理　八木甫訳　1997年　『組織の経済学』NTT出版）

Morishima, M. Embedding HRM in a Social Context, *British Journal of Industrial Relations,* Vol. 33, 1995. pp. 617-640.

Mowday, R. T. Porter, L. W. & Steers, R. M., Employee-Organization Linkages: The Psychology of Commitment Absenteeism, and Turnover, 1982, New York: Academic Press.

Noe R. A. J. R. Hollenbeck, B., Gerhart and P. M. Wright, *Human Resource Management,* 2nd ed., Irwin, 1997.

Oldham, R. & Hackman, J., Work Design in the Organizational Context, *Research in Organizational Behavior*, Vol. 2, 1980, pp. 247-278. Behavior, Vol. 2, 1980, pp. 247-278.

Osterman, P., How Common is Workplace Transformation and How can We Explain Who Adopts It?:

Jaikumer, R., Postindustrial Manufacturing, *Harvard Business Review,* Nov-Dec, 1986, pp. 69-76.

Jain, H. & Murray, V., Why the Human Resources Management Function Fails, *California Management Review,* Vol. 24, Summer, 1984, pp. 95-110.

J. Abegglen（1958）, The Japanese Factory. Aspects of its Social Organization, The Free Press （占部都美監訳『日本の経営』ダイヤモンド社、1958年）

J. Abegglen（2004），『日本の経営＜新訳版＞』山岡洋一訳，日本経済新聞社

Jay B.Barney（2001）「Is Sustained Competitive Advantage Still possible in the New Economy ?」 *DIAMOND Harvard Business Review*, May 2001 pp.79-87 （邦訳『リソース・ベースト・ビュー』）

Jay Barney, Gaining and Sustaining Competitive Advantage, Addison-Wesley Publishing, 1997. Chapter5.

Wernerfelt, B.（1984），A Resource-Based View of the Firm, *Strategic Management Journal,* 5, pp.171-180

Jenson, A. R., Bias in Mental Testing, 1980, New York: The Free Press.

Jon R.Katzenbach（2000），『コミットメント経営 高業績社員の育て方』ダイヤモンド社

Joseph S.Piacentini and Timothy j.Cerino（1990）「EBRI DATABOOK on Employee Benefits」An EBRI-ERF Publication

Kleiman L. S., Human Resource Management, West Publishing Co., 1997.

J E.Perry-Smith and Blum,T.C.（2000） Work-family human resource bundles and perceived organizational performance *Academy of Management Journal,* 43;pp.1107-1117

Kochan, T & Weinstein, M., Recent Developments in US Industrial Relations, *British Journal of Industrial Relations,* Vol. 32, 1994, pp. 483-504.

Legnick-Hall C. A. and M. L., Lengnick-Hall, Strategic Human Resource Management: a review of the literature and a proposed typology, *Academy of Management Review*, Vol.13 No.3, 1988, pp.454-470.

Lincoln, J. & Kalleberg, A. L., Work Organization and Work-force Commitment: A Study of Plants and Employees in the U. S. and Japan, *American Sociological Review,* Vol. 50, 1985, pp. 738-760.

Lloyd L.Byars and Leslie W. Rue（1984） Human Resource Managemant RICHARD D.IRWIN,INC.

MacDuffie, J. P., Human Resource Bundles and Manufacturing Performance: Organizational Logic and Flexible Production Systems in the World Auto Industry, *Industrial and Labor Relations Review,* Vol. 48, 1995, pp. 197-221.

Mahoney, J. T. & Pandian, J. R., The Resource-Based View within the Conversation of Strategic

Profits John Wiley & Sons Inc.（若杉敬明監訳『ストラテジーＡ　アメリカ企業の人的資源活用戦略』　日本生産性本部）

Gary Hamel & C.K. Prahalad, "Competing for the Future", HBS, 1994.（一条和生訳『コア・コンピタンス』日本経済新聞社，1995年）

George T.Milkovich and John W.Boudreau（1974），HUMAN RESOURCE MANAGEMENT

Gerhart B. and G. T. Milkovich, Organizational Differences in Managerial Compensation and Firm Performance, *Academy of Management Journal,* Vol. 33, pp.663-691.

Golden, K. A. & Ramanujam, V., Between a Dream and a Nightmare: On the Integration of the Human Resource Management and Strategic Business Planning Processes, *Human Resource Management,* Vol. 24, 1985, pp. 429-452.

Grant, R. M., The Resource-Based Theory of Competitive Advantage: Implications for Strategy Formulation, *California Management Review,* Spring, 1991, pp. 114-135.

Hansen, G. S. & Wernerfelt, B. Determinants of Firm Performance: The Relative Importance of Economics and Organizational Factors, *Strategic Management Journal,* Vol. 10, 1989, pp. 399-411.

F. Herzberg, Work and the Nature of Man, World Publishing, 1966 （北野利信訳『仕事と人間性』東洋経済新報社、1968年）

Hayes, R. & Jaikumer, R., Manufacturing's Crisis: New Technologies, Obsolete Organizations, H*arvard Business Review,* Sep-Oct, 1988, pp. 77-85.

Hori, S., Fixing Japan's White-Collar Economy: A Personnel View, *Harvard Business Review,* Nov-Dec, 1993, pp. 157-172.

Hoppock, R.（1935），Job Satisfaction. Harper

Hunter, J. E. & Hunter R. F., Validity and Utility of Alternative Predictors of Job Performance, *Psychological Bulletin*, Vol. 96, 1984, pp. 72-98.

Huselid M. A., Documenting HR's Effect on Company Performance, *HR Magazine*, January 1994, pp.79-85.

Huselid, M. A., The Impact of Human Resource Management Practices on Turnover, Productivity, and Corporate Financial Performance, *Academy of Management Journal,* Vol. 38, 1995, pp. 635-672.

Ichniowski, C., Kochan, T. A., Levine, D., Olson, C. & Strauss, G., What Works at Work: Overview and Assessment, *Industrial Relations,* Vol. 35, 1996, pp. 299-333.

Cohen, A. (1993), A Work commitment in relations to withdrawal intensions and union effectiveness, *Journal of Business Research*, 26, 75-90.

Cohen, A. (1995), An examination of the relationships between work commitment and nonwork domains, *Human Relations,* 48 (3), 239-263

Cohen, A., & Kirchmeyer, C. (1995), A multidimensional approach to the relation between organizational commitment and nonwork participation, *Journal of Vocational Behavior*, 46, 189-202

Cole, R., Diffusion of Participatory Work Structure in Japan, Sweden and United States, in Goodman, P. and Associates (eds.), Change in Organizations: New Perspective on Theory, Research, and Practice, 1982, SanFrancisco: Jossey-Bass Publishers.

Conner, K. R., A Historical Comparison of Resource-Based Theory and Five Schools of Thought within Industrial Organization Economics: Do We Have a New Theory of the Firms?, *Journal of Management,* Vol. 17, 1991, pp. 121-154.

DeCenzo D. A. and S. P. Robbins, Human Resource Management, 5th ed., John Wiley and Sons, 1996.

Delaney, J. T., Lewin, D. and Ichniowski, C., Human Resource Policies and Practices in American Firms, 1989, Washington, DC: U. S. Government Printing Office.

Dierickx, I. & Cool, K., Asset Stock Accumulation and Sustainability of Competitive Advantage, *Management Science,* Vol. 35, 1989, pp. 1504-1511.

Drucker P., The Practice of Management, Haper and Brothers, 1954. (邦訳『現代の経営』ダイヤモンド社, 1965年)

Eisenberger, R. et al. (1986), Perceived Organizational Support. *Journal of Applied Psychology* 71 (3): 500-507.

EBRI (1995), EBRI Databook on Employee Benefits An EBRI-ERF Publication

EBRI 生命保険文化研究所訳 (1989)『アメリカ企業福祉のすべて』千倉書房

Edward P.Lazear (1998), Personnel Economics for Managers John Wiley & Sons,Inc New York (邦訳『人事と組織の経済学』日本経済新聞社、 pp.425-426)

Ernest J.E.Griffes (1990), EMPROYEE BENEFITS PROGRAMS BUSINESS ONE IRWIN

Fitzenz J., The Truth about Best Practices, *Human Resource Management,* Vol. 36 No. 1, 1997.

Foulkes F. K., Personnel Policies in Large Nonunion Companies, Prentice-Hall, 1980.

Frederick E Schuster (1986), THE SCHUSTER REPORT The Proven Connection Between People And

引用・参考文献

Anthony W.P., P. L. Perrewe and K. M. Kacmar, *Human Resource Management, 3rd ed.,* The Dryden Press, 1999.

Alison M.Konrad & Robert Mangel(2000), The Impact of Work-Life Balance on Firm Productivity, *Strategic Management Journal* 21 pp.1225-1237

Arthur, J. B., *The Link between* Business Strategy and Industrial Relations Systems in American Steel Minimills, *Industrial and Labor Relations Review,* Vol. 45, 1992, pp. 488-506.

Bachrach, S. B., Organizational Theories: Some Criteria for Evaluation, *Academy of Management Review,* Vol.14, 1989, pp. 496-515.

Baily, M. N. & Gersbach, H., Efficiency in Manufacturing and the Need for Global Competition, Brookings Papers on Economic Activity, 1995, pp. 307-358.

Bamberger P. & Fiegenbaum, A., The Role of Strategic Reference Points in Explaining the Nature and Consequences of Human Resource Strategy, *Academy of Management Review,* Vol.21, 1996, pp. 926-958.

Barney, J. B, Firm Resources and Sustained Competitive Advantage, *Journal of Management,* Vol. 17, 1991, pp.99-120.

Becker, B. & Gerhart, B., The Impact of Human Resource Management on Organizational Performance: Progress and Prospects, *Academy of Management Journal,* Vol. 39, 1996, pp. 779-801.

Beer M., B. Spector, P. R. Lawrence and R. E. Walton., *Managing Human Assets,* The Free Press, 1984. (邦訳『ハーバードで教える人材戦略』日本生産性本部, 1990年)

Boudreau, J. W. & Berger, C. J. Decision-Theoretic Utility Analysis Applied to Employee Separations and Acquisitions, *Journal of Applied Psychology,* Vol. 70, 1985, pp. 581-612.

Buchanan,B. (1974) Building organizational commitment, *Administrative Science Quarterly*, 19, pp.533-546.

Cappelli, P. & Crocker-Hefter, A. Distinctive Human Resource are Firms' Core Competenceies, *Organizational Dynamics,* Spring, 1996, pp. 7-22.

Cappelli, Peter (1999), The New Deal at Work: Managing the Market-driven Workforce, Harvard Business School Press, Boston, Mass. (若山由美訳 (2001)『雇用の未来』日本経済新聞社)

Cascio W. F., Managing Human Resources, 5th ed., McGraw-Hill, 1998.

著者略歴
西久保　浩二（にしくぼ　こうじ）
1958年　大阪で生まれる
1982年　神戸大学　経済学部　卒業
1982年　明治生命保険相互会社　入社
1990年　財団法人生命保険文化センター生活研究部研究室　入社
2001年　筑波大学大学院　経営政策科学研究科企業科学専攻博士課程　単位取得退学
2006年　山梨大学　教育人間科学部　共生社会講座教授　現在に至る
　　　　中小企業基盤整備機構ナレッジアソシエイト　成城大学非常勤講師
　　　　社団法人企業福祉・共済総合研究所理事（調査研究担当）

主な著作
「戦略的福利厚生 ―経営的効果とその戦略貢献性の検証」社会経済生産性本部
「日本型福利厚生の再構築 ―転換期の諸課題と将来展望―」社会経済生産性本部
「変わる働き方とキャリア・デザイン(共)」到草書房
「人事マネジメントハンドブック(共)」日本労務研究会
「人事部の選択(共)」労務行政研究所
「ライフサイクルとリスク(共)」東洋経済新報社
「高齢化に挑戦する労働組合(共)」第一書林
「創造する経営(下)(共)」日科技連出版社
「日本人の金融資産選択(共)」東洋経済新報社
「転換期を迎える日本型福利厚生の課題」全国勤労者福祉振興協会
「社会保障と企業保障(共)」東京大学出版会
「変化する企業福祉システム(共)」第一書林
「創造的キャリア時代のサラリーマン(共)」日本評論社
「所得保障とライフサイクル(共)」NTT出版　　　　　　　　　他

進化する福利厚生 ―新しい使命とは何か―

2008年2月10日　初版第1刷発行

著　者　西久保　浩二

発行所　株式会社 労務研究所
　　　　http://www.rouken.com
　　　　東京都港区赤坂3－21－15
　　　　郵便番号　107－0052
　　　　電話　03（3583）5830
　　　　振替　東京 00120－8－117024

制　作　有限会社　労務厚生企画　東京都港区赤坂3－21－15
印　刷　株式会社　パピルスプラザ　東京都文京区春日1－5－3
製　本　河上製本株式会社　東京都新宿区市谷砂土原町1－2－34

定価は裏表紙に記載してあります。落丁・乱丁本はお取り替えいたします。

ISBN978-4-947593-07-8